古典文獻研究輯刊

初 編

潘美月・杜潔祥 主編

第1冊

初 編 總 目

編輯部 編

《四庫全書總目》之文學批評研究

龔詩堯 著

國家圖書館出版品預行編目資料

《四庫全書總目》之文學批評研究，龔詩堯著 — 初版 — 台北
縣永和市：花木蘭文化工作坊，2005〔民 94〕

序 1 + 目 1 + 129 面；19×26 公分
（古典文獻研究輯刊 初編；第 1 冊）

ISBN：986-81660-5-5（精裝）

1. 四庫全書 – 目錄 – 研究與考訂

018.16   94018999

ISBN 986-81660-5-5

9 789868 166059

古典文獻研究輯刊
初 編 第 一 冊   ISBN：986-81660-5-5

《四庫全書總目》之文學批評研究

作　　者　龔詩堯
主　　編　潘美月　杜潔祥
企劃出版　北京大學文化資源研究中心
出　　版　花木蘭文化工作坊
發 行 所　花木蘭文化工作坊
發 行 人　高小娟
聯絡地址　台北縣永和市中正路五九五號七樓之三
　　　　　電話：02-2923-1455／傳眞：02-2923-1452
電子信箱　sut81518@ms59.hinet.net
初　　版　2005 年 12 月
定　　價　初編 40 冊（精裝）新台幣 62,000 元

初 編 總 目

編輯部 編

《古典文獻研究輯刊》出版工作委員會

企劃出版　北京大學文化資源研究中心
監　　修　龔鵬程
主　　編　潘美月・杜潔祥
副 主 編　盧仁龍
顧　　問　王明蓀・李致忠・楊　忠
出 品 人　高小娟

龔　序

　　文獻一詞，始見於孔子說夏商之史文獻已不足徵。故文獻也者，概指文章典冊而言。厥後馬端臨《文獻通考》，四庫列入政書類，猶存其意。蓋足以見一代之典章制度者，才可以稱為文獻。

　　但秦火以後，漢人拾遺補闕、蒐羅散佚，整齊文獻之意義就擴及於一切舊圖籍舊資料。針對這些舊籍，為之編目訂疑、刊謬錄異，乃有了文獻之學。從事者，初尚僅恃輯錄之勞，漸次而講整理纂述之術，備典故於昭代，拾墜緒於微茫，彬彬稱盛，累代不絕。

　　迨及近世，既承清儒考校之後，復援西人科學方法之技，整理國故，考信貢疑，文獻之學，益大昌榮。兼以地下文物出土日多，文獻一詞，遂亦超出文字典籍資料之含意，總指一切史料。文獻學也幾乎統包了目錄、板本、校勘、輯佚、辨偽、考古等學問或方法，甚至於電子檔、資料庫之製作等等，也都可涵攝其中。

　　文獻一詞的意指不斷擴大，也顯示了文獻學不僅只是材料的學問，也同時就是方法。就材料言之，文獻學主要在提供學人翔實可信的資料，為人作嫁，服務的性質多些。但就方法而言，文獻學又發揮著足以辨章學術、考鏡源流的作用。那整理文獻的方法，本身亦表現著一種觀點，顯示了對古代學術文化的看法。試看司馬談論六家要旨，或劉歆的七略、班固的九流十家之分，就可明白這個道理。文獻學從來就不是純客觀中性的學問，因為它本身就是方法與主張。正因如此，故觀察每個時代的文獻學，也就可以看見那個時代的學風。

　　台灣的中國古典文獻學研究，在清朝統治時期並不明顯。當時漢人士紳階層，

以朱子學爲主，輔以詩文吟會，雖以海濱鄒魯自矜，而與大陸地區之樸學風氣，頗異祈嚮。日本占據後，在台設立帝國大學，亦有若干漢學名家來台任教，但漢人得入大學者原即甚少，日本漢學家窮治文獻之風，遂爾邈焉弗聞。待光復後，才漸與大陸地區的古典文獻學研究傳統合流。

但歷經清代數百年之文教蘊蓄，以及日本人在台之經營，文獻蒐積，亦不可小覷。曾任北大、中央大學等校教授的徐子明先生，於一九四八年渡海來到台大任職時，就覺得此地：「草木蔥青，山水清幽，頗堪怡悅。而圖書蘊藏之富，尤內地所難方。苟志在進修，則東西典籍大都皆備。不爾，則歷朝筆記饒衍盈閣，往往爲書肆所罕見，亦足以資陶寫」（引見汪榮祖《學林漫步》，2005 年，江蘇教育出版社）。臺靜農先生也提到一九四六年他抵台大後，發現：「原藏中文圖書甚多，是早年買自福州烏石山房龔家的」（見《龍坡雜文》，1988 年，洪範出版社）。這些記載，均可見台灣業已文獻可觀，其後當然愈發彬蔚可喜。

這，一方面是一九四九年以後大陸學人大批蹈海而來，學術傳承在此具體開展；一方面則是文物圖籍也有一大批轉移來台。除了一般人所熟知的故宮博物院、中央圖書館、中央研究院等珍貴文獻外，許多遷台之公私機關學校，亦攜有不少檔案圖書。甚至像我就讀的台灣師範大學，乃是在台建立的新學校，但也有東北大學託管的大批古籍。就是私家藏書，數量也不在少，珍閟精槧，往往而有。待時局稍定，輯比整理，或景刊傳布，自然也是順理成章之事，文獻之學以是漸盛。

這裡面，有公家機關的整理，如故宮、中研院、中央圖書館所做的大量工作。也有出版社結合民間資源推動的文獻事業，如廣文書局編《書目叢刊》；學生書局編《書目季刊》、《近代史料叢刊》、《明代方志選輯》；文海出版社編《近代史料叢編》；新文豐刊印《道藏》、《佛藏》，編《叢書集成》；藝文印書館編《百部叢刊》，以及世界、鼎文、明文等無數出版業對文獻工作之投入，其熱情均是可驚的，輯刊、校補、景印、匯考之古籍不知凡幾。甚至比大陸還早印行《四庫全書》，編出《敦煌寶藏》、《中華續道藏》等等，總體成績，不在大陸古籍整理事業之下。此外就是學校教育體系對文獻學的教育與研究了。

臺灣並未推動文字簡化運動，中文教育體系又未受俄化及文革之衝擊，因此仍有濃厚紹續早期大陸學風之色彩。或上溯清儒詁經考訂之法，或繼接五四以科學方法整理國故之緒，以文字聲韻爲入學之始基，以徵文考獻爲治學之本業。板本、校勘、輯佚、辨僞，咸有專家。師弟相承，配合故宮、中研院、中央圖書館之研究人員，形成了穩定的文獻學研究傳統。五十餘年來，政局雖頗有變化，但這個領域相對穩定，且因新科技（如電腦資料庫）、新資料（如出土文書簡帛）不

斷發展，文獻學之研究亦迭有新猷。

潘美月、杜潔祥兩位先生主編的這套《古典文獻研究輯刊》，就是注意到台灣文獻學教育體系的發展及研究成果，才發願編此叢書的。

台灣這五十年來，以古典文獻為主題的博碩士論文，幾達八百部，數量不可謂不夥，其中披沙撿金，往往見寶。因此二先生將之分為廿九類，篩選輯併，彙為巨編，其嘉惠士林，是不待說的了。台灣文獻學教育之方向與成果，也不難由茲而見。適值初編問世，略弁數言，以誌欽敬。其餘編輯旨趣，具詳杜先生的出版說明，就不再贅言了。

二〇〇五年乙酉霜降，龔鵬程寫於北京大學文化資源研究中心

古典文獻學研究之回顧與展望

　　文獻是泛指所有的圖書資料。因為時代的不同，而有古典文獻、現代文獻、當代文獻。若以學科領域來區分，又有人文科學文獻、社會科學文獻及科技文獻。古典文獻學主要是以中國古代的文獻資料為研究的對象，如文獻的形態、文獻的整理、文獻的鑑別、文獻的分類與編目、文獻的收藏、文獻的鑑別、文獻的檢索等。研究的目的，是希望能全面認識各種文獻，學會在浩如煙海的文獻中，以最短的時間，檢索到學術研究所需要之文獻資料。因此，古典文獻學研究的範圍是包羅萬象的。它涉及到古代學科的各個領域，如文獻的載體、文獻的版本、文獻的校勘、文獻的整理、文獻的目錄、文獻的聚散、文獻的輯佚與辨偽、類書與叢書、地方志與家譜等。進而藏書史、圖書館史、印刷史、出版史、四部文獻、佛教、道教及出土文獻，最後還有一項最重要的——文獻資源典藏的現況，均在我們研究的範圍內。

　　在臺灣，最早從事古典文獻學的教學與研究，有三位大師：蔣復璁先生是圖書館界的大老，一生從事文獻的搜集、分類與編目；屈萬里先生被譽為經學大師，但他在文獻的整理、文獻的鑑別，功不可沒；王叔岷先生學問淵博，眾所皆知，他在文獻的校勘、辨偽、輯佚方面，貢獻最大。我有幸能躬逢其盛，學生時代從慰堂師學目錄學，從王師學校讎學，從翼鵬師學古籍整理、版本鑑別，並撰寫學位論文，從此奠定了日後從事古典文獻學研究與教學的基礎。

　　1967 年起，我執教於母校國立臺灣大學中國文學系。雖然前十五年所教的都是普通課程，但從未放棄對古典文獻學的研究；其間所遭遇的種種挫折，實不足為外

人道也，卻一直抱持著「衣帶漸寬終不悔，爲伊消得人憔悴」的態度，一路走來，始終不變。在這時期，我遇到一位良師兼益友——昌彼得先生。他是繼三位大師之後，對古典文獻學具有重大貢獻的學者。我與陳捷先、陳仕華二位教授合撰〈昌瑞卿先生在古典文獻學上的貢獻〉（收入《昌彼得教授八秩晉五壽慶論文集》），此不贅述。瑞卿師在古典文獻學研究的過程中，給我最大的鼓勵與協助。他服務中央圖書館與故宮博物院期間，對文獻的整理與古籍版本的鑑定，提供了許多寶貴的意見。在這麼良好的環境中，我從事古典文獻學的研究，慢慢擴展到教學。從臺大中文系到圖資系、到淡江中文系和教資系、師大社教系、東海中研所、中央中研所、佛光教資所和文學所，講授「目錄學」、「版本學」、「中國印刷史」、「古籍版本鑑別研究」、「中國圖書發展史」及「古典文獻學專題研究」等課程。在這期間，也發現了一些學生，他們不畏艱難想從事這方面的研究，於是我又擔負起指導論文的工作。先後指導的論文有：

一、藏書家與藏書樓研究：如《宋代藏書家尤袤研究》、《范氏天一閣研究》、《祁承㸁及澹生堂藏書研究》、《錢謙益藏書研究》、《清初藏書家錢曾研究》、《黃丕烈及其百宋一廛賦注研究》、《清代藏書家張金吾研究》、《晚清藏書家繆荃孫研究》、《聊城楊氏海源閣藏書研究》、《葉德輝觀古堂藏書研究》、《傅增湘藏書研究》、《莫伯驥五十萬卷樓藏書研究》等。

二、古代印刷出版研究：如《南宋出版家陳起研究》、《宋代杭州地區圖書出版事業研究》、《宋代福建書坊及私家刻書研究》、《明代蘇常地區出版事業之研究》、《徐乾學及其藏書刻書》、《阮元輯書刻書考》、《中韓兩國銅活字印刷之研究》等。

三、叢書之研究：如《郡邑叢書之研究》、《張海鵬彙刊叢書的成就》、《鮑廷博《知不足齋叢書》之研究》、《黎庶昌、楊守敬《古逸叢書》研究》等。

四、圖書目錄及分類之研究：如《胡應麟及其圖書目錄學研究》、《焦竑及其《國史經籍志》》、《唐代佛書分類與現代佛學圖書分類之比較研究》、《《四庫全書總目・史部》分類之研究》等。

此外，我兩位志同道合的好友劉兆祐教授及吳哲夫教授，他們在古典文獻學方面的研究教學以及指導相關論文，亦得到學術界的肯定。

我們常說：「獨學而無友，則孤陋而寡聞。」因此從事研究者，必須有學術交流的活動。1984年的冬天，在昌彼得先生的主持下，第一次舉辦了古典文獻學的會議——「古籍鑑定與維護研習會」。該會邀請國內外學者專題演講，有來自美國的錢存訓教授、湯涴文教授，日本的尾崎康教授、金子和正教授，以及韓國的柳鐸一教

授，他們都是國際知名的文獻學家。國內外學者相聚一堂，交換研究心得，是一件極有意義的事情。很遺憾地，在那個年代開一次國際會議似乎非常困難，因此這樣的會議沒有繼續進行。一直到 1988 年 8 月，我和昌先生應錢存訓教授之邀，遠赴美國聖地牙哥加州分校（University of California, San Diego）參加「第五屆國際中國科技史會議」，其中有一組討論「紙與印刷」。在這次的會議中，我認識了來自北京大學的鄭如斯教授。她對中國圖書史的研究，頗有心得。1990 年以後，兩岸的學術交流逐漸頻繁。臺灣的漢學研究中心及北京的全國高校古籍整理工作委員會雙方的合作之下，1996 年 4 月在臺北舉辦了第一次「兩岸古籍整理學術研討會」；1998 年在北京舉辦第二次；2001 年又在臺北舉辦第三次的研討會。古典文獻學的研究，就這樣持續的開展。淡江大學中文系在吳哲夫、周彥文、陳仕華三位教授的策劃下，先後舉辦了四次古典文獻學的學術研討會。此外，國立臺灣大學於 2002 年成立了東亞文明研究中心，其中東亞文獻研究室推動之研究計畫如「出土文獻研究方法」、「東亞文獻資源論集」，主辦之研討會如「上博簡與出土文獻的研究方法」、「臺日韓東亞文獻資源與研究主題」等國際學術研討會，以及學術講論會如「從東亞文獻的保存談中國大陸漢籍的收藏、整理與利用」、「談東亞的漢籍資源」、「哈佛燕京圖書館藏《四庫總目》、《續四庫總目》未收經著述略」等，均與古典文獻相關。顯然，此一領域之研究已受到學術界的重視，將來的發展亦無可限量。

2003 年夏天，我從臺大退休，應龔鵬程校長之邀，任教於佛光人文社會學院，有緣認識杜潔祥教授，兩人一見如故；深談之後，知杜教授對古典文獻學之興趣濃厚，且造詣甚高。平日搜集文獻資料，不遺餘力。他根據教育部博碩士論文網站資料，編成〈當代臺灣古典文獻研究博碩士論文類目初稿〉，邀我與他合編《古典文獻研究輯刊》。我贊許他編輯出版的理念，因此欣然同意。此輯刊之出版，一方面給予過去研究古典文獻學之博碩士生的肯定，同時也可以鼓勵以後的年輕學者從事這方面的研究。最後，當然希望這些文獻資源，能夠提供相關學者參考利用。

2005 年 11 月 8 日　《古典文獻研究輯刊初編》出版前夕
潘美月撰於佛光人文社會學院文學系

古典文獻研究輯刊〈初編〉出版說明

　　《古典文獻研究輯刊》是一個長期的出版計畫，希望能夠藉此計畫，把台灣近五十年來，以古典文獻爲研究主題的論著儘量彙集，提供學術界取用的方便。目前出版的〈初編〉四十一種四十冊，只是實現這個計畫的第一步。

　　古典文獻的研究，向來受到學術界的重視，認爲是研究中國傳統學術文化的基礎工作。清代以前，這一門學科以目錄學爲核心，偏重於文獻書目體制的研究；乾嘉以來，考據辨僞的學風蔚起，遂使文獻的研究從形式進一步涉入內容，版本學、校勘學、方志學、金石學亦同時興起，而融合新方法、新材料的傳注學，以新的視野詮釋古籍，更足以呈現有清一代學人研究古典文獻的成績。我們可以說清代學者留給我們的文化資源是非常豐碩的。二十世紀初期，新一代的學者，一方面繼承了清人的崇實熱情，一方面又開展了新時代的更新視野，引進了西方學術的科學方法，爲古典文獻的研究傾注入了新的學術活力。而八〇年代以來，戰國秦漢古籍的不斷出土，促使古典文獻的研究，轉而注目於出土材料，這一股學術新潮，必將帶動「古文書學」的興起，爲古典文獻學增益全新的研究領域。

　　回顧中國文獻學的研究歷程，從初期的研究其書，進而研究其人其學，進而藉助出土古籍直探學術本源，一路走來，從附庸蔚爲大國，將來這一門學科的發展未可限量，謂爲當今時代之顯學，誰曰不宜？

　　如上所述，由於古典文獻學是一門持續開展的學門，我們在編輯《古典文獻研究輯刊》時，特別採取了比較開放的理念，凡是當代的學術論著，只要以古典文獻爲其研究主題，其內容無論偏重其書、其人、其學，或是三者照應關聯，我們儘量兼容並包，一方面，務使古典文獻研究「爲人作嫁」，讓其他學門研究者減省鑑別文

獻勞煩的初衷，能繼續發揮作用；另一方面，則務使古典文獻研究隨時開拓領域的新興成果，也能受到該有的關注。

　　以這樣廣搜博採的編輯理念為主，我們根據教育部博碩士論文網站的資料，首先編成《當代台灣古典文獻研究博碩士論文類目》的初稿，依照該論著內容主題的性質，歸納為二十九個專題。出版時，則聚集同一專題的論著成一專輯，期使本輯刊的讀者能因類求書，因書就學，達到方便使用的目的。二十九個研究專題列述如下：

一	四庫學研究	十六	方志學研究
二	叢書研究	十七	金石學研究
三	類書研究	十八	經學文獻研究
四	圖書館史研究	十九	史學文獻研究
五	藏書史研究	二十	諸子學文獻研究
六	歷代出版研究	二一	文學文獻研究
七	古代印刷研究	二二	文字學文獻研究
八	歷代書目研究	二三	語言學文獻研究
九	專題書目研究	二四	文獻學史研究
十	輯佚學研究	二五	佛教文獻研究
十一	辨偽學研究	二六	道教文獻研究
十二	考據學研究	二七	古籍整理與研究
十三	校勘學研究	二八	專題文獻研究
十四	版本學研究	二九	出土古籍研究
十五	傳注學研究		

　　本輯刊預定每年出版二編，每編出版相關論著約四十種。根據我們的統計，台灣近五十年來，以古典文獻為研究主題的博碩士論文將近八百部，成績大有可觀。其中博士論文，固然質量俱佳，值得出版；碩士論文亦有不少令人驚艷的傑作。將這麼可貴的文化資源彙編出版，提供學界參考利用，是一件值得我們長期投注的工作。值此〈初編〉出版之際，敬請學者專家不吝賜教。

　　　　　　　　　　　　　　　　　　　　　　　　　　杜潔祥

《古典文獻研究輯刊》初編　書目

《初編》各書作者簡介·提要·目錄

第一冊　龔詩堯：《四庫全書總目》之文學批評研究

作者簡介

龔詩堯，1974 年生，台灣嘉義人，埔里暨南大學中語所碩士。現爲清華大學中語所博士班學生；在學校大學部開設清詩選讀等課程。

提　要

作爲《四庫全書》簡介、評述的《四庫全書總目》一書中，包含了許多精煉的批評，並具有獨特的學術觀點。除了值得後人參考借鑒，更呈現了清朝乾隆時期學術的一個重要面向；因爲《四庫全書》成於眾多當時著名學者之手，且尚受政治取向所箝制，與一般私家著述頗不相同。本篇論文探討《四庫全書總目》書中文學批評段落的內涵。論文各章的內容簡述如下：

第一章「緒論」，藉著探討《四庫全書總目》中各文體的地位，呈示本篇論文的研究重心，同時對各章節的討論方式作必要的說明。

第二章「《四庫全書總目》的實際批評」，介紹書中批評概況。此章側重於《總目》對各書的實際批評；因爲《總目》內容豐富，因此省略了難以一一列舉的龐雜批評，僅述論其中特點。並嘗試觀察其間的方法與模式。

第三章「《四庫全書總目》文學批評的思想內涵」，對《總目》的文學批評內涵精神進行梳理，呈現書中各種文學批評標準所佔的比重地位，並釐清其文學批評主要精神旨趣。

第四章「《四庫全書總目》文學批評的『公論』觀念」。其研究基礎乃是《總目》中的批評論，並從其間發展出《總目》「公論」觀念的專題研究。本章除了指出《總目》一書「批評了什麼」之外，還進一步思考書中「怎麼進行批評」的問題；嘗試

對「公論」觀念作省察、指瑕的工作，並究明《總目》中文學批評思維與政治行爲相牽引的現實。

第五章「文學批評的呈現機制與《四庫全書總目》的作者問題」，此篇根據先前研究所得來進行《總目》作者的探討，主要針對《總目》的特殊性：官方批評與集體編修。其間的討論重點包括：撰著者的考察、思想取向與權力的分配。

第六章「結論」，除對本文的主要論證作簡略總結之外，對未能處理之相關問題也稍加說明，並試著指出進一步可能的研究方向。

目 錄

第二冊　莊清輝：《四庫全書總目・經部》研究

作者簡介

　　莊清輝民國四十一年十二月生於雲林鄉下，自幼性喜讀書，常利用幫忙家事之餘，勤於閱讀，故中、小學時代，成績每列前茅。民國六十年六月自斗六高中畢業後，翌年得以順利考上國立政治大學中國文學系就讀，由於接受中國古籍薰陶，深覺中國文化博大精深，故也立志從事古籍之鑽研。民國六十八年三月幸蒙恩師羅宗濤教授與洪讚教授之薦舉，得以回母校圖書館服務迄今。在圖書館服務期間，由於每日接觸浩瀚書海，深覺充實自身學識之重要，故常利用工作之暇，重拾書本，經過數年苦讀，得於民國七十三年考上母校中國文學研究所，更由於工作之關係，故以目錄學作為專研之重點，畢業碩士論文即以《四庫全書總目經部研究》作為撰寫之題目。

提　要

　　本文研究之目的，在於釐析《四庫提要》經部之義例，藉由目錄學之探討，從四庫總目豐富之材料中，詳為分析，既可供撰寫目錄學之參究，亦可從中探得清代樸學之精蘊。蓋提要之作，成於通儒碩學之士，雖絀於時日，草率成編，然其校勘得失，考證詳確，識詣既真，鑒裁亦卓，以之為讀群書之門徑，其霑溉後學，功用良多。

　　近人姚名達利用清人輯本《別錄》、《七略》之有限資料，分析其義例，為目錄學之研習，闢一途徑。而《四庫提要》經部則有四十四卷之多，內容可謂豐富，故本文之撰寫方式，首章為緒論，敘述《四庫提要》與學術研究之關係，並說明撰述之體例。次章至七章則分就書名、卷數、撰者、板刻、辨偽、批評與價值等項，加以分析，並歸納成若干義例，融合目錄學與經學於一爐，冀收因書究學之效。八章論館臣對目錄學之見解。九章探討《經義考》與《四庫提要》之關係。十章比較各種提要之差異，藉以了解館臣刪潤筆削之權衡，亦可為學術研究之資料。末章結論，說明本文之特點、創意，並如何著手進行後續之工作。

目　錄

第三冊　　曾紀剛：《四庫全書》之纂修與清初崇實思潮之關係研究——以經史二部爲主的觀察

作者簡介

曾紀剛，湖南省武岡縣人，1976 年生於臺南市。輔仁大學中國文學系學士（1998）、碩士（2002），1998 年獲趙廷箴文教基金會全國中文系所特優學生獎學金，2004 年考入輔仁大學中國文學系博士班，兼任北台科學技術學院通識教育中心講師。研究方向爲文獻學與清代學術思想。

提　要

本文針對清高宗纂修《四庫全書》此一文化工程與清初崇實思潮之間的關係進行探究。首先回顧多種思想史、哲學史以及學術史類的研究論著所陳論的清初學術轉衍脈絡，可以看出崇實黜虛的學術理念與知識品味，實是明清之際乃至漫衍於整個十八世紀學術思想形態的一大轉向；此一思潮與轉向得到學者以不同偏向與程度的普遍關注，同時可見在眾多史類論著中此一議題發展所遭遇的侷限。其次，以康、雍、乾三朝《聖訓》與《實錄》所載聖諭爲基本材料，著眼於乾隆朝所擘畫推行的文教政策，從幾個措施面相討論崇實精神貫注於制度語境的影響脈絡。之後，進入《四庫全書總目》對於傳統知識文化的重構工程與再現體系，以經部與史部作爲主

要的觀察對象，先就《總目》的小序系統析論其著錄準則與思想取向的大體趨勢暨
其異趣，再以提要當中的評論措辭作爲一種精神或思想徵狀的閱讀理解，考求並論
證四庫館臣在詮釋所面對知識對象的同時，如何呈顯其以「崇實」爲群體共識的圖
書擇存內涵與學術批評意態。本文認爲，崇實精神是透過多面相與多層次的散射方
式，進入經部與史部的學術批評場域之中；從人品學養、著作內涵、時代學風、知
識指向等宏觀的體探，以至於研究方法、取材觀點等細部考察。作爲一種思想文化
的集體再現表徵，崇實精神堪稱纂修《四庫全書》與《四庫全書總目》的思想基調，
並藉《全書》與《總目》爲文化傳播與流動的載體，將深蘊其中的價值內涵浸滲入
建構思想世界與知識秩序的核心，不斷散放其暢通文化生命、形塑理想社會的豐沛
能量。

目　錄

第四冊　　徐小燕：張壽鏞及其《四明叢書》研究

作者簡介

　　徐小燕，東吳大學中國文學系學士、碩士。　現為東吳大學秘書。發現中國文學的美，就開始堅持走自己的路。　一路走來，跌跌撞撞的，但是能自由自在地吸吮著文學養分，就感覺很幸福。　曾助編大專國文用書，四書分類題庫等。

提　要

　　〈張壽鏞及其《四明叢書》研究〉旨在探討浙江近代藏書家張壽鏞先生及其所編輯之《四明叢書》。全文共八章。

　　第一章「緒論」，說明研究動機、目的、方法及範圍。

　　第二章「張壽鏞生平及著述」，敘述其家世、生平、交友、事業及其著述。張壽鏞先生畢生致力於教育事業，主張廢書院，興學堂，以「學傳身不死」為教育理念，故於五卅慘案發生時，旋與王省三先生，捐地、籌款創辦光華大學，誓言收回教育權，於中國教育史為民間辦學之模範。又積極地訪羅鄉邦文獻，輯為《四明叢書》以表彰先哲，津逮來學。抗戰期間，不忍文獻凌替，遂與蔣復璁、張元濟、鄭振鐸等組織「文獻保存同志會」，肆力搜訪，搶救文獻。

　　第三章，言「張壽鏞之學術思想」，分別以「濟民用世之民生思想」、「史以致用之史學思想」、「求復本心之教育理念」、「知行合一之實踐哲學」闡述之。

　　第四章，「張壽鏞之藏書」，以其藏書之源流、徵訪，整理及其特色，利用與藏書最後歸處作為本章論述之主軸。

第五章「《四明叢書》之輯編」，分別從緣起，及其選刊版本之準則，選定之版本及其特色探討。

第六章以「《四明叢書》之內容及其出版情況」論收書內容，輯編此一叢書之時代意義，及其輯印出版之情形。

第七章「《四明叢書》之價值」，分別從保存鄉邦文獻及壽鏞先生於圖書文獻學上之成就論述之。

第八章以「時代之見證，文獻之衛士」爲張壽鏞先生一生志業及其編印《四明叢書》作一總結。

目　錄

第五冊　　張圍東：宋代類書之研究

作者簡介

　　姓名：張圍東　籍貫：山東省蓬萊縣人　出生日期：民國 48 年 12 月 7 日　現職：國家圖書館編輯　學歷：國立臺灣大學圖書館學系文學士，中國文化大學史學研究所碩士，中國文化大學史學研究所博士　經歷：中國技術學院圖書館館員，國立中央圖書館臺灣分館助理編輯、編輯　著作：專書有《山中樵傳》，論文有〈日據時期南方資料館之研究〉、〈圖書館與口述歷史〉、〈圖書館與地方文獻〉等三十餘篇文章。

提　要

　　類書是我國古代兼有「百科全書」和「資料匯編」性質的工具書。因其內容廣徵博引，並隨類相從而得名。它以輯錄古書中的史實典故、名物制度、詩賦文章、

麗詞駢語，而且還包括自然科學方面的天地山川、百穀草木、鳥獸蟲魚等知識，故有「存一書即存眾書」的重要地位。

中國古代類書，自魏《皇覽》開始到南北朝，編修類書的風氣尚未形成。進入唐代，各種類書顯著增加，收錄在《新唐書・經籍志》〈丙部・類書類〉中的類書，就有四十餘部。在宋代，類書大爲興盛，在《宋史》〈藝文六〉所載的宋人類書，竟超過了三百部。

類書的產生和發展，最初主要是提供皇帝閱覽有關治道興衰、君臣得失的事蹟，作爲施政借鑒。繼起的類書，不僅提供皇帝閱覽，也兼供文人作文參考之用，甚至專爲文人寫作詩文應付科舉考試輯錄資料。宋代以後，類書輯錄資料注意各種事物的源流經過，已具有歷史考證性質，如《事物紀原》、《格致鏡原》等是。明清兩代的《永樂大典》和《古今圖書集成》，使類書的內容豐富，包括當時一切學術著作，達到空前的高度。

宋代的類書因爲保存了大量已經失傳的古書及其篇章，對後來的史學研究，尤其是史料的尋找和古籍的校勘、整理，都具有十分重要的功用。因此，類書在我國古代典籍中已形成獨立的文獻，具有特殊的價值。

本書內容分爲十章十六節，第一章主要闡述宋代類書發展理念，並做一完整的敘述。第二章敘述類書的起源、發展與衰落，讓讀者瞭解類書從古代到清代的發展及衰落過程。第三章重點說明類書的範圍、類型及體例，簡述類書在目錄學中的位置，並羅列類書在目錄中的部居情形，以瞭解類書在古代知識體系下所處的位置，及過去知識份子對類書理解的方式。第四章說明類書的特點與功能，並對類書的參考價值加以敘述。第五章介紹宋代官修、私修圖書編撰以及宋代圖書編撰的特點，以期了解宋代編撰圖書的概況。第六章探討宋代類書產生的原因以及發展的過程。第七章敘述宋代類書的分類體系，瞭解類書的知識分類情況。第八章詳述及探討宋代的類書，進一步探討類書的編纂過程、版本的流傳及各大圖書館典藏宋代類書之狀況。第九章敘述宋代類書的文獻價值及宋代類書在現今學術研究上可以發揮的助益。第十章結論，將宋代類書的整體發展做一總結，並敘述如何讓類書藉著分類傳達給使用者比較完整的資訊，也可增加一般讀者與類書接觸的機會，增進對類書的認識。

類書是中國傳統文化資源之一，對苦於尋「根」的現代中國人來說，類書就是一個可以尋根的地方。

目　錄
宋　序
自　序

圖表書影

第六冊　　李家駒：中國古代藏書管理

作者簡介

　　李家駒，民國 48 年生，台灣大學圖書館學系畢業，中國文化大學史學研究所

圖書文物組碩士。曾任職於台北市立圖書館、國立中央圖書館台灣分館、台灣師範大學圖書館，現任行政院大陸委員會大陸資訊及研究中心科長。

提　要

　　本書題名為「中國古代藏書管理」，內容包括中國古代政府與民間的圖書收藏情形，以及各種自然、人為書害的原因與防治方法、藏書環境的控制、書籍的整理與利用和污損殘缺圖書的修補復原技術等。時間上，以宋元明清四朝為主，但在此時期前後有關的史料，一併加以蒐集論證，同時有關於本題的現代圖書館學資料與科技資料，亦參考引用且相互比較說明。

　　此外，由於自東漢以後，紙張逐漸成為主要的書寫記錄材料，而書籍的質料對圖書的保存又有直接的影響，因此紙張、用墨及其他製書材料的製造、性質和改進，亦專列一章討論，以說明其間相互關係。最後，試行探討古代圖書典藏所採用的方法與原則，在現代圖書館典藏工作中的實用性，希望能使本書能有實務上的參考價值。

目　錄

李健祥：南宋館閣典籍考

作者簡介

李健祥：37 年 5 月 1 日　政治大學中文系：中文研究所畢業　現任教：中國醫藥大學

提　要

本書主要敘述及考證之重點爲南宋一朝之館閣典藏及校理圖籍之情況。

第一章敘述靖康、建炎間之圖籍散佚，明胡應麟《少室山房筆叢》若以此爲隋秘書監牛弘所述圖書五厄之後，圖書復有五厄之一。

本章之第一節敘述私家藏書之播亡，蓋以私家藏書與館閣藏書，互爲脣齒；私家藏書散失後，館閣藏書所受之影響亦大。本節引李清照《金石錄後序》、葉夢得《避暑錄話》等所言私家藏書播亡之情形。第二節言館閣圖籍之散佚，首引《文獻通考·經籍考》等文，以明北宋一朝館閣藏書情況，再爲敘述靖康、建炎間之圖籍散佚。而圖籍散佚之主因，一則爲金人之掠奪，再則亡佚於轉運中。

第二章敘述南宋之訪書，南宋初雖以圖籍因靖康兵亂散佚殆盡。然經君臣下上戮力搜訪，於孝宗淳熙年間編《中興館閣書目》時已聚書四萬四千四百八十六卷，其後寧宗嘉定間編《中興館閣續書目》又得書一萬四千九百四十三卷，合計較之北宋政和間之《秘書總目》七萬三千八百七十七卷，雖稍有不及，然已屬難能矣！

本章第一節敘述高宗一朝之訪書，第二節敘述孝宗及孝宗以後各朝之訪書。第三節敘述南宋館閣訪書所遭遇之困難及其得失；南宋訪書所遭遇之困難計有（一）、獻書賞格未立及獻書恩賞微薄，（二）、有司執行不力，（三）、懼以獻書賈禍而不敢投獻諸端。訪書得失則以其數不媿前朝爲其得，而秘府所存多爲近代著述，奇秘闕逸較前少損爲其失。

第三章言南宋館閣之藏書情形，第一節敘述各藏書處所之建置沿革及藏書概況，第二節爲南宋館閣藏書之檢討。

　　第四章敘述南宋館閣之校書，於此可分二方面言之，一爲專校經史群書中之某一部書或某類書；二爲廣校館閣所收郡國士民所進獻圖籍。

　　第五章敘述南宋末年之圖籍散佚：南宋末年館閣圖書首毀於理宗紹定四年之臨安大火；其後元人南下，又盡失於其有計劃之掠奪。

　　以上爲本書各章之內容大要。

目　錄

第七冊　　蔡文晉：宋代藏書家尤袤研究

作者簡介

　　蔡文晉，民國 55 年出生，東吳大學中國文學研究所碩士班畢業，現任教於台中市立惠文高級中學，著有《宋代藏書家尤袤研究》、〈鮑廷博藏書印書考〉、〈鮑廷博年譜初稿〉。

提　要

　　南宋詩家首推尤、楊、范、陸，號稱中興四將，然尤袤《梁谿集》及《遂初小稿》等作品集焚毀於萬卷藏書樓，故後世論宋詩者鮮詳述之。現存宋代私家藏書目錄，僅有晁公武《郡齋讀書志》、尤袤《遂初堂書目》及陳振孫《直齋書錄解題》三種，晁志已有劉兆祐師著〈晁公武及其《郡齋讀書志》〉專書討論之，而陳錄則有喬衍琯先生著《陳振孫學記》專書陳述，惟有尤目因體例簡陋，引用者寡而無專書探討。然其目創書目兼記板本之先例，分類亦頗多新異處，影響後世書目深鉅，實不可等閒視之。吾人基於上述，欲一究尤袤生平及其學術成就，故撰此文以探述之。

　　有關尤袤文獻，除《宋史》尤袤本傳及《遂初堂書目》較完整外，其他資料多散佚殘缺，收集頗費周章。本文即以《宋史本傳》及《遂初堂書目》為主，參以《宋會要輯稿》、《南宋館閣錄》、《萬柳溪邊舊話》、《咸淳毘陵志》、《梁谿遺稿》及宋朝各家文集等史、子、集部文獻資料，整理彙考，期望略復尤袤原始。

　　本文共分五章，首冠緒言，說明撰述大旨。第一章為〈尤袤家世考〉，追溯尤氏家族之由來及尤袤先世中重要的人物記述，以見先世對於尤袤的關聯及影響。第二章為〈尤袤生平事蹟考〉，先考定尤袤生卒年，再以繫年方式詳列尤袤生平事蹟。第三章為〈尤袤交友著述考〉，交友考方面以宋人文集中有與尤袤之書信篇章為主，察考尤袤交友之情形。著述考方面則將現今署名尤袤所撰之作品一一加以解說考證。第四章為〈遂初堂書目之體制及傳本〉，詳細討論尤目成書、藏書流傳、體制、傳本及影響等諸要項，以見其最重要著述的內容性質。第五章「尤袤之學術成就」，以宋人文集及子史部瑣碎資料，彙整後加以探析尤袤多方面之學術成就，雖資料鳳毛麟爪，然以尤袤作品散佚之甚而言，這些微論已可見微知其著了。末附以結論。

　　尤袤雖以文獻大量散佚焚毀而鮮為後人所重，然經本文探幽索微後，發現其為人處世及論學著述皆具有承先啟後之功。正如同《四庫提要》讚其《梁谿遺稿》一般，吾人「又烏可以殘膏棄歟」，自當給予尤袤的貢獻肯定與重視才是啊！

目　錄

第八冊　　嚴倚帆：祁承㸁及澹生堂藏書研究

作者簡介

嚴倚帆，福建省林森縣人，1959 年生於台北，國立臺灣大學圖書館學研究所碩士。曾任國防醫學院圖書館副館長、得榮基金會生命教育課程研編小組編輯。著有〈美國醫學圖書館合作網路之發展〉。

提　要

研究中國目錄學及中國古代圖書館史，私家藏書及私家藏書目錄是極重要的一部份，私人藏書不僅對我國學術文化的發展極具貢獻，在目錄學史上更有相當的重要性。

明末藏書家祁承㸁，不僅藏書豐富，在明末可稱江南第一大藏書家，其對於目錄學及圖書採訪、鑑別、整理各方面的見識與貢獻，更為後世學者所一致推崇。本論文之目的，即在研究祁氏澹生堂的藏書，及其在圖書目錄學上的種種成就。

　　本論文所用資料，以祁氏本身的著述爲主（包括澹生堂集、澹生堂藏書目、藏書約、祁氏之傳記等），並參考清代以來論及祁氏及澹生堂的各種文獻，（包括清代文集、方志、各藏書志、及近人著述等），以歷史研究法來研究祁氏之生平傳略及藏書情形。另有關澹生堂藏書目的分類及編目，則以比較分析法，將歷代書目與澹生堂藏書目作一比較，以明瞭祁目在分類及編目上的優劣得失及傳承影響。

　　本論文研究之結果，證明祁氏在圖書的選擇、鑑別與採訪各方面，具有精闢獨到的見解，成熟的理論與方法，足可與現代圖書採訪學兩相輝映，並證明我國古代亦有關於圖書採訪之論著。祁氏在圖書的管理上，能運用科學的觀念，建立合理的管理制度。在圖書的分類及編目上，祁氏亦各有卓越的創見，對舊有圖書分類及編目，咸有具體的改革及創新，實爲我國古代圖書目錄學之重要貢獻者，並可稱爲我國圖書館學的先驅。

目　錄

第九冊　　趙飛鵬：黃丕烈及其《百宋一廛賦注》研究

作者簡介

　　趙飛鵬，1959 年出生於臺灣省基隆市，國立臺灣師範大學國文研究所碩士，國立臺灣大學中國文學研究所博士，曾任教於高中、專科學校、技術學院，現任國立成功大學中文系副教授。研究領域主要為圖書文獻學、中國藏書史，並兼及訓詁學、印度佛教史、宗教哲學等之教學與研究。目前已發表之研究專著有三種，學術論文二十餘篇。

提　要

　　黃丕烈（1763～1825）號稱「有清藏書家第一」，其「士禮居」所藏宋本書，量多質精，為世所公認。本書採用新方法，對黃氏之藏書史事與學術成就作深入探討。所謂新方法即通過對黃氏重要之目錄學著作——〈百宋一廛賦注〉作詳盡之箋證，或補充其未備，或引申其未詳；並以此為基礎，進一步闡述黃氏在圖書文獻學方面之見解與貢獻。

目 錄

第十冊　　趙飛鵬：觀海堂藏書研究

作者簡介

　　趙飛鵬，1959 年出生於臺灣省基隆市，國立臺灣師範大學國文研究所碩士，國立臺灣大學中國文學研究所博士，曾任教於高中、專科學校、技術學院，現任國立成功大學中文系副教授。研究領域主要爲圖書文獻學、中國藏書史，並兼及訓詁學、印度佛教史、宗教哲學等之教學與研究。目前已發表之研究專著有三種，學術論文二十餘篇。

提　要

　　楊守敬（1839～1915）是清末民初重要藏書家之一，且爲東渡日本，訪書海外之第一人。其「觀海堂」藏書之精華今日尚完整保存於臺北故宮博物院，見證中、日兩國自古以來書籍流通傳播之史實。本書是國內第一部全面且深入研究楊守敬藏書實況，以及楊氏在文獻學方面成就之專著。

目　錄

蔡芳定：葉德輝觀古堂藏書研究

作者簡介

　　蔡芳定，臺灣嘉義人。國立臺灣師範大學國文系學士、碩士、博士；國立臺灣大學圖書館學研究所碩士、國立臺灣大學法律系法學士。曾任教於台北建國中學、台北工專、中興法商學院、台北大學等校。目前為台灣師大國文系教授，借調至台北大學擔任人文學院院長。著有《中國文學批評史上之實學批評法》、《唐代文學批評》、《北宋文論》、《葉德輝書林清話研究》等書。曾獲：教育部文藝創作獎、觀光文學獎等。

提　要

　　晚清藏書名家輩出，諸家不僅富於貲財，典藏豐贍，且學養深厚，精通版本目錄之學；其中尤以葉德輝最不容忽視。葉德輝（1864～1927），為我國著名藏書家、

版本目錄學家。他的《書林清話》是我國第一部研究版本學的著作、第一部系統書史；他的〈藏書十約〉是有志於古籍整理者之入門指南、他的《郋園讀書志》、《觀古堂藏書目》是古籍版本鑑別的必備工具書。在我國藏書史上，葉氏自有其重要地位。然近人對其研究不多，本論文即在考述其藏書之成就。

　　本論文採歷史研究法，蒐集與葉氏藏書有關之文獻，將葉氏之傳略、藏書狀況、藏書之採訪整理與利用、藏書目錄與藏書題記，加以分析陳述，以期肯定葉德輝在我國圖書文獻史及版本目錄學之貢獻與影響。

目　錄

第十一冊　吳瑞秀：清末各省官書局之研究

作者簡介

　　吳瑞秀，輔仁大學圖書館學系學士、文化大學史學研究所圖書文物組碩士、文化大學史學研究所博士。普通考試、高等考試圖書館人員及格。曾任國立故宮博物院圖書文獻處、科技室、秘書室編審，中央研究院史語所傅斯年圖書館主任，立法院國會圖書館、司法委員會編審。現任立法院法制局副研究員。

提　要

　　本論文除前言與結論外，共分五章。前言說明清代同治中興後，各省督、撫等地方官吏，目睹地方文物因戰亂慘遭浩劫，普設官書局，爲一值得研究之歷史現象與板本目錄之問題，因做此研究。

　　第一章緒論，說明典籍對人類文化的重要性，自宋代以來，地方官府之刻書情形，以及書籍易遭戰爭、天災、蟲害等之毀壞。清代遭太平天國之亂，典籍破壞殆盡，其中江南藏書家典藏書籍之被焚毀，更爲浩劫！清代同治中興，各地方官吏莫不提倡刻書，以爲復興之具體表徵，並作爲教化士子與保存文獻之要務。

　　第二章敘述各地方大吏設立官書局之盛況，各自籌措款項，設立書局刻印典籍及實用書籍，影響所及，各省互通典籍之有無，一時蔚爲風氣，各省莫不以刻書爲標榜，其中未受太平天國之亂者，亦趁此時機刻書，以刻書爲文化與教化之成就，所刻書籍甚夥。

　　第三章詳述各省官書局之發展過，其中包括經費來源、書局組織以及經營方式，至於刻書的內容，尤以經、史書籍爲重，爲本章研究重點。

　　第四章研究各省官書局刻印書籍之特色，以及如何鑒定爲局刻本，並論局刻本的利用、流通，以及對學術文化的貢獻。

　　第五章在清代積弱及新式教育的影響下，官書局所刻之古籍，無法因應當時社會之需，且有不合現實需要之情況，以及經費困難，因而沒落。新思想、新教育之衝擊，亦爲造成官書局沒落之主要原因。

　　最後之結論，說明時代在變，在新思潮衝擊下，官書局完成階段性任務後，爲新式書局之鉛活字印刷之書籍所取代，其沒落乃一時代之問題。

目　錄

第十二冊　劉曾兆：清末民初的商務印書館
——以編譯所爲中心之研究（1902-1932）

作者簡介

　　劉曾兆，台灣台北縣人，國立政治大學史學系、碩士班畢業。現任爲高中教師。

提　要

　　本文討論的對象是上海商務印書館編譯所，時間的斷限是從它的設立到一二八事變時，日軍轟炸商務印書館，編譯所的組織取消爲止（1902～1932）。在內容方面，除了緒論及結論外，擬列三章、八節及若干的小點來討論。以下僅就各章的結構分述如下：

　　第二章「商務印書館在上海」。本章的重點在於從上海的社會變遷、文化發展等方面，來看商務印書館的成立。上海的開埠對於上海、中國帶來各方面的衝擊，無論是衝突或是融合，都讓中國在近代的發展中產生極大的改變。商務印書館在此一背景下成立，並且不斷的發展，逐漸脫穎而出，成爲全中國最大的出版機構。它的業務發展並非一帆風順的，有和外國企業的合作，也有同業之間的競爭與打擊，商務印書館都能夠一路走過來，在出版界、文化界擁有一席之地。

　　第三章「編譯所的組織與工作」。本章則是針對編譯所的成立到發展，加以論述。編譯所爲何要設立？它的負責人物爲何？如何領導編譯所在文化工作的道路上發展？都是在本章所要研究的。此外，編譯所的組織架構、組織章程，也都是討論的對象。從這些方向來看編譯所，並且進一步分析，讓讀者能夠知道編譯所所完成的各項成果，並且對它的業務運作也能夠有所瞭解。

　　第四章「編譯所的評價」。本章的內容是針對編譯所在中國文化發展中的重要貢獻與特徵，做深入的討論；並且對它在出版界的領導地位加以介紹，冀望能夠將編譯所在出版方面的地位加以定位。在本章中，對於編譯所在中國近代文化、教育的貢獻，將是討論的重點。而編譯所既出書又出人的特性，將可以瞭解到它爲何會

成為一個重要的學術單位，為何被視為一股教育的大勢力。從它所奠定的基礎，讓商務印書館能夠在這麼多年來依舊維持發展，為讀者所知曉。

　　第五章「結論」。除了將前述的觀點做一個總結外，並且為編譯所賦予一個時代的定義，讓人們能夠對商務印書館這個百年老店有所認識，突破以往對它的瞭解，同時也期許它能更進一步的發展，繼續為文化、教育貢獻。

目　錄

韓錦勤：王雲五與臺灣商務印書館（1965-1979）

作者簡介

　　韓錦勤　1973年出生於台灣省台北縣，國立台灣大學歷史學系夜間部、國立台灣師範大學歷史研究所碩士班畢業，現任桃園縣立平鎮高中歷史科教師。

提　要

　　本文討論的對象是以王雲五與臺灣商務印書館之間的關係為主，時間的斷限則是從王雲五重新主持臺灣商務到他去世為止，即民國五十三年至民國六十八年。內容方面，除了緒論與結論外，擬列四章、十一節來討論。以下僅就各章的結構安排分述如下：

　　第一章〈王雲五與商務的結緣〉。此章從王雲五與商務如何結下不解之緣開始。第一節先對王雲五的個人生平做一個陳述，包括其家世、求學、從事教職、參政等經歷。再說明王雲五受胡適介紹進入當時屬於大出版業的商務擔任編譯所所長，一直到任職管理全館的總經理的過程，討論其得以成功之因素。並就其出版理念與提倡科學管理做個介紹，而這些觀念與日後王雲五改革、領導臺灣商務有其關連性。

　　第二章〈臺灣商務的早期發展〉。本章先由臺灣早期出版環境的限制論起，說明在民國三十八年以後，國府所執行圖書查禁的工作對當時出版業的發展是有所影響，處在此環境下的臺灣商務由初創到獨立，其業務的發展情形在起初並不是一帆風順，但是仍為後來的臺灣商務奠立了一些基礎。此時的王雲五只是擔任臺灣商務

印書館的一個股東而已。

第三章〈王雲五重主臺灣商務〉。民國五十二年，王雲五自政壇辭職，次年被選為臺灣商務印書館的董事長，此時的王雲五已七十六歲了，仍稟承著豐富的精力接下「復興」商務的重擔，實行一連串的改革，諸如職位的調動、組織章程的制定、編輯人才的網羅、出版計畫的擬定等，都顯現王雲五視臺灣商務印書館為一個出版企業在經營。

第四章〈王雲五主持臺灣商務的評價〉。王雲五豐富的人生閱歷，使得他的人脈資源眾多。出版業必須與其他文化機構做互動，例如，在復興中華文化的背景下，臺灣商務與故宮、中華文化復興運動推行委員會保持合作關係。並且探討一個出版業與社會大眾的關係，包括平價書「人人文庫」的印行以及配合節日進行的書籍特價活動來刺激買氣，對帶動社會的讀書風氣或多或少有所幫助。而將過去的《東方雜誌》、《教育雜誌》重印或將《出版月刊》、《東方雜誌》先後復刊，對學術研究更是幫助不少。本章最後是對王雲五主持臺灣商務的成績作個評價，將他所樹立的規模與初期設立時的臺灣商務做一個比較。

結論中從公共領域的理論，來看王雲五在出版文化的努力以及臺灣商務印書館處於臺灣的政治環境下，遭受的限制。以及其對臺灣文化上的貢獻所在。

目　錄

第十三冊　李貴豐：從傳統到現代：中國圖像版印技術之演變（1600-1900）

作者簡介

　　李貴豐，國立政治大學教育系學士，歷史研究所碩士、博士，治學兼涉文、史、哲與藝術諸領域，任教於國立台北商業技術學院與國立台灣藝術大學，講授文化史、文物鑑賞、美術鑑賞等課程，並於中華電視公司主講中國文化史與人生哲學，另於台灣苗栗經營「博古草堂」生態文化園林。主要著作有《尼采的群眾意識》、《從傳統到現代：中國圖像版印技術之演變（1600～1900）》、《中國文化史》、《人生哲學》、《人生哲學－理論與實踐》等書，及《畫中有詩－北商詩壇》（第一至十二輯）、《博古草堂－散文》（第一、二、三集）。

提　要

　　本篇論文旨在從現代化的觀點，探討中國傳統手工業技術與清季新興工業的交會關係及其蛻變過程。過去學者對中國工業現代化的研究，比較著重新興工業的成長狀況，並以「量」的變化作為現代化的重要指標。本論文則著重對傳統手工業的探討，而且以新舊工業技術「質」的變化為著眼點。

印刷術是中國古代領先世界上其他民族的四大發明之一，這項發明對人類文明的發展有巨大的貢獻。然而清末西洋新印刷術反而在中國大行其道。因此考察西洋印刷術輸入中國，並與中國傳統印刷技術競爭、融合與交替的過程，是個很有意義的問題。

印刷史的研究向來不乏其人，研究成果也相當可觀，然而圖像版印技術的研究尚有探討的空間。因為圖像版印過去常被劃歸「版畫史」的「藝術範疇」。在這個領域裡，「描繪」的藝術特性較被強調，而「印刷」或「複製」的技術特質常被忽略，本文希望能夠填補這個空白。

由於本文是從工業技術現代化的角度來詮釋傳統的圖像版印，因此過去一般美術史學者面對古代「版畫」時，所強調的「藝術」或「美術」成分，都不再是本文所要探討的重點。但是過去由美術史角度蒐集的「版畫」資料以及研究成果，卻是本文藉以詮釋「傳統印刷技術」的重要素材。

本研究的年代斷限，比一般研究中國現代化之學者的取捨標準為寬。一般「現代化」的研究者，多以中國棄舊迎新的晚清時期為起點，本文對傳統圖像版印的探討，則是回溯到中國傳統技術完全成型的明末時期，藉以瞭解在西洋技術輸入之前，中國傳統典型技術風格的塑造，是否已經為清季技術現代化的成敗利鈍埋下伏筆。

本文發現，在西方新印刷技術輸入中國之前的數百年間，中國傳統圖像版印技術在歷經各種挑戰時，都能憑藉固有文化與技術特質，保持其一定的韌性。在此期間，即使傳統技術有所改變，其風格也大致缺乏自謀更新的動向。傳統技術的這種保守性格，對清末西洋新技術的引進亦形成一些阻力。但是本文同時也發現，西洋新興印刷技術在十九世紀末葉時，並未充分成熟，且與中國傳統版印技術一樣，使用相當多的手工操作，因而構成兩者之間依存及互補的關係。總之，在其他領域裡，雖然中國傳統對西方價值常有強烈的排斥作用，但是我們發現在圖像版印技術領域裡，中西雙方卻存在著相當程度的融合性。

目　錄

第十四冊　楊果霖：新舊唐書藝文志研究

作者簡介

　　楊果霖　台灣省新竹縣人。民國五十七年生。中國文化大學中國文學研究所博士班畢業。曾獲得民國九十年國科會甲等論文獎助，並且連續獲得民國九十年至九十四年的計畫獎助。專攻圖書文獻學。現任醒吾技術學院通識中心專任副教授。講授大學寫作、古典小說、現代文學、科技名人傳記等課程。撰著有《新舊唐書藝文志研究》（碩士論文）、〈朱彝尊《經義考》研究〉（博士論文）等書，及其他學術性論文近二十篇。

提　要

　　前賢研究古典目錄學之時，往往重《漢志》、《隋志》，而輕忽《新舊唐志》，昔日羅振玉先生曾引爲怪事，筆者有鑒於此，乃以此二目爲研究重心，欲藉以補足歷來的缺憾。綜觀本書的研究成果，有著如下幾點貢獻：

　　一、透過校勘方法，藉以探討《隋志》、《舊唐志》、《新唐志》三目之間的著錄差異，以釐清各目的演變關係，並針對書籍的亡佚、增錄的情形，分別提出說明。

　　二、分別探討顧懷三《補五代史藝文志》、陳鱣《續唐書・經籍志》、楊家駱《唐代遺籍輯存》、程志《現存唐人著述簡目》等四目，藉以掌握晚唐五代的典籍，乃至於現存唐人典籍的情況。其次，針對四目編纂的方式、優劣，逐一提出評介，用以補足今人研究的不足。

　　三、爲求進一步考察《新舊唐志》的內涵，擬運用史學計量方式，依唐代十道的地理劃分，結合唐人籍貫的考察，以說明唐人撰著的分布情況，藉以瞭解各區之間的差異情形。其次，結合唐代私學的分布、印刷的起源地、學官的分布等，試圖釐清唐代文化面的分布情形，進而說明各地理區塊的學風特性，以補充王明蓀、高明士先生在學風分布的研究，所未能釐析清楚的內容，以開拓書目研究的視野。

　　四、歷來對《古今書錄》、《群書四錄》的研究，多僅探討其學理差異，卻無實例釐析二書的著錄差異。惟《古今書錄》著錄之籍，已爲《舊唐志》所收錄成簡目，而根據〈古今書錄序〉所云斷限資料，可以進一步釐析《古今書錄》增錄《群書四錄》的書目著錄資料，以補足前人研究的不足。

　　綜合上述所論，本文的研究成果，不僅限於《新舊唐志》二目，也兼及相關書目的探討，能夠健全史志目錄的研究體系，實爲研究《新舊唐志》的第一本專著。此外，本書雖以史志目錄爲研究題材，但是不全然從目錄學的角度出發，也能運用史志目錄的內容，配合相關文獻，以瞭解唐代學說分布的情況，對於瞭解唐代學術史的發展，也能提供一定的價值。

目　錄

第十五冊　張圍東：宋代《崇文總目》之研究

作者簡介

　　姓名：張圍東　籍貫：山東省蓬萊縣人　出生日期：民國 48 年 12 月 7 日　現職：國家圖書館編輯　學歷：國立臺灣大學圖書館學系文學士，中國文化大學史學研究所碩士，中國文化大學史學研究所博士　經歷：中國技術學院圖書館館員，國立中央圖書館臺灣分館助理編輯、編輯　著作：專書有《山中樵傳》，論文有〈日據時期南方資料館之研究〉、〈圖書館與口述歷史〉、〈圖書館與地方文獻〉等三十餘篇文章。

提　要

　　研究歷史者在觀察目錄學所著重的，在於「辨章學術、考鏡源流」，而成為學術史的重要參考工具。目錄是書的歷史；而目錄學的發展，就是學術史的發展。

　　宋代政府的官修目錄是在當時政治、經濟、文化的需求下，以及雕版印刷逐漸發展的情況下和唐代目錄工作的豐富經驗累積下編成。宋代將三館祕閣做為培養學術人才和高級官吏的文化機構比唐代更為突出，其學士、校理、校勘大多是從科第中選出來的優秀人才，能有較充裕的時間和較高的學識，從事補充圖書、整理圖書。

　　宋代還有一個特點，就是每隔三朝兩朝就纂修一次國史，便將政府機構各庫藏目錄集中整理一次，編成國史藝文志。《崇文總目》就是在這些有利的條件下編纂出來的。

　　宋仁宗景祐元年（1034）決定編製國家的藏書目錄——《崇文總目》時，便在崇文院內成立了獨立的機構，以三館（昭文館、史館、集賢院）及秘閣中有圖書目錄專才之人做基礎，任命王堯臣、歐陽修等，合併利用四館的藏書，經過七年的時間，於慶曆元年（1041）編成《崇文總目》六十六卷、敘錄一卷，共著錄圖書三萬六百六十九卷。

　　《崇文總目》是北宋官方一部重要的藏書目錄。它的纂修，是對北宋前期，主要是太祖、太宗、真宗三朝大力收集歷史文獻的總結。此目上承《開元群書目錄》、下啓《四庫總目提要》，其書雖已遺佚，然就其殘存者視之，頗足為後世編製目錄者所效法。

　　《崇文總目》編成以後，受到許多目錄學家的讚許；也得到一些人的抨擊，但它對宋代圖書的補缺、辨別圖書存亡、真偽等方面都起著重要作用。它的分類和著錄的方法對後世圖書分類和著錄，以及目錄學研究都有深遠的影響，在我國目錄學史上應給予應有的地位。全文凡分六章：

　　第一章〈緒論〉：首先敘述宋代官修目錄的發展及其特色。逐一說明本論文研究之目的、範圍與研究取材及方法，並確立研究之方向。然就相關文獻做一探討，瞭解當前所研究的成果，並加以分析與補充。

　　第二章〈宋代官府藏書〉：共分三節，敘述官府藏書的體系與特色，圖籍的蒐集與整理，以期瞭解宋代圖書的來源、詔購圖籍及整理圖書的情況。

　　第三章〈崇文總目與館閣制度〉：共分二節，分述宋代三館一閣的建置目的，以及分析館職的設置情況，並且說明宋代館職的特色，以期瞭解館閣在宋代所佔的地位及其所扮演的角色。

　　第四章〈崇文總目之纂修〉：共分三節，分述《崇文總目》的纂修過程；並對纂修作者逐一介紹，最後對於《崇文總目》卷數及傳本的記載與流傳，詳加分析與說明，並對錢輯釋本的得失作一番探討，以期瞭解《崇文總目》卷數及傳本流傳經過。

　　第五章〈崇文總目之分類與體制〉：共分三節，旨在分析《崇文總目》的分類及其特色，並與《漢書藝文志》、《隋書經籍志》、《舊唐書經籍志》、《新唐書藝文志》比較分類之異同，最後對於《崇文總目》的體制加以探討與分析。

　　第六章〈崇文總目之評價〉：共分三節，首先對《崇文總目》本身的優缺點加以分析，並對《崇文總目》的功用分項探討，也針對《崇文總目》對後世的利用情形加以敘述，以瞭解《崇文總目》在目錄學上的功能；並總結及重申各章節的考察與心得，並綜合筆者的意見，說明《崇文總目》在目錄學史上的意義與地位。

目　錄

第十六、十七冊　楊果霖：朱彝尊《經義考》研究

作者簡介

　　楊果霖，台灣省新竹縣人。民國五十七年生。中國文化大學中國文學研究所博

士班畢業。曾獲得民國九十年國科會甲等論文獎助，並且連續獲得民國九十年至九十四年的計畫獎助。專攻圖書文獻學。現任醒吾技術學院通識中心專任副教授。講授大學寫作、古典小說、現代文學、科技名人傳記等課程。撰著有「新舊唐書藝文志研究」（碩士論文）、「朱彝尊《經義考》研究」（博士論文）等書，及其他學術性論文近二十篇。

提　要

　　《經義考》是經學書目的權威之作，是書極具研究價值，惜限於「卷帙浩繁，通讀費時，流傳未廣，得書非易」之故，因而缺乏專著論之，殊為可惜。筆者有鑒於此，擬以此書為研究題材，以補前人研究的不足，總計研究成果如下：

　　（一）綜論竹垞治學觀念、方法及貢獻，若能先行瞭解相關議題，方能掌握其學術成就。整體而論，竹垞重視廣徵博引，信而有證，凡是整理文獻之時，皆能強調博證功效，是以其撰著諸作，多能涉及各類文獻，而以博識聞名於世，其他如反對抄襲、稽古崇漢、實事求是、簡明精要等觀念，究其觀點，不外乎是稽古、求新、求善、求廣等要點。此外，竹垞能善用目錄、版本、校勘、輯佚、辨偽諸法，也能廣徵文獻，佐以實地遊歷，並能應用考古實物，以論證典章制度，對於經學、目錄學等，均有極佳的參考功效。

　　（二）考及竹垞的編纂方式，本文分別從編纂動機、編纂程序、標示題稱、引文方式等四項，逐步闡釋其過程，藉以彌補前人研究的不足。

　　（三）考辨《經義考》的引書種類及內容，由於竹垞編纂之時，取材廣博，內容豐富，極富研究價值。首先，在引書種類方面：竹垞雖以前代書目為主體，但所涉內容廣及序跋、筆記、方志、史傳、人物志等諸多文獻，歷來的學者，僅對「錢謙益曰」、「黃虞稷曰」的引用，提出研究的成果，未能注意其他的引書來源，筆者逐一還原相關文獻，釐析竹垞曾經運用的典籍，合計四十一類，一二五九種之多，對於瞭解其引書來源，能有清楚認識。其次，透過引書內容的說明，遍及各類主題，可使我們瞭解其內涵，進而窺知其價值所在。

　　（四）析論《經義考》的體例，本文擬就書名、作者、卷數、案語諸項，逐一釐析條例，並說明相關創例，透過這些探討，將有助於掌握其特點，進而凸顯是書價值所在。

　　（五）考辨《經義考》的分類方式、類目及特色，竹垞在分類方面，已能突破舊有方式，以形成嚴密體系，且其分類觀點，能正視典籍與類目的妥當性，是以類目安排，除能承繼前代書目特點之外，也間有創新之處。

　　（六）探討竹垞致誤之由，進而釐析其誤，本文將竹垞所生訛誤，析併為七大

項，四十小項，期使讀者能確實掌握其誤，以免有錯用資料之失。

　　（七）探索《經義考》的影響，由於該書所涉內容極多，且橫跨經學、目錄學二大學科，由於該書蘊藏豐富價值，且能深受好評，舉凡在經學、目錄學的研習，莫不取法此書內容、體例，透過本文的分析，能使讀者瞭解其學術影響力，進而確立價值所在。

　　綜合上述的議題，《經義考》深具研究價值，若將其定位在工具之書，實埋沒其價值所在。本文係第一本專著，全面論述《經義考》的內容、體例、影響等等，對於建構完整的研究體系，實能有所貢獻。

目　錄

第十八冊　王鵬凱：歷代《論語》著述綜錄

作者簡介

　　王鵬凱，男，民國五十三年出生於雲林縣，民國七十八年畢業於政治大學中國文學研究所碩士班。曾任教於陸軍兵工學校、僑光商專，現於南投縣南開技術學院執教。

提　要

　　本論文共分九章，約十二萬字，乃就諸家目錄所載，自漢迄今之《論語》著作，作一綜合目錄。除緒論、結論外，分兩漢、魏晉南北朝、隋唐五代、南宋、元、明、清諸單元。仿《漢書・藝文志》體例，共分兩部分：

　　一、目錄部份，首敘書名、卷數、作者、注明出處及存佚情形，並論及諸家書目所載異同，以得諸書目之詳略、得失，並訂正其誤謬，在求得一完整之《論語》綜合著述目錄，藉此得觀歷代《論語》著述之情形。其中《經義考》之蒐羅廣博、《四庫提要》所言之精核、《藝文總志》之整理工夫，為諸家書目中之翹楚。

　　二、歷代論語學概述部份，猶漢志之小序，敘歷代論語學源流演變，用以辨章學術、考鏡源流。緒論中，述及《論語》名稱、編纂者、成書經過諸問題。漢興則有齊、古、魯三論，專門授受，遞稟師承，莫敢同異，至鄭玄兼取今古文，為集兩漢論語學之大成者，其後何晏、王弼等以玄釋經，玄風大暢，流風所扇，歷南朝至隋唐，其間北方猶篤守鄭學。洛閩繼起，道學大昌，擺落漢唐，獨研義理。程朱推崇《四書》，至此《四書》地位大為提昇，與《五經》並稱，自宋末歷元至明初，程朱學說定於一尊，科舉取士，一以朱註為準。自正德、嘉靖以後，王學盛行，唯其末流以狂禪解經，空談臆斷，其弊也肆。有清一代，漢學大昌，其學徵實不誣，成

就斐然，堪與漢宋並稱。

目　錄

第十九冊　陳文采：兩宋《詩經》著述考

作者簡介

陳文采，福建省連江縣人，1962 年生於台南，東吳大學中文研究所博士。曾任漢學研究中心助理研究員、台南女子技術學院圖書館主任。現任台南女子技術學院通識教育中心副教授。著有：《清末民初詩經學史論》及〈顧頡剛疑古辨僞的思考與方法〉、〈黃節及其對《三百篇》詩旨的闡述〉、〈關於民初《詩經》通讀趨勢的探討——以《國風》婚戀詩的新解與翻譯爲例〉、〈黃遵憲在日本的觀察與思考〉、〈台籍作家在大陸——論許地山的故鄉情結與多元文化思考〉等學術論文十餘篇。

提　要

本論文約二十萬字，分五章。全書主旨在考兩宋《詩經》著述之內容、影響及存佚情形。欲藉文獻整理工作，進而探討宋代《詩經》學之特質。至參考資料，以現存宋人《詩經》著述（含輯佚之屬）四十八種爲主，並詳檢宋代以降公私藏書錄，祈明有宋一代《詩經》研究大貌，及後世傳刻情形。

首述凡例，說明全書撰述體例。第一章緒論，綜述宋代《詩經》研究之背景及流派。第二章現存書錄，就現存宋人《詩經》著述三十九種，撰爲敘錄，每書皆分：作者、內容、評述、卷本四項敘述，並依類相從，彙爲：集解、傳注義疏、名物典制、問辨考證、通論雜纂五節，每節首述小序，說明收錄範圍及學科源流。第三章輯佚書錄，就後人輯佚所得九種，依第二章例，撰爲敘錄。第四章未見書錄，就未見著述百餘種，依成書年代爲序，每書就可考者略述之，以爲後人查訪、輯佚之資。第五章結語，向以宋人之學流於空疏，詳考宋人《詩經》著述，大抵皆著思辨懷疑色彩，除心學一派解經著述外，殆非「以義理懸斷數千年前之事實」者。至其疑經改經之理論與方法，實可備後世文獻整理之參考。末附歷代書錄著錄兩宋《詩經》著述一覽表、現存宋人《詩經》著述收藏情形一覽表、書名、人名索引，以便查考。

目　錄

第二十冊　劉人鵬：閻若璩與《古文尚書》辨偽
── 一個學術史的個案研究

作者簡介

　　劉人鵬，國立清華大學中文系教授。著有《近代中國女權論述──國族、翻譯與性別政治》（台北：台灣學生書局，2000）；〈在「經典」與「人類」的旁邊：1994幼獅科幻文學獎酷兒科幻小說美麗新世界〉（《清華學報》32：1，167-202，2003）等。

提　要

　　本文由學術史的角度，探討閻若璩與《古文尚書》辨偽的問題。所謂學術史的探討，是試圖由動態的、人的創造的觀點，將人與學術活動間錯綜複雜的歷史發展呈現出來。本文寫閻若璩，前半部將他放在《古文尚書》辨偽史的脈絡中，而後半部將他放在清初的考證學風裡；寫《古文尚書》辨偽，一方面在辨偽史中為閻若璩對此一問題之研究尋求定位，一方面在閻若璩相關的時代氛圍中，勾劃這件學術活動的樣貌。

　　《古文尚書》辨偽是清代考證學中具有代表性的學術成果之一，本文於是藉此分析考證學的性質。蓋鑑定史料真偽常被認為是歷史解釋之前或之外的超然而客觀的基礎工作，而考證也常被認為是由證據歸納事實的一項技術性的工作。本文則試圖揭示辨偽考證中藝術性的想像與創發的一面，認為考證是理解文獻、建構歷史的一種方式，並沒有純然技術性的考證，也沒有無須詮釋的客觀材料。沒有任何史學的工作可以免於史家的解釋與假設──包括鑑別史料真偽的辨偽考證在內。本文一方面揭示考證工作中藝術性的面向，一方面也由清初學者社群間的交流，分析清代考據學重視羅列證據的社會性意義，由此分析考據學的客觀性。

　　在《古文尚書》辨偽中，最重要的意義其實在於重構真《古文尚書》之歷史。而由閻氏辨偽考證中重構真《古文尚書》歷史之過程，以及復原真《古文尚書》原貌之意圖看，清代考證學意義之一在於重寫歷史。而此一重寫過程，表現上是尊重材料，憑證據立說，實則證據之所以成為證據，乃是解釋的結果；考證學者以假說或約定出來的原則對材料加以修改、詮釋、批判、糾正，以重新理解並建構歷史。對於史料的直接信任感，其實遠低於前代。

目　錄

第二一冊　許華峰：閻若璩《尚書古文疏證》的辨僞方法

作者簡介

　　許華峰，1968 年生，中央大學中國中文學博士，現爲輔仁大學中國文學系助理教授。碩士論文爲《閻若璩〈尚書古文疏證〉的辨僞方法》，博士論文爲《董鼎〈書傳輯錄纂註〉研究》。

提　要

　　論文從《尚書》學史與辨僞方法兩個角度說明閻若璩《尚書古文疏證》（簡稱《疏證》）的地位與價值。

　　第一章「緒論」：第一節指出《疏證》的主要成就是證明「今本《尚書》」中的

「古文二十五篇」爲僞。第二節歸納出狹義的僞書專指被刻意僞造的書；廣義的僞書則是指具有作者辨識問題或疑點的書。廣義的僞書可以根據不同的標準再區分爲許多類別。《疏證》對「今本《古文尚書》經文」眞僞的判斷，以題名作者與書的內容的關係來說，屬於「眞僞相雜」之「眞書攙雜有僞的（材料）」。以相關書籍是否現存爲標準，則屬「有眞書而眞書不全」的情形。第三節指出由於古今對典籍的觀念不同，有許多辨僞工作可以重新加以討論，《疏證》即是個很好的例子。

第二章「《尚書古文疏證》的體例與內容」：第一節討論《總目》對《疏證》體例與內容的說法，並指出《疏證》體例與內容上的缺失與特色。第二節透過《疏證》、毛奇齡《古文尚書冤詞》（簡稱《冤詞》）與明代梅鷟《尚書考異》（簡稱《考異》）、《尚書譜》關係的討論，說明論文以這四部著作互相對比的價值。第三節對《疏證》的內容作一概述，並說明本文的討論重點。

第三章「《尚書古文疏證》的『根柢』論證」：第一節說明《疏證》第一一三條的按語提出的「根柢、支節」說可作爲研究《疏證》的綱領。所謂的「根柢」是閻氏根據種種文獻材料「歸納」得來的結論，爲對今本《尚書》眞僞材料所作的基本區分，劃定了今本《尚書》那些是眞的，那些是僞的，同時確定了漢代眞《古文尚書》的篇目。「支節」則是針對僞造的「古文二十五篇」的內容作進一步的考證。第二節處理了〈大序〉、《經典釋文》、《尚書正義》、《隋書‧經籍志》對《尚書》篇目、篇數與流傳的意見（統稱爲「傳統說法」）。第三節針對《疏證》「根柢」的論證，指出《疏證》如何運用各種材料論證「古文二十五篇」爲僞，並還原出漢代《古文尚書》的篇目。

第四章「《尚書古文疏證》的『支節』論證」：第一節駁斥認爲《疏證》「支節」論證沒有辨僞功能的說法。第二節指出以作品「內容」辨僞的論證方式與《疏證》在這方面的工作內容，將《疏證》「支節」的論證區分爲對「古文二十五篇」襲用他書文句的證明與從「古文二十五篇」之內容證僞兩部分。第三節討論《疏證》如何利用文獻的對比，證明「古文二十五篇」是以襲用他書所引《尚書》文句和他書文句的方式僞造。第四節討論《疏證》如何通過「古文二十五篇」內容的考證辨僞，指出《疏證》從「古文二十五篇」襲用他書文句辨僞與從「古文二十五篇」之內容辨僞兩方面的考證並非截然二分。

第五章「結論：『根柢』與『支節』的檢討」：第一節指出梅鷟、毛奇齡論證上的缺失。第二節指出《疏證》在「根柢」的成就曾受到梅鷟《尚書譜》的啓發。第三節透過《疏證》的「支節」論證與《冤詞》相關材料的比較，指出《疏證》「支節」方面的論證受限於材料與《尚書》的性質，由今日視之，「古文二十五篇」是否算作

狹義的「偽書」，可以重新考慮。第四節「結語」重申論文的主要成果。

目　錄

吳銘能：梁啟超的古書辨偽學

作者簡介

　　吳銘能，1963 年 2 月出生台灣省雲林縣。輔仁大學中國文學系學士，台灣師範

大學國文研究所碩士。1994年秋季，負笈北京大學受業孫欽善先生，鑽研中國古典文獻學，1997年夏取得博士學位。曾任教慈濟護專、東南工專、中興大學、元智大學等校國文科國識教育課程，又在中央研究院史語所擔任助理、文哲所從事兩年博士後研究，主要學術專長在清代學術史與文獻檔案研究，有專著《梁啓超研究叢稿》及相關領域論文近二十篇。現在正跟隨黃彰健院士從事「二二八」專題研究。2005年7月起，四川大學聘爲歷史文化學院副教授職務。

提　要

　　梁啓超的《古書眞僞及其年代》，是民國以來，第一本有系統討論辨識古書眞僞及年代考證的專著，雖是演講的記錄，但內容充實，引人入勝，集清代以前辨僞學方法大成，在辨僞學史上，佔有很重要的地位。

　　梁啓超辨僞學理論的建立，在方法及實際運用上，有各種不同的批評，而他所做的考據，幾乎篇篇都有可議之處，但以其善於提出問題，擁有廣大讀者，於學術界具有莫大影響力，尤其他所提出的辨僞方法，在今天看來，仍有參考的價值。

　　本論文研究梁啓超的辨僞方法，主要根據《古書眞僞及其年代》一書，實例則採用其人所有學術論著，做一全面性整理，指出其辨僞的特色、成就，並查其辨僞工作的限制的原因，實受性格鶩博所累，及政局不安干擾；兼比較梁啓超和胡適、顧頡剛等人，雖皆對古書眞僞作考辨，在意圖與方法，有極大的不同，同時「國故」的認知上，顯然梁啓超比胡適等人更勝一籌。

　　本文共分五章，計九萬言有餘。首章指出撰寫本文的目的與擬討論的重點；次章爲梁啓超古書辨僞和疑古學派的關係，強調疑古辨僞在當時形成風氣，梁啓超與他們最大不同點何在，肯定其人能從「文獻上」及「德性上」雙方面著眼，對「國故」較有全面性的了解；三章言梁啓超古書辨僞的範圍與方法，顯示其人學問的淵博；四章乃梁啓超古書辨僞學的檢討，指出方法上、實例上的缺失，評判他的特色與貢獻，是本文最重要的部分；五章總結二、三、四章的觀點，並指出一己看法，以爲未來突破梁啓超古書辨僞學成就的發展新方向。

目　錄

第二二、二三冊　張惠貞：王鳴盛《十七史商榷》研究

作者簡介

　　張惠貞　學歷：國立高雄師範大學國文系博士、私立台中逢甲大學中文系碩士、國立成功大學中文系夜間部學士　經歷：民國 80 年任教於私立崑山高工商專共同科講師、民國 81 年任教於國立台南師範學院語文教育學系助教、民國 83 年任教於國立台南師範學院語文教育學系講師、民國 87 年任教於國立台南師範學院語文教育學系副教授、民國 93 年任教於國立台南大學語文教育學系副教授　專長：中國經學、中國清代乾嘉義理考據學、清代左傳學、陶淵明詩、台灣閩南語教材教法。

提　要

　　王鳴盛（西元 1722～1797），江蘇嘉定（今上海嘉定縣）人，字鳳喈，號西莊，晚年改號西沚居士。乾隆時中進士，授翰林院編修，官至內閣學士兼禮部侍郎，出爲福建鄉試主考官，旋遷光祿寺卿。後丁母憂，辭官居蘇州，不復出仕。其後三十年間，閉門讀書，不與當道應酬。

　　西莊先生是一位好學不倦，勤於筆耕，精研經史的學者。早年治經，《尚書後案》爲其經學代表著作，歸田之後轉向考史。西莊考史以補前代學術未校十七史之空白，爲後人治史開闢一條道路，經過二十多年的勤奮努力，終於寫成一部一百卷的考史巨著《十七史商榷》。甚至在晚年還整理編訂了論證經義、史地、小學、人物、制度、名物等內容爲主的學術筆記《蛾術編》九十五卷。

梁啓超言：「考證本爲清代樸學家專門之業，初則僅用以治經，繼乃并用以治史。」西莊先生以治經之法考史，決定了他的史學風貌。《十七史商榷》著重於文字校正，反映了十九部史書校勘成果。提出版本文字錯誤和脫字、衍文一千餘條，爲以後的二十四史校正工作奠下基礎。另外在典章制度、輿地沿革、音韻訓詁、職官演變、經史目錄、歷史事件，人物評論等，也是《十七史商榷》考證史實的一項成績。全書一百卷，先生雖以劄記體著作，把同類的條文集中在一起，但全書貫串了審事蹟之虛實，辨紀傳之異同的考證功夫，澄清了一些史實，頗具有參考價值。

《十七史商榷》一書可算是一部研究史學的入門書，先生在序文中曾言及「讀書校書之所得，標舉之以詒後人」，自己做鋪路的工作，以裨嘉惠後學，「學者每苦正史繁塞難讀，或遇典制茫昧，事蹟轇葛，地理職官眼眯心瞀，試以予書爲孤竹之老馬，置于其旁而參閱之，疏通而證明之，不覺如關開節解，筋轉脈搖，殆或不無小助也與。夫以予任其勞，而使後人受其逸。予居其難，而使後人樂其易，不亦善乎。以予之識暗才懦，碌碌無可自見，猥以校訂之役，穿穴故紙堆中，實事求是，庶幾啓導後人，則予懷其亦可以自慰矣。」此段話說明先生著書之目的，亦是先生在史學考證上，可提供給後學者治史的參考書。因此《商榷》是一部內容廣博，具有學術水準的史學著作是無庸置疑的。

目　錄

上　冊（第二二冊）

自　序

第二四、二五冊　林淑玲：陸心源及其《皕宋樓藏書志》史部宋刊本研究

作者簡介

　　臺灣省臺南縣人。學歷：輔仁大學歷史系、中國文化大學史學研究所碩士班、博士班。經歷：曾任中國文化大學講師，現服務於臺北市立教育大學圖書館及社會科教育學系兼任助理教授。

著作：《研究論文與報告撰寫手冊》（2001）、《快樂讀書人—臺北市立師範學院圖書館利用指引》（2002）、《電子資源與教學研究》（2003）。

提 要

　　陸心源（1834～1894）係清末四大藏書家之一，藏書豐富完整，內容涵蓋經、史、子、集，以蒐藏宋元舊槧著稱，曾築「守先閣」、「十萬卷樓」、「皕宋樓」庋藏萬卷古籍。論其藏書與著作成就，晚清藏書家無出其右者。去世後，長子陸樹藩於1907 年將藏書四萬三千二百八十冊售予日本岩崎氏之「靜嘉堂文庫」，學者爲此震撼無已，「皕宋樓事件」亦成了中國藏書史上不可磨滅的記憶，此後私家藏書樓即將散佚之大批藏書，均在學者奔走之下，陸續收藏於公立圖書館，促使文化資產得以受到重視與珍藏。本書旨在探討陸心源藏書精華所在，並以《皕宋樓藏書志》爲主，探討其史部宋刊本價值，觀其藏書與著作精華，以明其在學術上之成就，內文撰述重點涵蓋「陸心源之生平與重要事蹟」、「陸心源之藏書」、「陸心源之著述」、「《皕宋樓藏書志》史部宋版本之探討」、「陸心源之學術成就」等。綜論陸心源一生，處於我國藏書樓鼎盛時期，窮其畢生之力蒐購、專研古籍，不僅爲文化資產奉獻心力，亦積極參與社會慈善工作，其藏書雖已流布域外，然其對學術、文化、社會之貢獻，實具深遠之意義。

目 錄

圖、表、書影目次

一、圖　次

二、表　次

三、書影次

第二六冊　薛雅文：莫友芝之目錄版本學研究

作者簡介

　　薛雅文。學歷：東吳大學中國文學系博士班研究生。經歷：東吳大學兼任講師、德明技術學院兼任講師，並參與「東吳大學共通課程教學提昇計畫」、東吳大學卓越計畫「制定國文能力檢定考試」等工作。

　　論文：碩士學位論文《莫友芝之目錄版本學研究》，另有〈元結《篋中集》校本探究〉、〈專科目錄輔助「索引」的檢討與展望〉、〈淺探《寶顏堂祕笈》及臺灣現存版本考略〉、〈清初蘇州私家藏書論考〉等四篇學術論文。

　　合著：與許清雲教授合著有《唐詩選編》電子書；《唐詩三百首》、《千家詩》、《宋詞三百首》等三本「古籍寫入系統」電子書；《萬首唐人絕句》、《元曲三百首》、《宋詞三百首》、《唐詩三百首》等四本「詩詞曲全文檢索」電子書；《樂府詩集》、《文心雕龍》、《世說新語》等三本「全文檢索」電子書等。

提　要

　　《莫友芝之目錄版本學研究》，係以清莫友芝所著《持靜齋藏書紀要》、《宋元舊本書經眼錄》、《邵亭知見傳本書目》三部書目作研究。主要針對其著錄內容特色，亦兼顧版本之探討。本論文除敘述莫友芝生平及著述外，研究主要旨意，即將莫氏書目內容特色完整呈現，進而得知莫友芝在目錄版本學之功力。介紹莫氏每部書目

時，必盡力閱讀該書目著錄之每一條內容，歸納統計屬於該書著錄之特色；若有舉證，盡可能加以查證瞭解。職是之故，論文在介紹每部書目時，必定會安排「著錄之現象」此一單元，用以闡述該書目著錄內容，期能詳實直接反映該書目著錄特色。為凸顯莫氏每部書目著錄特色，即找尋與該書目有關之書目或同性質之書目來加以比較；或直接或間接，務必能比較分析其特色。是故，論文在介紹每部書目時，復安排「與其他書目之比較」此一單元，期望從不同角度更進一步來瞭解該書目著錄特色。故本論文諸闡述項目，包括用於分析書目類型、著錄內容、編排方式及與他家書目比較等，均期能呈現出莫友芝所撰書目於文獻學上之價值與貢獻。

目　錄

第二七冊　呂珍玉：高本漢《詩經注釋》研究

作者簡介

呂珍玉，1954 年生，臺灣桃園人。1991 年考入東海大學中國文學研究所博士班，師從方師鐸、周法高、李孝定、龍宇純等教授，研究中國語言文字之學，1997年完成《高本漢詩經注釋研究》，獲得博士學位。現任東海大學中國文學系副教授，講授詩選及習作、詩經、訓詁學等課程。主要著作有《從全唐詩中六句詩看四句詩及八句詩之定體並附論六言詩》及單篇論文〈詩經居字用法歧異考辨〉、〈讀屈萬里先生詩經詮釋疑義〉、〈詩經之敘述視點及視點、聚焦模糊詩篇詩旨問題探討〉、〈詩經末章變調詩篇研究〉、〈詩經名言研究〉等近二十篇。

提　要

高本漢《詩經注釋》為《詩經》字句訓詁重要著作之一，素來備受學界推重；尤其是態度客觀、方法嚴審，最受稱道。撰者檢閱此書，發現存在引文、推論過程、語法、古音、釋義等錯綜複雜問題，一般評價似待商榷。

本文先從高氏書中實際歸納其訓詁原則及方法，發現其訓詁原則——反對經生氣、釋義須有證據、證據須出於先秦、反對任意改字改讀、儘量用常見義、反對濫說語詞，雖為一般訓詁通則，但高氏在訓釋過程中往往過於主觀拘泥，犯下不少缺失。因而除了反對經生氣、反對濫說語詞外，其他原則都值得檢討。其訓詁方法——網羅古訓、疏通異文、校勘訛誤、因聲求義、審文求義、歸納相同詞求義，除較重視同源詞及語詞探究外，大致援用清儒。

繼而探討高氏本此原則與方法訓釋之優缺點。大體上其成績有——洞矚各家之是非、證成前人之訓釋、疏通各家之異說、正濫用假借之失、正濫用語詞之失五項，其中以批評清儒濫用假借與語詞貢獻較大。至於其缺失，竟多達十六類——蹈襲改字改讀之失、外人語感不同之失、割裂詞義之失、堅採常義之失、望文生義之失、增字解經之失、堅持先秦例證之失、強為比附詞義之失、不辨語法差異之失、處理假借不當之失、不辨虛詞實詞之失、忽視文意貫串之失、草率歸納詞義之失、重視

三家不當之失、同源訓釋寬泛之失、訓釋標準不一之失。其中堅採常義、堅持先秦例證都屬訓詁態度問題，實稱不上客觀。其他則屬文字、音韻、訓詁、語法知識問題；尤其避談假借，以形釋義，更開清儒因聲求義訓詁倒車。

　　《詩經注釋》打破傳統教化說詩，網羅相關文獻，客觀排比材料，開創古籍訓解新形式，在本世紀《詩經》字句訓釋上有一定地位，但對其訓詁問題，亦應全面客觀予以檢討。

目　錄

第二八冊　宋天瀚：論章學誠的方志理論與「方志學」

作者簡介

　　宋天瀚　1967 年生於台北，先後畢業於國立藝專雕塑科、中國文化大學史學系，1999 年起任教於台灣彰化員林中州技術學院，2004 年擔任視訊傳播系主任迄今，並於中國文化大學史學研究所博士班進修。求學時期專注於史學理論、史學史、文化比較研究，對於思想有極濃厚興趣。擔任教職後漸轉入研究影像、史學與思想理論，並從事影像創作。

提　要

　　近幾十年來「方志學」成爲一門熱門的學術，吸引許多學者從事研究，地方志的體裁包括地理與人文，清代以來對於地方志應該屬於地理或者歷史，一直爭論不休；延續到民國以來對於地方志應該屬於何種性質以及它的沿流如何？學術界尚無定論。在方志學成立的過程之中，章學誠扮演著重要的角色，並且在章學誠編纂方志的過程中，曾經與清代樸學考據大師戴震以及洪亮吉有過精采的辯論；民國以來研究方志學的學者常將章學誠歸爲「歷史派」，將戴震與洪亮吉歸爲「地理派」，而

所謂的「地理」與「歷史」的劃分方式，事實上也可以被視爲是章學誠與戴震二人爭辯的延續，然而對於這種劃分方式在知識的性質與內容上究竟爲何？史學界仍然疏於探討，因此題爲：論章學誠的方志理論與「方志學」，文中分爲五章：

　　第一章，緒論──「方志學」的重新閱讀：對於民國以來關於章學誠與方志學的研究，做一學術史的回顧。探討方志學是如何在現代的學科分類中，獨立成爲一門的學科，以及現代學者是透過何種角度來理解地方志，而這種理解方式的來源爲何；當解釋地方志的性質時，有何理解上的侷限性，因此本章除了討論現代學者使用「地理」──《禹貢》，或者「歷史」──《周禮》作爲方志來源的方式是否恰當外，也將扣緊分析「五四」以來所面臨的歷史解釋的困境。

　　第二章，章學誠的方志理論：針對章學誠的方志理論作深入的探討，分析章學誠的方志理論與其史學理論之間的關係，來說明章學誠幾個重要的主題〈修志十議〉，〈人物表〉與其《文史通義》中內篇的主張有何關聯性。

　　第三章，章學誠與戴震、洪亮吉的辯論：從體例上的差異，分別探討戴震與洪亮吉的方志理論，與章學誠的方志理論做一比較分析，藉由比較戴震、洪亮吉與章學誠之間的差異來突顯他們之間的異同，從而導引出所謂的「地理」與「歷史」的爭端，其實是知識方法上的兩種類型。

　　第四章，地方志知識的成立與性質：分別探討章學誠、戴震、洪亮吉對於方志體例與理論上的不同主張，探討這兩種知識型態對於地方志知識成立的意義。

　　第五章，結論：解釋章學誠與戴震二人的差異，在於雙方論學立場的不同，並且試圖從雙方的共同點以及對於傳統學術的重新理解，提出方志在性質上的獨特性，作爲全文總結。

目　錄

劉廷祥：我國方志地圖的研究：以明代方志地圖為例

作者簡介

　　臺灣省屏東縣人，中國文化大學地學研究所地理組畢業，現任屏東縣立大同中學教師。

提　要

　　方志地圖是一種我國特有的專門地圖，是地圖和方志最古老的表現形式。古代，方志地圖常用來記述各地疆域、山川、城池、物產等，因而成為歷代帝王統領疆域、治理邦國必備的工具。在傳統中國地圖學史中，方志地圖佔有很重要的地位，其內常包含許多有用的資料，可供學術研究與實際應用，是我國一項寶貴的歷史資產。本文以明代方志為例，敘述和分析其各項繪製要素的特性，並闡述明代方志地圖在地理學術上的價值。

目　錄

自　序

第二九冊　蔡清和：歐陽脩《集古錄跋尾》之研究
——以書學、佛老學、史學為主

作者簡介

　　蔡清和，民國五十二年出生於屏東縣鹽埔鄉。東海大學中文系畢業，國立中正大學中文研究所碩士。曾任教於雲林縣東南國中、正心中學，現為國立員林高中教務主任。平日喜蒐集碑帖、墨、硯，並以研墨臨書自娛。

提　要

　　長久以來，歐陽脩被定位為文史學家，而對於他在集錄古碑刻上所投注的心力，以及晚年餘暇在書法上的努力，則常為學者所忽略。筆者透過他晚年陸續寫就的《集古錄跋尾》內容，試圖找出諸多蛛絲馬跡，以窺探歐陽脩集古活動的真實內涵。

　　本文一開始從他的文集翰札裡及當時士人對他的描述，找到了不少有關歐氏集古的素材，再綜合後人對他此舉的觀感，筆者發現歐陽脩的集古一事，應是在一股極為強烈的好古癖好驅使下，所從事的一項高難度挑戰。因為古碑之蒐集，原本是可遇不可求之事；辨識古文字，亦非歐陽脩之所專擅；而缺乏書法的權威性，也是他常感不足之處。還好在他專心致志的追索下，時有所得；並且尚有幾位同道好友適時對他提供了不少援助，使他獲益匪淺，終成金石學界的重要先鋒。

　　所以本文自第三章起，即先針對他在《集古錄跋尾》裡有關書法的跋語，將之一一挑出，並在歐氏其它相關文札中，找到相互印證的話語，以探求他在書學上的努力。經由資料的分析歸納，筆者看到歐陽脩在書法上所付出的努力，其實並不亞於一般書法名家，只是大家還是沒能將之當作書法家看待，如果對他的書法有所好評，也常是因為歐氏的文名與人品太高之故。但不容忽視的是，歐陽脩在《集古錄跋尾》裡傳達出的許多見解，對整個宋代書法界來說，仍有他一定的影響力。

　　研究《集古錄跋尾》還有一項重大發現，即是筆者透過此書，竟找到數十則有關排佛斥老的跋語，可見歐陽脩在維護儒家學說的立場上，是極為堅定而積極，雖然自宋代以來，學界對歐氏晚年的排佛行動是否已有動搖，出現許多不同的意見，但若由此書的內容與寫作年份來看，歐陽脩在五十八歲前的排佛應是未曾鬆動。至於此後至過世前的八年之間，歐陽脩的排佛之志，是否出現變化，筆者亦可從他六十六歲時與子歐陽發等編定《居士集》時，竟刪除與排佛無涉的〈本論〉上篇，而留下專論排佛的〈本論〉中篇與下篇一事來判斷，歐陽脩應是堅決排佛至死前都未曾稍歇。

　　而對於歐陽脩在史學上的創發，筆者在整理此書時，亦專闢一章以為探討。以金石證史，是他在史學上的一項創舉，也是他最常於書中自許的事功，歷代不乏學者對他作出高度推崇。但其真實內涵為何？迄未有人詳加整理分析，本文第五章即是筆者歸納《集古錄跋尾》在史學上的實際應用與作法，以見歐陽脩對史料的科學態度，並藉此感受他金石證史之功。另，《集古錄跋尾》亦可提供史鑑，歐氏對於文士不修品德，而只是想藉金石以期不朽之作法，頗不以為然。究竟，金石雖堅，仍是敵不過歲月自然的摧殘，唯有泊然無欲，不為禍福所動，不被利害所誘，才是聖

賢之道，也才得以不朽。

目　錄

熊道麟：羅振玉金文學著述

作者簡介

　　熊道麟，1958 年生於屏東市，祖籍四川萬縣，國立臺灣師範大學碩士、國立高

雄師範大學博士，現任嶺東科技大學專任副教授、國立中興大學兼任副教授。浸淫
文字學、文學與夢文化研究多年，著有《羅振玉金文學著述》、《先秦夢文化探微》
與〈冥祥記研究〉、〈左傳城濮之戰前兩個夢的解析〉、〈文學作品中的窺浴趣談〉、〈左
傳中與晉景公有關的三個夢解析〉、〈七八聯用成語所表現的亂象〉、〈從左傳中的桑
田巫看春秋時期的專業解夢人〉、〈中國夢文化研究方向探析〉、〈左傳夢文化探微〉、
〈結草報恩──左傳中一則報恩夢的文化省思〉、〈倩女離魂與元雜劇中的夢〉、〈從
史記人物行跡探討孔子天命觀的主體創造價值──以項羽、張良、藺相如為例〉、〈解
夢與人生〉、〈開門七件事〉等專著、散論十餘種。

提 要

　　金文學肇端於北宋，歷經元、明兩代而中衰。清代以後，斯學再盛，學者輩出，
成就更是遠逾前修。羅振玉生逢清末民初甲骨、古器大量出土的時世，上承宋代以
來諸賢的造詣，下啟後學研究的先路。識深知廣，觸類旁通，承先而啟後，堪稱學
界導師，功不可沒。而其研究心得，亦多有可觀。本書的寫作標鵠，即在整理、爬
梳羅振玉的金文學相關著述與研究成果，以期表彰其學術貢獻。

　　本書內容共分五章：第一章〈羅振玉小傳〉，略次羅振玉的生平事蹟與學術軌
轍，以利讀者瞭解羅振玉的成長背景與事業取捨的因緣。第二章〈羅振玉所治金文
學〉，分「治學範疇」、「治學理想」、「治學方法」與「治學成就」等四節加以論述。
第三章〈羅振玉金文學著述輯纂〉，擇取羅振玉有關金文學的書目共五十一種，同時
依照各書的性質，區分為「目錄」、「圖象」、「文字」、「題跋」、「雜著」等五大類，
輯纂其中與金文學相關的研究內容，逐一介紹。第四章〈羅振玉金文學著述繫年〉，
分別依照羅振玉金文學相關著述的成書年月，以次排列，同時著明各書版本，俾利
檢索。第五章〈羅振玉金文學研究貢獻萃要〉，撮取羅振玉在金文學方面的研究心得，
分「經學貢獻萃要」、「史學貢獻萃要」與「文字學貢獻萃要」等三節，一一例舉以
明其大要。

目 錄

第三十、三一、三二冊　沈寶春：《商周金文錄遺》考釋

作者簡介

沈寶春，雲林縣人。國立臺灣師範大學碩士，國立臺灣大學中國文學博士。現任國立成功大學教授。著有《商周金文錄遺考釋》、《王筠之金文學研究》、《桂馥的六書學》諸書以及期刊論文數十篇等。

提　要

本書成於 1982 年，係作者的碩士論文。書分上、中、下三編，上編敘論，中編考釋、下編結論，並附〈錄遺所收拓本與他書關係對照表〉、〈錄遺同銘互見表〉、〈錄遺所見可考單字表〉、〈錄遺所見難字單字表〉，是第一本對《商周金文錄遺》作全面考察探索的書籍，也是古文字全文檢索書籍的濫觴，李孝定先生曾讚許是書：「於重要資料蒐羅贍美，立論謹嚴，體大思精，識見閎通，誠佳構也。」

目　錄

上　冊（第三十冊）

第三三冊　李伯華：正史源流考

作者簡介

　　李伯華，民國 62 年出生，輔仁大學歷史學系、輔仁大學圖書資訊學研究所畢業，民國 89 年特種考試臺灣省及福建省基層公務人員圖書資訊管理科考試及格，曾任職於臺北縣三芝鄉立圖書館、臺北縣泰山鄉同榮國民小學，現服務於臺北縣立圖書館。

提　要

　　正史在中國史部目錄學與歷史學的研究領域中，向來佔有重要的地位。從中國古代目錄學的範疇來看，正史是史籍分類的類目之一，在各官修和私撰的目錄著作中，史部設置正史一類的仍佔多數；而在這些目錄著作中，大部分也都將正史列在史部的第一順位，由此可知正史在史部目錄的重要性。而利用歷代各家目錄對正史類史籍的著錄情形作直接的整理與比較，除了能瞭解當時正史類史籍的成長、散佚與流傳外，更能溯源析流地考據正史的形成與發展沿革。

　　另一方面，就歷史學的領域而言，正史係指《史記》、《漢書》等紀傳體史籍，從歷代累積而成的正史，迄今共有 25 部。二十五史一向爲治史者視爲必讀的典籍，因爲中國每一朝代的歷史，遠從傳說中的黃帝時代到明代爲止，都可透過相對應的正史有系統的揭示出來。所以對於研究中國歷史的人而言，正史是必須憑藉參考的史料，舉凡歷代的人物、政治、經濟、社會、文化等方面的課題，均可由正史的記載來瞭解與探索。

　　本論文採用文獻分析法與歷史研究法。參考資料爲二十五史、中國目錄學專

論、中國史學史專論、期刊論文等文獻，探討正史的起源及其形成的理念演變；論述正史的內容範圍、著述的動機與成書的經過；考據各官修、私撰目錄對於正史類史籍的著錄與傳世情形；最後分析與討論正史對後世的影響。

目　錄

廖正雄：杜佑《通典》的編纂創新及其史學思想

作者簡介

　　出生：1965 年　出生地：台灣宜蘭人　學歷：私立中國文化大學史學研究所碩士畢業　經歷：任職宜蘭縣史館（1993～2004）擔任國立空中大學兼任講師（1996～1997、2004）擔任國立宜蘭技術學院兼任講師（2000～2002）參與「臺灣北部漁村廟宇與漁村文化研究報告」計畫案（1998～1999）參與「『嫁給自己的姐妹』：台灣冥婚的研究」計畫案（2002～2003）　著作：1、〈內員山碧仙宮〉簡介，1999，2、〈宜蘭縣史館館藏譜系簡介—兼談如何製作家譜〉，《宜蘭文獻雜誌》47：29～66，2000　現職：執行委託辦理「宜蘭縣史料蒐集管理計畫」（2005～2006）。

提 要

杜佑《通典》在中國史學史上，可謂是一部「體大思精」之作。所謂「體大」，就體裁結構方面而言，乃指全書是二百卷的巨著，包含九大部門，且每一部門，均可視為一專門之學，故謂之「體大」；所謂「思精」，就史學思想方面來看，是指在著述宗旨──「將施有政，用乂邦家」──的要求下，每一部門的選擇，都是經過作者的深思熟慮和有意安排，故能突顯作者的「思精」所在。

對於這樣一部「體大思精」的創作名著，筆者所欲研究的重心有二：一是《通典》的編纂創新；二是杜佑的史學思想。就前者而言，其在中國史學史上或中國歷史編纂學上，可說在編年和紀傳二體的激烈競爭當中，開創出「政書體」而獨幟一格。此從政書類和正史書志類的外部體裁結構問題，到內部史學理念的繼承分析，均是筆者的關注所在。其次，《通典》四大編纂特點是：一、在編纂思想上主會通；二、在編纂形式上立分門；三、在編纂精神上重議論；四、在編纂內容上切近代。

關於杜佑的史學思想。筆者所欲強調的有兩點：一是經世致用的史學思想；二是歷史進步的史學思想。關於前者，杜佑主張有四：一、注重民生經濟，故以食貨為首；二、重視官僚體系，故以選才設官為綱；三、致治人文化成，故以禮樂教化為本；四、安民保國為要，故以國防地理為輔。其次，就歷史進步的史學思想而言，其一貫的主張是：一、歷史是不斷變革和進步的──「古今既異，形勢亦殊」，不應「非今是古」；二、歷史發展的原因不在「冥數素定」，而在「人事」和「形勢」；三、正確的處理態度應是採用變革的手段和辦法──「欲行古道，勢莫能遵」，「既弊而思變，乃澤流而無竭」。

要之，筆者以為：杜佑《通典》在中國史學史上，開創政書一體，提供了史書體裁的實用性和選擇的多樣化，此與其具有兩大特色，即博通和致用，是息息相關的，故如欲評論《通典》的最大價值和貢獻所在，必以此兩點為依歸，方能得其精要。

目 錄

第三四冊　呂光華：今存十種唐人選唐詩考

作者簡介

　　呂光華　民國 48 年生，台灣省桃縣人，國立政治大學中國文學研究所博士。

現任國立彰化師範大學國文系副教授。主要研究方向爲先秦諸子學、漢魏六朝詩學、文學批評等。著有《南朝貴遊文學集團研究》、〈試論楊倞荀子注〉、〈沈德潛古詩源論評〉、〈論阮籍四言詠懷詩的內容與特質〉等學術論文。

提 要

　　本論文爲民國七十三年國立政治大學中國文學研究所碩士論文，指導教授爲黃景進先生。今重新排版刊行，除配合排版需要更正標點符號，章節內容基本上未做更動。茲就論文內容，略述如下：

　　今存唐人選唐詩，共有崔融《珠英學士集》、殷璠《河嶽英靈集》、芮挺章《國秀集》、元結《篋中集》、高仲武《中興閒氣集》、令狐楚《御覽詩》、姚合《極玄集》、韋莊《又玄集》、不詳編選者《搜玉小集》，不詳編選者《敦煌本唐人選唐詩》等十種。本論文所討論十種唐人選唐詩，即以此爲範圍，除附註及附表，全文共十七萬餘言，分爲十二章四十三節，內容摘要如下：

　　第一章：緒論，共分三節。論述本論文之名稱、範圍、研究動機及研究方向。

　　第二章至第十一章，如前列十種唐人選唐詩之次序，每種各列一專章，分爲二至六節，詳加討論，每章論述之內容及步驟，大致如下：

　　（一）首先探討編選者、編選年代及其版本。

　　（二）其次考定其篇卷、編選之數目，並探尋其編撰體例。

　　（三）再次論究其命名涵意、編撰目的，及其選詩標準、選詩情形。

　　（四）最後再依據前考，或論其於當代詩壇之地位、後代之評價，或究其與前後詩人、詩選承先啓後之關係，或提出其他值得議論之處，舉凡筆者見識所及，俱另闢專節詳論之。唯諸集卷帙不一，或多或寡；體例不同，或詳或略，是以每章論述，亦或長或短，或繁或簡。總之，以論其要爲主，不以其齊否爲慮也。

　　第十二章：結論。

　　本論文名稱雖題曰「考」，然並非僅重唐人選唐詩諸集外緣之考證，其他相關之問題，亦爲本論文論述之重點，尤其諸集所顯示之詩觀，更爲筆者致意之處，以其與唐代詩學研究關係至爲密切，亦牽涉文學批評史之唐代詩論發展論述之正確與否也。少年習作，根柢尚淺，雖黽勉爲之，亦難免有疏陋之處，尚祈海內外鴻儒碩學，不吝賜教，則幸甚焉。

目 錄

第三五冊　曾陽晴：唐朝景教文獻思想研究

作者簡介

曾陽晴　1962 年生　台灣大學中文所畢。《無善無惡的理想道德主義——王龍溪思想研究》台大文史叢刊 91 出版。1986 年以《朱熹與王船山對西銘詮釋觀點比較研究》獲得台大中文系第一屆論文比賽首獎，1990 刊登於台大中文學報第二期。清華大學博士班畢。2003《唐朝景教文獻思想研究》；2005《小島文書眞僞考——李盛鐸氏舊藏敦煌景教文獻二種辨僞再商榷》刊登於中原學報 33 卷第二期。

提　要

歷來學者稱《大聖通眞歸法讚》與《宣元至本經》爲小島文書，近年來有學者考證二經乃僞造的敦煌文書，我們將重新探討此一問題，也從比較老子的道與基督的道重新定位《宣元至本經》。經由外緣史料的考證與內緣思想的判教，我們知道上述二經未必爲僞。

本論文對目前可見的漢語景教文獻全面進行系統神學的分析：包括神論（三位一體論）、救贖論、基督論、聖靈論、人論、末世論，使我們可以對唐代進入中國長安的景教的思想和神學內容，有一個概括性的掌握，以便當我們進行中、下卷景教進入中國所遭遇到的各式各樣的處境化問題的分析時，有一個基本且實際的討論架構與基礎。

神學術語成爲引介景教進入中國的語言最前線，我們以涉入借用佛道教語言和表述形式最深《志玄安樂經》、《宣元本經》與《宣元至本經》三個經典作爲分析範例：發現景教經典大量借用佛道教語言和表述形式，除了引起極大的困擾之外，也看出漢語主方語言的能動作用；另一方面，景教的神學術語創造了屬景教自身的新語言，必須透過中介作用才得以將一個全然陌生的外來名字的意義表達出來。

漢語的景教經典中對於《聖經》的翻譯策略，在內容的選擇上以耶穌的教導和一生行傳（包括受難釘死）爲主，在翻譯的操作策略上則以唐朝中國讀者的需求爲主，亦即儘量降低認識信仰的障礙，甚至挪用、改寫、重編的方式，進行基督教在中國的最初《聖經》與神學作品的翻譯。

景教從波斯千里迢迢來到長安，帶來的是一個新的宗教，也帶進一套新的倫理規範。這一套倫理規範與中國傳統的倫理觀念，在某些議題上產生了衝突，特別是「神權 vs.君權」與「不拜祖先」這兩個重大問題上。奇特的是在後世明、清兩代甚

至激起反教運動的這兩個重大議題，竟然未在唐朝政治和社會引發衝突，其中特別是一直與統治階層保持良好關係是景教能夠蓬勃運作與發展的主因。

　　唐代景教輸入的宣教策略與處境化的實踐，亦即景教的宣教如何跨越語言、文化的難題，我們將就聖像崇拜的神學衝突，與翻譯上尋找唐代讀者對於景教文本的閱讀切入點，深入分析其宣教成功與失敗的原因：我們發現為了宣教的原因，從阿羅本以降即制定與統治階層保持良好互動，因此產生犧牲信條（不拜偶像）而過度尊君，以致後來武宗滅佛遭遇重大挫折就一蹶不振；另一方面翻譯事業也使得信徒能用漢語進入信仰世界——這應該是處境化宣教最成功的一點。

目　錄

第三六冊　林珊妏：《三教開迷歸正演義》之研究

作者簡介

　　林珊妏，1969 年生，臺灣省臺北縣人。中國文化大學中文研究所文學博士（2002.1），任職於德霖技術學院通識教育中心副教授。著有〈談《三教開迷歸正演義》小說中的林兆恩思想〉（2000.12 漢學研究第十九卷第二期）、〈談《東度記》小說中的矛盾──從作者試圖融合宗教立意與娛樂效果角度分析〉（2000.12 國家圖書館館刊第二期）、〈明代知篇小說中之僧犯戒故事探討〉（2005.4 南大學報三九卷一期）。

提　要

　　明代的三教合一思想發展得極為成熟，不論哲學、宗教或是文學領域中，都可見到此種三教並行混融的思想特色。《三教開迷歸正演義》為明代萬曆年間刊印發行的神魔小說，由小說書名即可看到此種三教合一思想的援引運用；若再從書中所出現的靈魂人物：林兆恩，屬於明代三一教的創始教主身份，則更可看出此書的三教合一特色。因此研究《三教開迷歸正演義》一書，將可以作為明代三教合一思想的了解依據。

　　另外，此部小說屬於明代中末年相當興盛的神魔小說之一員，因此藉由分析《三教開迷歸正演義》小說，將可呈現神魔小說的編撰特色和寫作技巧。

　　本論文的研究內容，共有八章，以下略述各章之要：

　　第一章「緒論」，首先將個人的研究動機和研究目的，詳細說明之。再則介紹《三教開迷歸正演義》的作者和評者部分，以及說解此書的版本問題。

　　第二章「《三教開迷歸正演義》背景之考察」，以思想和小說兩方面的深入分析，作為此書時代背景的探討方向。思想方面從佛、道、儒、民間祕密宗教四項著手，小說方面則由神魔小說和世情小說兩項進行分析。

　　第三章「《三教開迷歸正演義》情節和創作素材分析」，屬於小說文本的內容分析。先將全書內容進行剖析，歸納成兩條主線情節，藉以說明此部小說的故事架構。再則分析全書運用到的創作素材類型，可知作者取材自古書成語典故、唐傳奇、筆記和小說、民間說唱故事、民間傳說、以及民間笑話。

　　第四章「《三教開迷歸正演義》人物和語言運用分析」，屬於小說技法之特色分析。在人物運用方面，從分析中可見作者於人物命名和出場安排時的獨特手法，以及對於人物群像的特殊塑造；而書中的真實人物之描摹，更是作者匠心獨具之巧思。在語言運用方面，作者的韻語、議論、戲言之運用，為全書寫作特色之構成所在。

　　第五章「《三教開迷歸正演義》思想內容探討」，從道學觀點、社會價值、宗教意識、政治態度四方面，進行小說的思想內容分析。藉以反映小說的思想特質。

　　第六章「林兆恩的思想理念與《三教開迷歸正演義》的實踐方式」，針對小說中的靈魂人物、精神領袖：林兆恩，其真正的三教合一理念，以及所創立的三一教，進行概要性介紹。再則探討小說中所描摹的林兆恩形象，以及小說中所援引到的林兆恩思想。

　　第七章「《三教開迷歸正演義》的價值探討」，說明此部小說足以作為明代神魔小說和世情小說融合的具體例證，再則呈現此書所反映的明代性文化現象。另外，明代讀者對於此部小說的評價，以及此書對於《東度記》等書的影響，也為《三教開迷歸正演義》價值之所在。

第八章「結論」，綜述本論文之研究成果，將《三教開迷歸正演義》的文學地位和思想意涵作一總結性的說明，藉由表彰此部小說的存在意義。

目　錄

第三七、三八冊　吳蕙芳：萬寶全書：明清時期的民間生活實錄

作者簡介

　　吳蕙芳，祖籍浙江省鎮海縣，1961年生於臺北市，國立政治大學歷史學系學士、碩士、博士，曾任教於國立僑生大學、政治大學、空中大學、臺灣藝術大學、臺中護專等校，現爲國立臺灣海洋大學人文社會科學院通識教育中心歷史組助理教授。著有《民初直魯豫盜匪之研究（1912～1928）》一書及其它專文十餘篇，主要研究領域爲中國近代社會史、明清以來民間社會與文化，尤重於社會動亂、民間生活等課題。

提　要

　　「萬寶全書」是一種民間日用類書，而民間日用類書就性質而言，即今日的家庭生活百科全書或家庭生活手冊。此種書籍的編輯方式係承自以往的類書而非曆書。最早的日用類書應起於南宋，然多爲上層社會或文人生活所用，至明代後期才發展成士庶並用、四民生活便用的民間日用類書，且蓬勃興盛；至清代此種書籍統稱之爲「萬寶全書」，今日仍有延續，爲一種生命力甚強之民間史料。本論文即以「萬寶全書」爲研究對象，冀透過對此類書籍之淵源、發展及各版內容演變之了解，以明明清時期民間生活的內涵與意義。

目　錄

第三九冊　徐世珍：張岱《夜航船》研究—兼論晚明文人知識體系與審美意識

作者簡介

徐世珍，一九七六年生於台中，就讀台中商專國際貿易科五年後由商轉文。插班台灣大學中文系，畢業後續讀政治大學中國文學研究所。目前任教於高中並就讀成功大學中國文學博士班。研究興趣爲西方戲劇、中國美學、文學理論、旅遊文學等。

提　　要

本書乃針對張岱《夜航船》作一文類分析，並就文本內容擴延其所透顯出的文化與美學的議題。《夜航船》雖承襲自宋代以來文人雜著筆記的傳統，但其編纂形式與內容實有別於宋人。張岱在創作之時便界定了這是爲文人增加常識的百科性書籍，書中雜揉了雜著筆記、萬用手冊、筆記小說、文人曆書與地理掌故書等特徵，具有極其博雜的書寫架構，成爲一兼具文人日用類書、文人常識手冊的文化萬用錦囊。

　　《夜》書將隱含讀者設定爲文人，所選入的材料是他認爲文人應具備的知識，如對天文、地理，萬物名理的瞭解，對筆墨紙硯的鑑賞，對書畫園林的品評等。筆者歸納此書的閱讀期待約可爲五大功能屬性：一、博識：其功能訴求不在深奧而在博洽，且只須具談助功能即可。二、諧謔：「諧語」的表象雖漫不經心，其下卻隱涵著嚴肅而深沈的生命態度。三、好奇：以好奇駭俗爲尚，或神話荒誕之說，或稀奇罕見之物，以助談話之興。四、教諭：強調儒家倫理社會的重要性，可見作者的道德價值標準，及其所標榜的聖賢典型。五、查考：不關文理考校的知識其主要功能不在記誦而在於查考，以作爲工具書之用。

　　《夜》書在內容上於子目命名與小說敘述方面充分表現出張岱小品文家的寫作功力。張岱能自一文化事典中擷取最精華且足以領起全文的意象，使所節選後命名的條目均較爲清新生動，以精簡流利、生動鮮明爲此書文字敘述與子目命名的主要風格。小說敘述方面，則摘錄、改寫白筆記小說的原文，卻更爲精簡而具情韻。對於《夜》書的審美研究，除探究文本的審美形式外，亦不可忽略其內在的審美意蘊，筆者在文中乃就審美生活與文藝理論兩方面分別論述之。審美生活又分：園林美學、飲食美學、玩物美學；文藝理論則有：詩文理論、書畫理論。《夜》書中，這些條目尚不足以成一家之言，僅能說是張岱零星的一些文藝主張。

　　對於張岱著作的研究，歷來多著眼於《陶庵夢憶》、《西湖夢尋》、《瑯環文集》、《石匱書》與《快園道古》，其他著作的研究則闕如。《夜航船》書中除涵攝文人的知識體系與審美意識外，亦提供了解其人格與風格的另一視窗，如張岱其他作品中艱澀冷僻的用語及詞義，可由《夜》書對於典故的記敘、詮解還原張岱之原意；從其對於筆記小說的改寫，可得知其著作態度與表現手法；尤其對於歷史的評論，可知其個人的史評、史識；其中對政治家的要求，可知其政治抱負與理念等。因此，本書擇《夜》書作爲研究張岱作品的新材料，以提供一點個人的研究心得。

目　錄

第四十冊　陳淑卿：《徐霞客遊記》研究——以文獻觀察爲重點

作者簡介

　　陳淑卿，1956 年生，東吳大學中文研究所碩士。愛好旅行、攝影與寫作，臺灣三千公尺以上的「百岳」已攀登 68 座，常遊偏遠地區，發表旅行見聞與心得於報章、雜誌、刊物。悠遊自在，保有純眞的赤子之心，個性樂觀豁達，待人隨和親切，秉持眞、善、美與慈愛的心，來看待眾生萬物與有情世界。

提　要

　　自明末清初以迄於今，學術界研究《徐霞客遊記》的大有人在，且多推崇他對地理學和地質學方面精細透闢的偉大貢獻。不過，時代遞嬗久遠、事物變化非常，所謂「師古者，師其意，不師其跡。」我以業餘登山人的現代經驗、理念，及實際前往當地考察、探訪、對照《徐霞客遊記》部分行蹤，以另一個角度切入，對徐霞

客的志趣、胸襟、格調、技能、觀念等的文獻資料觀察探討，是寫作本書的主要動機和目的。

　　《徐霞客游記》是明末儒生徐弘祖（號霞客），他從萬曆四十一年（癸丑，1613）三月，首篇〈游天台山日記〉開始，至崇禎十二年（己卯，1639）九月，最後一篇〈滇游日記十三〉為止，共計長達二十六年，以日記體裁，記述了許多名勝、古蹟、水流、地貌、溶洞、人文、社會，以及政治、經濟、宗教、民俗等，約六十多萬字的旅遊文獻。除文學價值外，也具有很真實的歷史與文獻價值。

　　「《徐霞客游記》研究——以文獻觀察為重點」，全文共計八章二十二節。第一章緒論，解釋「文獻」一詞的涵義，及研究目的、動機與前人的研究成果等。

　　第二章探討徐霞客家世與生平。他是宋代南州高士的後裔，承襲歷代閥閱門第，由於科舉考試落榜，乃矢志問奇於名山大川。他天性至孝，於長程旅遊之前，大手筆製成「晴山堂帖」以光耀門楣，又大力製作「秋圃晨機圖」以壽母，深得士林敬重。

　　第三章考述《徐霞客游記》的傳本。此書傳本雖多，但以上海古籍出版社褚紹唐、吳應壽整理本，與雲南人民出版社朱惠榮注釋本較為通行，而以後者最為完善。

　　第四章敘述徐霞客旅遊行蹤，「馳騁數萬里，躑躅三十年」及「以性靈遊，以軀命遊」的思想與風格。

　　第五章專述《徐霞客游記》中多項史料文獻，以山水、政治、經濟、社會、宗教、文化、明代邊區狀況等為研究、觀察重點。

　　第六章討論徐霞客寫遊記的方法與態度，他善於套用冷僻古字及採取駢驪與散文交互運用手法，描寫山水景觀，並非「以不爭文章之工也」。

　　第七章探析古今士林對《徐霞客游記》一書的評價，及筆者個人讀《游記》的心得與體會。

　　第八章結論，綜述此文的重點及心得。

目　錄

《四庫全書總目》之文學批評研究

龔詩堯　著

作者簡介

龔詩堯，1974 年生，台灣嘉義人，埔里暨南大學中語所碩士。現為清華大學中語所博士班學生；在學校大學部開設清詩選讀等課程。

提　要

作為《四庫全書》簡介、評述的《四庫全書總目》一書中，包含了許多精煉的批評，並具有獨特的學術觀點。除了值得後人參考借鑒，更呈現了清朝乾隆時期學術的一個重要面向；因為《四庫全書》成於眾多當時著名學者之手，且尚受政治取向所箝制，與一般私家著述頗不相同。本篇論文探討《四庫全書總目》書中文學批評段落的內涵。論文各章的內容簡述如下：

第一章「緒論」，藉著探討《四庫全書總目》中各文體的地位，呈示本篇論文的研究重心，同時對各章節的討論方式作必要的說明。

第二章「《四庫全書總目》的實際批評」，介紹書中批評概況。此章側重於《總目》對各書的實際批評；因為《總目》內容豐富，因此省略了難以一一列舉的龐雜批評，僅述論其中特點。並嘗試觀察其間的方法與模式。

第三章「《四庫全書總目》文學批評的思想內涵」，對《總目》的文學批評內涵精神進行梳理，呈現書中各種文學批評標準所佔的比重地位，並釐清其文學批評主要精神旨趣。

第四章「《四庫全書總目》文學批評的『公論』觀念」。其研究基礎乃是《總目》中的批評論，並從其間發展出《總目》「公論」觀念的專題研究。本章除了指出《總目》一書「批評了什麼」之外，還進一步思考書中「怎麼進行批評」的問題；嘗試對「公論」觀念作省察、指瑕的工作，並究明《總目》中文學批評思維與政治行為相牽引的現實。

第五章「文學批評的呈現機制與《四庫全書總目》的作者問題」，此篇根據先前研究所得來進行《總目》作者的探討，主要針對《總目》的特殊性：官方批評與集體編修。其間的討論重點包括：撰著者的考察、思想取向與權力的分配。

第六章「結論」，除對本文的主要論證作簡略總結之外，對未能處理之相關問題也稍加說明，並試著指出進一步可能的研究方向。

目

錄

自 序

　　余嘉錫先生《四庫提要辨證》云:「余之略知學問門徑,實受《提要》之賜。」

　　初入中文系,急於找尋在課外更加自我探索的路時,看到這段文字,自此一頭栽進了《四庫總目提要》的世界。雖未立即將之列為個人的研究主題,《總目》仍不斷地在求學過程中給我極大幫助。

　　除了學位論文所必須探討的內容,書中以提要內容為材料,個人從大學到碩士班累積的一些疑惑和階段性的解答,在幾個章節中也得以作一個歸納;這尤其要感謝暨南大學時期教導我的老師們。

　　在大學畢業隔了幾年後,又能夠得到陳老師的指導,是我最幸運的事。從大學時代在課堂上的講授,以至老師研究室裏的指導,都在我探索學問的路上產生極大的影響,不是這本論文能概括的。

　　感謝父母和姐姐,不但在精神上給予我支持,也給這本論文實際的幫助。

2005.04.18

第一章 緒 論

第一節 研究動機

今題王世貞《全唐詩說》一書，其實是由王氏《藝苑巵言》裏的論詩之語所輯出的；而唐圭璋《詞話叢編》中雖收有《藝苑巵言》一卷，卻只取其間的論詞意見。像這類將同性質之資料集中起來的書籍，在編纂前便有著特定的使用目標：主要是爲了方便讀者，讓學者不須在繁編浩簡中苦苦搜尋相關資料。《四庫全書總目》於各書內容、作者亦多所介紹〔註1〕，其間所發議論，若對象涉及文學性質者，往往即是獨到的文學批評。因此在筆者接觸此書後，便產生將這些文句輯出，勒爲一編的想法。

輯錄《總目》中有關詩文的段句原本只是個單純的念頭，但在工作進行中，不免對其間異於過去所讀詩話、文評的特點深感興趣。例如《總目》裏時時出現的「恭承聖訓」之語，在其他批評著作中罕見的帝王詩家之評論，與今日文學史相出入的文體分類，以及使用「聖意」、「公論」等詞彙作爲批評標竿等等。在排除成份複雜的累牘長篇後，更可看出這些資料的共同傾向或內在邏輯，因而萌生進一步研究的念頭。

〔註1〕《四庫全書總目》以下簡稱《總目》。一般更常用的簡稱是《（四庫）提要》，但在本論文中，必須將那些隨《四庫全書》收錄之書而附於卷首的單篇提要作一區別，因此《四庫全書總目》以《總目》簡稱之。又，所引提要書名過於繁雜而可省略者，如《鐵廬集・外集・後錄》（別二六）僅以《鐵廬集》稱呼，對覆查原文並無礙。所引提要文字，爲求同時兼顧查核原文之便、以及節省不必要的引文，於提要書名後僅以二字註明所屬類及卷數，例如「別二六」，乃「別集類二六」之簡稱；分別以「別」、「總」、「評」來標註集部五類中的別集、總集、詩文評三類。另外，不足一卷之數的楚辭類不簡稱，而舉其一體便不免有所偏的詞曲類僅省去「類」字。

第二節　研究方法

　　關於《總目》中文學批評的認定，前人已有言及。朱自清《詩文評的發展》說：「《四庫全書總目提要》集部各條，從一方面看，也不失爲系統的文學批評。〔註2〕」《四庫全書》以「經」、「史」、「子」、「集」分部，《總目》因之；一般以「經」、「子」爲思想、以「史」爲史學，而「集」便自然被視爲文學匯歸。如果像這樣粗略地劃分，那麼要進行《總目》的文學批評研究，便應該由集部諸提要進行資料的摘取。

　　不過，摘錄的工作並沒有想像中的容易。《總目》自云：「集部最雜」，事實上，集部所收文字，其哲思內涵未必不如經部子部深刻，對歷史掌握的得失也未必不如史籍，只是往往因爲篇幅短，不足以自成一編，於是便被收在個人集子或被擇入選集，因而歸入「集部」，並不完全就其本身的性質考慮；由於收錄的篇章性質兼及經、史、子，因此比起這三部也就更爲複雜。這種情況便反映在所謂「文學批評」的認定上：既然集部所收的部份作品，包括被視爲經學、子學的思想餘緒或掌故實徵，那麼《總目》集部之中的文字，自然不單只有文學批評，而是與思想、史學批評一爐共冶。

　　依同樣的狀況反思，其他三部也未必沒有文學批評的段落存在，更何況今日文學研究的範疇在當時也有部份不屬於集部：例如經書中的《詩經》、《左傳》等，對歷代文學之影響固不待言，而司馬遷的史筆、莊子的寓言對文學都產生不同程度的作用，在文學史裏也不曾缺席；此外，還有後來被常納爲文學研究範疇，卻只在子部聊備一格的「小說類」。總之，我們不能直接將「集部」與今天的「文學」畫上等號，因爲其蘊涵的內容絕不是「文學」一語所能加以概括的，而具有文學意味的思辯更絕不限於集部中。如果要勉強加以區別劃分，就不免捲入「文學是什麼？」的無窮論爭。

　　然而，在不限於集部以進行《總目》文學批評資料之蒐集的目標訂定後，「文學的定義」問題仍未擺脫：哪些是應該加以蒐集的文字段落？這仍存在著文學與非文學、乃至於文學內部與外緣如何區隔的困難，更何況文學作爲歷代典籍的一部份、整體文化的一環，無論如何界分，與其他部份都是息息相關的。但正因爲息息相關，所以資料的抉擇對這份研究並沒有決定性的影響；本篇論文和其他的文學研究一樣，並不能只專注於具有文學性質的部份，還必須闡發與命題相關的各型態解釋。所以，本文資料的引用，是先依照討論主題分類收集，再取其適當且意義較完整者，

―――――――――――

〔註2〕見《朱自清古典文學論文集》（臺北：宏業書局，1983年2月），頁543～554，引文在頁547。

其餘相似資料則不多陳列，至於《總目》罕見的觀點則附加說明。

　　本篇論文重點之一，在重新審視《總目》所作的批評，其特色之成因是否純粹源自撰著者的文學觀念？是否涉及了文學以外的目的？並試圖說明《總目》於收編作品時，已混同了「值得被美言的書才會被選入」與「必須爲自己選錄的書美言」兩者的界線。筆者希望指出：《總目》裏部份罕見且具啓發性的觀點，有時並不是出於單純的創作理念，而是導源於它特殊的成書狀況、出乎撰著者原意的效果。

　　再者，本文試圖提供一種研究進程：不像過去部份研究一樣，直接將《總目》視爲紀昀著作的一部份、先行認定它屬於單一作者的思想體系，而是將《總目》視爲自成體系的獨立論述。如此，希望能與紀昀其他文學批評的觀點作出判別，並和過去的研究成果相參照。

　　全文共分六章：第一章「緒論」，講述研究動機、研究方法等；並以文體爲對象，基本上圍繞「文學」一詞來進行探討，訂定「文學」於《總目》所及範圍，釐訂本篇論文的討論目標。

　　第二章介紹《總目》批評概況。此章側重於《總目》對各書的實際批評；因爲《總目》內容豐富，因此省略了難以一一列舉的龐雜批評，僅述論其中特點。並嘗試觀察其間的方法與模式。

　　第三章則對《四庫全書總目》的文學批評內涵精神進行梳理，把其間的文學批評段落，視爲一有機整體來進行描述。我國的文學批評論著多採詩話型態，向來不以嚴謹爲原則，因此若要建立一位文學家較完整的文學觀，往往必須參以其他書信雜文等資料。而《總目》本爲著錄典籍而作、非爲文學目的而書寫，因此比起其他詩話，往往疏略創作技巧這類比較細微的議論。在研究過程中，必須對此點有所警悟，以免在解釋文獻上有所偏差。

　　第四章的研究基礎是《總目》中的批評論，並從其間發展出《總目》「公論」觀念的專題研究。從《總目》構築「公論」的過程裏，我們發現後人往往在過去各種不同的批評結論中游移。文學評價經常隨著時代遞轉或個人接受程度而變，因此批評家如何說服讀者，便成其評價是否公正允當的重要程序。本章除了「批評」的內涵之外，還希望對「批評方式」有所探討；也就是除了「批評了什麼」之外，還進一步思考「怎麼進行批評」的問題。

　　第五章爲《總目》作者的相關探討。此章重點並不在對作者身份提出一個難以駁倒的說法；因爲即使提出單一的結論，也難免以偏概全或流於空泛之弊。此篇主要針對《總目》的特殊性：官方批評、集體編修與《總目》原非以文學批評爲目的作深入討論，嘗試指出在這些前提下，《總目》所呈現的特色、意義與優缺點；可說

是延續上章區分文學批評之「本有特點」和「隨成書狀況而造成的特色」，再作進一步的相關探討。其間的討論重點包括：撰著者的考察、思想取向與權力的分配。整章大致分為：（一）對《總目》為「紀昀一人手纂」說法的述評，並從客觀情境與身份等方面，對紀氏的「作意」加以討論。（二）視紀昀為「四庫館員」集團中的一員，並探討其地位與影響力。（三）觀察皇帝在《四庫全書》的影響，以及與撰寫臣子之間的的交互作用。比起前幾章專力於《總目》書中文學思維的整理分疏，此章較大量地引用史料與前人研究成果。

第六章結論將全文作簡單的總覽與歸納，並敘述將來可能實現的進一步研究方向。

第三節　研究範圍：關於《總目》中的文體論與文學批評之重心

「文體論」是文學思想裏不可或缺的一環。大抵上，《總目》是先完成文類的區分，再進行實質的批評；因此，《四庫全書》的收編分類方式，對其整體文學觀的建立有著相當大的影響力。文體的認定直接影響到《總目》認知的「集部」內涵、文學的定義與範圍，此處試圖澄清集部的獨特性，從而呈顯出本篇論文研究中心——文學批評——在書中的範圍。

一、四庫全書的集部分類狀況與各文體的地位

《總目》的書籍分類方式取法前人；卷首「凡例」第四條云：「自《隋志》以下，門目大同小異，互有出入，亦各具得失；今擇善而從。」而集部之書分為五類，〈集部總敘〉云：

> 集部之目，楚辭最古，別集次之，總集次之，詩文評又晚出，詞曲則其閏餘也。

除了詩文評之外，其餘四類正指出其所認可的五大文體：楚辭、詩、文、詞、曲。

對於詩、文二體在《總目》裏不分別列立的問題，「凡例」第四條曾加以解說：

> 又別集之有詩無文者，《文獻通考》別立詩集一門；然則有文無詩者，何不別立文集一門？多事區分，徒滋繁碎，今仍從諸史之例，併為別集一門……皆務求典據，非事更張。

《文獻通考》將別集之有詩無文者，按立「詩集」一門，然卻不別立「文集」一門

以收錄有文無詩之書，此點爲《總目》所質疑。《總目》採取詩與文合編的方式，主要是因爲歷來別集多同收詩、文，因此依書之原貌輯錄便不用大費周章；至於詩、文二體並置、然同爲韻文的詞反而未與詩同列是否允愜，則未加討論。事實上，宋代以後諸多別集經常包涵詞作，然《總目》雖立「詞曲」一類，卻從未嘗試將這些詞作重新析出，甚至可說是視若無睹，側面地顯示出《總目》將詩、文視爲文學主流，而將詞、曲視爲末派的想法。此外，詩文評獨立爲一類，而詞曲評卻僅附於「詞曲」類尾端的安排，也顯示了這種態度。

（一）文

「古體散文」可說是《總目》中最受重視的文體。〈《御製文初集》提要〉（別二六）曾論歷來帝王之創作：

> 伏考三古以來，帝王著作散見諸子百家者，大抵有韻之語爲多……古籍所傳，不可縷舉，皆詩之類也。其以文傳者，則殊不多見。……兩漢以後諸帝王，惟梁武帝有詩賦集、又有文集，其餘亦無有專以文傳者。然武帝文集不過十卷，未爲甚富，且六朝輕豔之詞，亦未能闡聖賢之奧，媲典謨之體也。惟我皇上心契道源，學蒐文海，題詠繁富，亙古所無。而古體散文亦迥超藝苑，凡闡明義理之作，多濂、洛、關、閩所未窺，考證、辨訂之篇，多馬、鄭、孔、賈所未及。明政體之得失，則義深乎訓誥；示世教之勸懲，則理準乎《春秋》。至於體裁盡善，華實酌中，則賈、董、崔、蔡以還，韓、柳、歐、曾以上，號爲作者，無不包羅，豈特列朝帝王之所無！臣等上下千年，編摩四庫，所謂詞壇巨擘者，屈指而計，亦孰能希聖製之萬一哉！

提要不但指出古文與道統、義理思想的關係，並且由當朝皇帝寫作古文的數量、品質爲歷來君王之首的線索，曲折地證明古文的崇高地位。

而另一方面，《總目》對駢文褒貶參半，並未全面否定。〈《四六法海》提要〉（總四）云：

> ……秦漢以來，自李斯〈諫逐客書〉，始點綴華詞；自鄒陽〈獄中上梁王書〉，始疊陳故事，是駢體之漸萌也……沿及晉宋，格律遂成；流迨齊梁，體裁大敝。由質實而趨麗藻，莫知其然而然。然實皆源出古文，承流遞變；猶四言之詩，至漢而爲五言，至六朝而有對句……名目各別，神理不殊，其原本風雅則一也。厥後輾轉相沿，逐其末而忘其本，故周武帝病其浮靡，隋李諤論其徘巧，唐韓愈亦斷斷有古文、時文之辨。降而愈壞，

一濫於宋人之啓箚，再濫於明人之表判，勦襲皮毛，轉相販鬻；或塗飾而
掩情，或堆砌而傷氣……四六遂爲作者所詬病。

此處介紹了駢文的生與變衰。《總目》強調駢文與古體散文同源而出，幾番說明「四
六之文，運意遣詞，與古文不異」，藉此肯定了四六體製的地位。文中且以詩體與文
體的變遷相較，認爲駢文、散文只是名目有別，但在創作上的精神與意義卻相同。
由此可知，只要能與所謂的「正統」構成接續、承繼的關係，就容易獲得《總目》
的認可。儘管駢文浮靡華豔之風也曾招致不滿，但《總目》對此體裁仍頗多維護，
反對的只是其創作方式。〈《古文雅正》提要〉（總五）亦云：

　　……散體之變駢體，猶古詩之變律詩，但當論其詞義之是非，不必論
其格律之今古；杜甫一集，近體強半，論者不謂其格卑於古體也。

同樣以古詩與律詩來比擬散體與駢體，指出詩、文的優劣皆繫乎創作者而非關體製。
不過，此處指稱論文最重要的標準是「詞義之是非」，則與〈《古今詩刪》提要〉「但
可以工拙爲程，未容以時代爲限」的思考稍有分別。這是因爲〈《古文雅正》提要〉
所論主要對象是文，而〈《古今詩刪》提要〉雖統言「文章」，然其論斷重心其實爲
詩；由兩篇提要標準上的差異，可知《總目》對文的思想內涵要求比詩爲高，對詩
的藝術性則較重視。

　　用以取士的八股是眾文體中較特殊的一項。在《總目》之中，關於八股之評價
與安排，與當時的權力中心與考選政策不脫關係。《總目》所載乾隆四十年十一月十
七日上諭云：

　　……時文爲舉業所習，自前明以來，通人擅長者甚多。然亦只可聽其
另集專行，不並登文集……。

在這道諭旨中將八股與遭到刊除的道院青詞、教坊致語等文體相提並論，雖入集部
卻不得與其他文章並列於同一書中，足見八股的思想與文學價值頗受輕視。在清高
宗個人早期文集《御製樂善堂文集定本》的提要（別二六）裏曾論及：

　　……指授溥等校閱刪定，併省去制義一卷，定爲此本。伏考今之制義，
即宋之經義也。劉安節等皆載入別集；呂祖謙選《宋文鑑》亦載入總集。
初刻兼錄制義，蓋沿古例；而我皇上區分體裁，昭垂矩矱，俾共知古文、
今文之分〔註3〕。

〔註3〕編輯書籍一向重視「依循古例」的《總目》在此忘了提及清高宗的作法也有唐代古
例可爲印證。〈《麟角集》提要〉即載：「唐代取士科目至多，而所最重者惟進士，其
程試詩賦，《文苑英華》所收至夥，然諸家或不載於本集中。如李商隱以《霓裳羽衣
曲》詩及第，而《玉溪生集》無此詩；韓愈以《明水賦》及第，而其賦乃在外集是

八股比起經義，地位更爲不如；而所謂「古文、今文之分」，其實已蘊涵褒貶之義於其間。《總目》對唐人用以取士的程式詩賦評曰「科舉之文，無關著述」（《麟角集》，別四），而在宋代劉安節的《劉左史集》之提要中曾說：「經義……當時太學之程式，後來八比之權輿也」（別八），可見八股文被低貶，一則因爲今不如古的慣性思考，二則源於人們將考試文章與尋常文章作了界分，視二者內涵與作意有層次之差的看法。

　　不過，在創作上，《總目》並非認爲古文、今文涇渭分流，《《御選唐宋文醇》提要》（總五）云：

　　　　即古文以講八比，未始非探本之論。然論八比而沿溯古文，爲八比之正脈，論古文而專爲八比設，則非古文之正脈。

認爲時文仍本於古文，寫作、論斷八股時亦應參考古體散文。另如明代王鏊《震澤集》之提要（別二四）評其時文曰：「蓋有明盛時，雖爲時文者，亦必研索六籍，汎覽百氏，以培其根柢，而窮其波瀾。鏊困頓名場，老乃得遇，其澤於古者已深，故時文工而古文亦工也」，此類褒揚不但寓有一切文章首在學養根柢的觀點，也爲清朝歷代仍以八股取士提供了辯解基礎〔註4〕。

（二）詩

　　《總目》對詩中各體的評判頗有不一致之處。《《古文雅正》提要》以詩喻文，云：「……散體之變駢體，猶古詩之變律詩，但當論其詞義之是非，不必論其格律之今古；杜甫一集，近體強半，論者不謂其格卑於古體也」，似意謂就形式本身而言，古體、近體並無高下。但《《花閒集》提要》（詞二）卻對陸游《花閒集》跋所提出的疑問：「唐季、五代，詩愈卑而倚聲者輒簡古可愛，能此不能彼，未易以理推也」作了以下回應：

　　　　不知文之體格有高卑，人之學力有強弱；學力不足副其體格，則舉之不足，學力足以副其體格，則舉之有餘。律詩降於古詩，故中、晚唐古詩多不工，而律詩則時有佳作。詞又降於律詩，故五季人詩不及唐，

〔註4〕所以《欽定四書文》提要在敍述了明代科舉文風的變遷，導致「士習壞而國運亦隨之」後，對清本朝同樣的制度卻大肆誇言：「我國家景運聿新，乃反而歸於正軌。列聖相承，又皆諄諄以士習文風勤頒誥誡……大抵皆詞達理醇，可以傳世行遠。承學之士，於前明諸集，可以考風格之得失；於國朝之文，可以定趨嚮之指歸。聖人之教思無窮，於是乎在，非徒示以弋取科名之具也。」（總五）

也。」（別四）

－7－

> 詞乃獨勝。此猶能舉七十斤者，舉百斤則蹶，舉五十斤則運掉自如。有
> 何不可理推乎？

此段論點的基礎，就在於文體有高卑之分，由此還發展出學力較差者若選擇層次
較低的體裁，便能運用自如的怪誕理論。事實上，《總目》的確偶爾會以詩中各體
的多寡比例來判斷一位作者的創作成就，如明王琪《竹居集》之提要（別集類存
目二）云：

> ……時有秀句，而邊幅單窄，興象未深。數首之後，語意略同，觀卷
> 中絕無古體，其根柢可知矣。

意謂王氏不作古體詩，便象徵其學問與創作才力的程度並不高。事實上，每一位作
家的所擅長或喜好使用的文學形式不盡相同，而各種文體也都有自己的特性，詩中
各體亦復如此。曹丕《典論‧論文》云：「奏議宜雅，書論宜理，銘誄尚實，詩賦欲
麗；此四科不同，故能之者偏也」〔註5〕，每種文體的風格與所適合發揮的才華都
不同，因此不同的創作者在各文體上的成就也不一致，這種觀點比起武斷地指稱「文
之體格有高卑，人之學力有強弱」持平得多。

賦體具備亦詩亦文的特質，但在《總目》並不重視其間文的成份，而完全將之
視為詩的同類。先前所引《離騷經註、九歌註》提要〉指出：「然楚辭實詩賦之流」，
即將楚辭、詩、賦視為同類；《《唐宋元名表》提要〉（總四）中更談及：

> 自明代二場用表，而表遂變為時文，久而偽體雜出，……或參以五七
> 言詩句，以為源出徐、庾及王、駱；不知徐、庾、王、駱用之於賦，賦為
> 古詩之流，其體相近，若以詩入文，豈復成格！

亦將賦與詩並稱。除非到了「語錄、講義之押韻者」的地步，《總目》對以文入詩並
未多加反對，卻將以詩入文視為偽體、不成體格；由此可知在《總目》撰著者心中，
詩與文之間有著不可逾越之法規。

（三）詞、曲

〈詞曲類‧小序〉云：

> 詞、曲二體，文章、技藝之間，厥品頗卑，作者弗貴，特才華之士，
> 以綺語相高耳，然三百篇變而古詩，古詩變而近體，近體變而詞，詞變而
> 曲，層累而降，莫知其然，究厥淵源，實亦樂府之餘音，風人之末派，其
> 於文苑，同屬附庸，亦未可全斥為俳優也。

〔註5〕見《宋本六臣註文選》（臺北：廣文書局，1964年9月），卷五二，頁969。

《總目》將詞、曲獨立爲一類，並非認爲此二體的重要性等同於詩文；相反地，是對詞、曲存著偏見，認爲它們只是樂府降格後的產物，其地位介乎文學與技藝之間。所謂技藝，即如子部〈藝術類・小序〉所云：「後世俗工撥捩，率造新聲，非復《清廟》、《生民》之奏，是特一技耳」，爲無法廁身經部樂類的的新聲俗音，乃指傳統觀念所輕視的俳優伎樂。《總目》撰著者將詞曲與技藝牽合，說明了當時部份文人只將這兩種體裁看作用來賞玩、僅能流行一時的物事；從這種否定裏，可以窺出當朝文人認爲「文章」必須以「雅正」爲美學基礎，一旦不符合這項條件，也就無法躋身於文學殿堂。另外，〈《碧雞漫志》提要〉云：「迨金、元院本既出，併歌詞之法亦亡。文士所作，僅能按舊曲平仄，循聲塡字。自明以來，遂變爲文章之事，非復律呂之事。」（詞二）由此可知詞曲之音樂性，亦成爲它們與正統詩歌分立的重要因素。

　　《總目》對詞體的輕視，甚至到了認爲編詞書都不能採用與詩文集同樣方法的地步，如清孫默編《十五家詞》，不過是於所選每篇詞作之後，如彙評詩文般地附上批評，提要竟指責此法「有類選刻詩文，殊爲惡道，今並刪除，不使穢亂簡牘焉」（詞曲二），明顯地表現出提要對文體的差別待遇。

　　曲的地位更爲低下，曲書《朝野新聲、太平樂府》之提要（詞曲存）述其書內容云：

　　　　是集前五卷爲小令，後三卷爲套數，凡當時士大夫所撰及院本之佳
　　者，皆選錄之，亦技藝之一種。

直接將曲貶抑爲技藝；無怪《四庫全書》不收曲作，只收錄品題論斷曲評與韻書——在《總目》撰著者的觀念裏，關漢卿與馬致遠作品的重要性竟然不及《中原音韻》，不免讓人產生捨本逐末的印象。兩相比較之下，曲的地位比詞更爲不如；詞在《四庫全書》裏猶被視爲「姑附存以備一格而已」（〈集部總敘〉）的體製，而曲幾乎連留在存目的地位也沒有〔註6〕。

　　《總目》對詞、曲的本色（特定體裁應具的風格）有一定的認知。〈《蘆川詞》提要〉（詞曲一）云：

　　　　詞、曲以本色爲最，難不尚新僻之字，亦不尚典重之字。

《總目》反對詞曲使用過度流行俚俗的語言，也反對詞曲沾染「無一字無來處」的學究氣習；這樣的本色觀，多少應合了《總目》將詞曲定於文章與技藝、正統與末

〔註6〕〈詞曲類・小序〉聲明不收曲文，然於「存目」之中，卻載有三部曲文書籍，分別是元張可久《張小山小令》、明王九思《碧山樂府》、元楊朝英《朝野新聲太平樂府》。前二書爲個人曲集，第三部則爲曲選。對張氏之書尚明白指出，將之留於存目是爲了瞭解其時風尚，而另外二書卻飽受指責，甚至未曾談及收錄的原因。

枝之間的位置。同樣的,在毛奇齡《詞話》之提要中,評曰「奇齡填詞之功,較深於詩。且本為小技,萌於唐而成於宋,亦不待援引古書,別為高論,故所說轉不支離」,可見《總目》認同毛奇齡填詞不使用典故的清切作風。儘管《總目》撰著者視詞為「小技」,因此期望詞曲能保有初創時的特色,但這種看法卻能避免詞曲產生過度雕飾、嚴守格律之弊。

既然詞只是聊備一格的類目,《總目》裏對詞的批評自然不甚豐富,不過在各部別集、總集中,還保留了一些關於重要詞家的評價〔註7〕,至於曲的批評則幾付之闕如。

(四)楚 辭

集部五類之中,楚辭類所收書籍最少。〈楚辭類·小序〉云:

> 《隋志》集部以楚辭別為一門,歷代因之,蓋漢魏以下,賦體既變,無全集皆作此體者,他集不與楚辭類,楚辭亦不與他集類,體例既異,理不得不分著也。

說明楚辭一體的創作後繼乏人,地位已被後起的賦所取代,並指出辭、賦不能視為同類,乃是因為體例的差異。不過,〈《離騷解》提要〉(楚辭類存目)云:

> 不通觀其全篇,而句句字字必求其人以實之,反詆古人之疎舛,是亦蘇軾所謂「作詩必此詩」也。

對此書的詮釋方式大加指責,反對許多解楚辭者習於考究故實,卻不懂得體會篇章本身的美感、胡亂質疑屈原文學想像力及敷演誇飾的手法。蘇軾曾指責:賦詩之人若囿於眼前所見及題目題材之限制,而不能善用聯想、感發的能力創作,則猶如畫畫僅求與實物相似,可說完全不懂詩歌與藝術之精髓。此篇提要所批判的,正是以這種將字句當作訂定作者年譜之資料的詮釋態度。由此可見《總目》雖認為楚辭與詩歌的體裁有所差異,然詩歌的批評標準仍舊適用於楚辭,也肯定楚辭仍具有《詩》三百的諷喻之旨及價值。

二、收納於集部之外的文學相關著作

除了集部所涵括的五種文體,另如子部「小說類」所收的書籍,在今日往往被視為文學研究範疇,而其他部類所輯錄之書籍,亦間有語涉詞章者,以下即稍事簡介。

〔註7〕參考:包根弟,〈《四庫全書總目提要》歷代詞家評論探析〉(臺北:《輔仁國文學報》,1993年6月,9期),頁53~108。

（一）所收書籍內容之性質涉乎集部者

　　《總目》子部之中，有數類所收錄的書籍內容甚雜，在《總目》的詮解下，也表現出與集部相涉的性質，同時亦曾被古代學者列入集部。例如子部「類書類」，其小序云：

　　　　類事之書，兼收四部，而非經、非史、非子、非集，四部之內，乃無類可歸。《皇覽》始於魏文，晉荀勗《中經部》分隸何門，今無所考。《隋志》載入子部，當有所受之。歷代相承，莫之或易。明胡應麟作《筆叢》，始議改入集部。然無所取義，徒事紛更，則不如仍舊貫矣。

胡應麟即曾將類書納入集部，雖然《總目》表示反對，卻也表示此等書籍內容複雜，無法劃歸於經、史、子、集任何一部。類書在今日被視為工具書，其小序云：「此體一興，而操觚者易於檢尋，註書者利於剽竊，轉輾稗販，實學頗荒」，儘管《總目》對世人依賴類書便利而導致荒廢紮實學習的風氣頗有不滿，但仍不能否認類書對創作者的貢獻。然而類書僅有參考價值、文獻價值，卻不具有本身的文學價值，因此提要中雖偶爾會出現對文人掌故的陳述、辨駁，卻罕少對詩、文的評價或討論。此外，同屬子部的「譜錄類」的內容也非常駁雜，其間「收諸雜書之無可繫屬者」，將無法用舊目賅括的書籍收藏起來；而「與文史相出入」、專事書畫鑑賞的「藝術類」，也經常涵納文人故實。

　　子部「雜家類」的子目「雜說」之末案語云：「雜說之源，出於《論衡》……後人沿波，筆記作焉。」古代詩話往往「體兼說部」，而筆記之書的內容亦往往雜有文學批評段落、甚至混入小說體篇章。例如王士禎著名的《池北偶談》，其提要便指出書中：「談藝九卷，皆論詩文；領異標新，實所獨擅，全書精粹盡在於斯。談異七卷，皆記神怪，則文人好奇之習，謂之戲錄可矣。」（雜家類六）因此「雜說」諸提要間有對集部諸文體之批評，雖然為數不多，規模、深度往往不及集部提要所論，但仍有其重要性。

（二）今人視為文學研究範疇者

　　經部之中，關於《詩》三百的文學價值，歷來已有深入而廣泛的討論。〈總集類‧小序〉介紹總集源始便云：

　　　　三百篇既列為經，王逸所哀又僅《楚辭》一家，故體例所成，以摯虞《流別》為始。

《總目》認為《詩經》其實可被稱為最早的總集，此乃由於《詩經》不僅對後代詩

歌創作影響深遠，而且「六義」的精神更爲許多文學批評著作所承襲，《總目》亦往往以三百篇事例、內蘊爲標準來品評詩文。但《總目》同時又堅持《詩經》的神聖地位，不希望它與其他文學書籍混爲一談，對《詩經》之研究也堅持應該保持經學之「正軌」，因此經部〈《詩觸》提要〉（經部·詩類存目一）便有以下的看法：

> ……以後人詩法詁先聖之經，不免失之佻巧。

以「詩法」對風雅頌進行討論，主要是探究三百篇藝術性的層面；雖然後代文學在形式方面要求較爲嚴格，其標準未必能恰當評判上古之文學成就，但《總目》顯然不只針對那些不恰切的文學批評，而是反對將《詩經》與集部各體劃上等號，從治學的方法原則上保衛經部的優越性。連帶地，《總目》也不認同面對集部篇章時，可採用與治經相等的方法；例如〈《離騷經註、九歌註》提要〉云：「……楚辭實詩賦之流，未可說以詁經之法」；這與先前所述〈《十五家詞》提要〉指責詞書編輯方式「有類選刻詩、文，殊爲惡道」的思考進路相仿，意謂著文學作品卑於經書、各部應該嚴守自己原有的分際。

正因如此，《總目》「凡例」第六條特別聲明：

> 古來諸家著錄，往往循名失實，配隸乖互……《左傳類對賦》之屬，舊入春秋，今以但取儷辭，無關經義，改隸類書……。

《左傳類對賦》因研究目的與經義的闡發無關，故被汰出於經部之外〔註8〕。《左傳》影響後世文章甚鉅，「但取儷辭」實頗有獨重其文采之意；與此雷同，「總集類存目一」中列有《春秋秩詞命》一書，其提要亦云：「是書雜採左氏所載應對之詞，釋以通俗之語……所錄雖源出春秋，而於經義無關，於傳義亦不相涉；今以其輯錄舊文，爲童蒙誦讀之用，姑附之總集中」。從這些安排，可以看出《總目》因對經部過於重視，所以排斥用其他學科領域的探討方式來析論經書，因此整部《總目》裏，可謂全無對經部書籍之文學價值研究。

此外，今人已視爲文學體裁，而當時集部所收書未見之文體有二：

1、小　說

小說家類從漢代起已存於子部，《總目》裏其小序云：

> 迹其流別，凡有三派：其一敘述雜事，其一記錄異聞，其一綴輯瑣語也。唐宋而後，作者彌繁。中間誣謾失眞，妖妄熒聽者，固爲不少，然寓

〔註8〕《左傳類對賦》在《總目》中遍尋不著，當即「類書類」存目一所收的《春秋經傳類對賦》一書。其提要云：「《左傳》文繁詞辯，學者往往緯以儷語，取便記誦。……屬對雖工，而無當於義理。……《通志堂經解》亦收之。」與「凡例」所言《左傳類對賦》的內容與分類情形皆相符合。

勸戒、廣見聞、資考證者，亦錯出其中。

由此可知，小說類書籍在《總目》裏所被承認的價值，只在思想、考證方面，與今日側重詞采、結構等文學藝術的趨向並不相同。在集部書籍中，偶爾也會提到「說部」，例如〈《南宋雜事詩》提要〉（總五）評論此書：

> ……採據浩博，所引書幾及千種。一字一句，悉有根柢。萃說部之菁華，采詞家之腴潤。一代故實，巨細兼該，頗爲有資於考證。

《南宋雜事詩》的優點之一，就在旁徵博引，展現了注解者雄厚的學問，因此《總目》稱許它「萃說部之菁華」，足見「說部」所被重視的地方，即在提供典故、幫助考據，與文采優劣較無關係。不過，小說家類裏的部份提要，偶爾會有論及其書詞采之處，多少具備文學批評的內涵。

另外，先前所述雜家類書籍中亦間有小說體篇章，如明代陶珽編《續說郛》承陶宗儀之例，鈔明人說部書五百餘種，其提要（雜家類存目九）即評云：

> ……正、嘉以上，淳朴未漓，猶頗存宋、元說部遺意。隆、萬以後，運趨末造，風氣日偷。道學侈稱卓老，務講禪宗；山人競述眉公，矯言幽尚。或清談誕放，學晉、宋而不成；或綺語浮華，沿齊、梁而加甚。

簡略地述論《總目》對明代短篇小說之創作及其成績，具備了文學批評與文學史的意義。然而，我們不難看出，這些批評完全承襲著正統文章的標準；雖然詞采也是小說批評中的一環，但很遺憾地《總目》幾乎完全侷限在此，故對於小說特有的藝術價值並無法了解。例如，今日被視爲我國古代小說瑰寶、四大奇書之一的《水滸傳》，未蒙《四庫全書》收錄，卻曾出現在〈《梅花草堂筆談》提要〉（雜家類存目五）中：

> 第十三卷中「有論孟解」十二條，以釋家語詮解聖經，殊屬支離。《二談》輕佻尤甚。如云：「《水滸傳》何所不有！卻無破老一事（案：美男破老，《逸周書》之文）；非關闕陷，恰是酒肉漢本色如此。以此益知作者之妙」，是何言歟？

《梅花草堂筆談》所論，即是小說刻畫人物、塑造形象的能力；小說作者不因個人飽學而混淆書中人物之對白用語，以致粗豪角色出口成章、不類其人；像這樣呈現「酒肉漢本色」的描寫，實爲《水滸》重大藝術成就之一，但《總目》卻未嘗加以討論，反而據此詆讒批評者，則其於小說之批評，似未能見此文體之特性。

2、戲　劇

戲劇在《總目》中未曾收錄，地位較小說更低，甚至連性質何屬，亦無從了

解。「詞曲類」不收曲文，但各書提要曾數度談及「金元院本雜劇」，而「存目」中《朝野新聲、太平樂府》之提要亦述此書「凡當時士大夫所撰及院本之佳者，皆選錄之」。另外，子部「藝術類」所收書籍內容龐雜，其中有論歌舞、琴樂，或可視為戲劇同類。

因此，關於戲劇的批評僅能從其他書籍之提要蒐集出來，足見此體在當時文人眼中相當低微。如〈《山帶閣註楚辭》、《楚辭餘論》、《楚辭說韻》提要〉云：

> 其間詆訶舊說，頗涉輕薄；如以少司命為月下老人之類，亦幾同戲劇，
> 皆乖著書之體。

所謂「乖著書之體」，即是認為此書之詮解經常不恰切，同時也透露出戲劇體裁卑下，不當持以解釋楚辭。在「史部・傳記類一」所收《晏子春秋》，其提要亦指稱書中部份內容「鄙倍荒唐，殆同戲劇」；而同類「存目一」又收有《聖賢圖贊》一書，其提要指責：

> 其圖畫諸賢，多執書卷，既非古簡策之制，而樊須名須，即作一多鬚
> 像；梁鱣字叔魚，即作手持一魚像，尤如戲劇，其妄決矣。

由此可知，《總目》認為戲劇不重史事考核、隨字面任意塑造古人形象。在「子部・兵家類存目」所收《殘本金湯十二籌》之提要亦指此書「所列飛鎗、飛刀諸法，及以桐油雞卵拋擲敵船，使滑不能立諸計，亦頗近戲劇也」，可見《總目》又認為戲劇內容多異想天開、不切實際。戲劇一體在《總目》中的形象如此，於是「戲劇」二字經常只是被用來指責作品的比喻，《總目》連曲文最基本的詞藻也未曾品評過，遑論其他。

綜上所述，可知集部之外的提要，探討文學的規模、深度都未能超越集部提要；因此本論文的資料採用仍以集部為主，其他三部則僅為輔助。而在文體上，《總目》對詩、文以外的體裁之批評，不管在質或量上都極為有限（對詞的批評尚具一定份量）；所以本篇論文的重心便以詩、文批評為中心而展開。

第二章 《四庫全書總目》的實際批評

　　嚴格來說，除了卷首所列「凡例」、集部〈總敘〉與各類〈小序〉等少數提綱挈領的簡要原則外，《總目》中幾乎只有實際批評，而沒有單純文學理念、理論的抒發。《總目》乃一篇篇書前提要的集合，提要內容近似書評，所述多根據實事、或但論文章工拙，即使是從述、評中抽繹而出、看似具理論意義的文字段落，亦因事而發，並非對一觀念、思維予以獨立專門之闡說。因此在將《總目》持以進行文學批評的一貫思維加以整理之前，本章先行書中實際批評的狀況與進行批評時常用的方式作一介紹；以期在深入討論其文學思想內涵之前，對書中批評概況有一了解。

第一節 《總目》的實際批評

　　實際批評的對象由小至大，有：摘句選篇之批評、對個人的批評、與對流派乃至一個時代的論述、甚至橫跨歷朝之綜論；在《總目》之中，對個人之批評是最主要的。這固然是因為在《四庫全書》中，數量上以別集居多，也因《總目》本非為文學批評或文學史目的而作。正因不是為批評文學而作，所以單一篇章本不足為其討論對象；書中所見摘句選篇之批評，乃為了說明其作者的創作成績或特色。也正因為不是為論述文學史而作，《總目》對流派、時代等更大批評對象的闡發，目的在於衡量一作者的成就或地位。因此這兩種批評往往只是個人批評的一個步驟，而不是獨立的論述。

一、對個人的批評

　　論及對個人的批評，「別集類」尤其值得重視。顧名思義，此類所收書籍本為

個人所創作，其內容可說全是個人批評。且「別集類」在《總目》中佔將近二十六卷〔註1〕，加上存目十二卷，不但是集部最龐大的一類，也是整部《四庫全書》和《總目》中最大一類。依《總目》卷首「凡例」第九條所言，提要基本內容規定如下：「先列作者之爵里，以論世知人，次考本書之得失，權眾說之異同，以及文字增刪，篇帙分合，皆詳爲訂辨」，所論具體而微；而別集類所收各書，雖入選原因不盡相同，但於提要中幾乎皆論及其文字之工拙，故每一篇提要不但是一篇篇書評，亦可視爲所評書之作者的文學家小傳；又群書依時代先後排列，「別集類」因此可說是一部起自東漢、迄於清初的文學家列傳〔註2〕。

　　不過，個人批評並不僅限於「別集類」，在「總集類」諸提要中也往往可見。如：以身份類似而合編的《薛濤李冶詩集》、兄弟合編的《清江三孔集》（總一）等，這些作者往往並無個人書籍單行，因此其合編書籍之提要亦同時對諸人各自爲評，這些個人批評頗可補別集所未及。

　　另外，詞曲書籍別爲一類，不與詩文之別集、總集及詩文評並置；「凡例」第五條云：「……集部之詞曲類，流派至爲繁夥，端緒易至茫如」，因此於詞曲類中再分四子目，看似所收書籍繁多，但實是因爲詞曲雖另立一類，卻如詩文一般，有個人詞集、總集與批評之書；同收一類，當然不能如詩文別集、總集、詩文評各自爲類一般性質分明。所以詞曲之個人集或總集中，也可以見到不少個人批評。

　　《總目》雖欲使詩文、詞曲不相混淆，但「別集類」中，作者本集原已編入詞作者，並不另外抽出別列，如〈《後山集》提要〉雖置於「別集類」，亦兼論詞作之成就，全面地討論了陳師道各類文體的成就（見別七），因此「別集類」亦不限於評價詩文。然如《東坡全集》中，雖同樣收入詞一卷，其提要中對詞作卻僅略爲考證、未論工拙成就（見別七），至詞曲類仍再列《東坡詞》一卷，關於蘇軾詞之評價則見於此提要（見詞一），與《後山集》情況不同；而在「詞曲類中」，如張先《安陸集》，則因詞多詩少而列入詞曲類，但提要中論詩之篇幅未少於詞（見詞一）。因此個人詞作之評未必皆在「詞曲類」提要中，論個人詩作之語亦偶需於「別集類」之外尋求。「別集類」固然是個人批評最集中的部份，但卻仍可於其他數類中尋及其中所無。

　　但正因如此編列方式，使得「別集類」諸提要兼論詞作，加上《全書》不重詞曲、收書甚爲簡略，尤其曲文更一字未收，只有張可久等三家列於「存目」粗備一

〔註1〕《總目》中「集部」第一卷即是「楚辭類」加上「別集類一」，「楚辭類」（含存目）僅佔半卷。

〔註2〕排列原則見凡例第七條：「……概以登第之年，生卒之歲，爲之排此，或據所往來倡和之人爲次，無可考者，則附本代之末」。

格，使得詞曲類的個人批評內容大不及別集類豐富周詳，《總目》對詞曲作者批評的參考價值也因而大不如詩文家。

「凡例」第二十條，曾表示《總目》成書目的：「是書主於考訂異同，別白得失，故辯駁之文爲多。然大抵於眾說互殊者，權其去取；幽光未耀者，加以表章。」《總目》逐書而論，幾乎是每有一人，便有一評，因此個人批評多不勝數。在表彰世人罕聞的作家上，以數量而言，的確爲歷來所罕見。但也正因數量太大，面對的作品和作者太多，以致所評對象部份面目模糊，置於群書間，難以單憑《總目》之表章而受人重視，使得原先美意難以達成。雖說這是因爲《四庫全書》成書的目的之一乃兼收並蓄，書籍繁多，則如此情形原是無可奈何，但有時卻不免是提要內容太過簡略所致；「存目」之書的提要太過簡略，尚無可厚非，然而《四庫》所收書亦往往有提要簡陋，以致與存目之書兩相比較，竟不知收與不收之差別，當然也無法由這些提要去了解作者的文學成就。

「凡例」第二十條下文指出，提要的評價原則是「蓋不可不辨者，不敢因襲舊文；無可復議者，亦不敢橫生別解」；在集部論文學成就亦是持如此態度。又別集類〈小序〉云：

> 今於元代以前，凡論定諸編，多加甄錄，有明以後，篇章彌富，則刪
> 薙彌嚴；非曰沿襲恆情，貴遠賤近，蓋閱時未久，珠礫並存，去取之間，
> 尤不敢不愼云爾。

此處所謂「論定」，與「無可復議者，亦不敢橫生別解」所指頗有一致之處。《總目》認爲歷時長短對文學評價有決定性的影響力，因此大致可說愈早出現的作品的評價愈穩定，而愈晚出現的作品則較少有不可反駁之定評。此一現象反映在《總目》的文學批評中，即是對較早的作家的既有評價「無可復議」的較多；而對晚近作家的評價，則駁斥既有說法與另造新說的空間較大。在具體的時期上，對清朝而言，這種評價不穩定的狀況則以之前的明朝以降爲最。因此，《總目》大致上對唐朝及之前作家的評論從寬，往往沿襲舊評，故述多論少；而對明、清作家的評論則有立有破，自行立說之意味較濃。

正是因爲「無可復議者，亦不敢橫生別解」的原則，因此《總目》的個人批評有一個特殊之處：對家喻戶曉、評價已有定論的文學家們不再加以評論。雖然這已在「凡例」中事先聲明，乃是對具經典地位的文學家們致上最高敬意的表現，因而稱不上是種缺漏，但以一個完整性而言，畢竟稍有缺憾；亦使後人無從得知清朝的中央官方會

如何去權宜處理一位家喻戶曉的文學家之評價〔註3〕。因此就這點而言,《總目》別集類可說是一部「大家缺席」的文學家列傳〔註4〕。《總目》認為時間造成定論,既言「今於元代以前,凡論定諸編,多加甄錄」,這種「無庸更贊一語」的文學人物在書中也止於宋代。而綜合上述個人批評中「遠近」的現象,《總目》的文學批評見解,可說反而是在非最受當時人所肯定的創作時代、非最主要作家身上展現。

《總目》之中還有一種被特殊對待的人物,就是歷來的皇帝;群書排列以時間先後為原則,而皇帝即是惟一脫出以時代為次的特殊份子。理由如「凡例」第七條所云:

> 《漢書‧藝文志》以高帝、文帝所撰雜置諸臣之中,殊為非禮,《隋書‧經籍志》以帝王各冠其本代,於義為允,今從其例。

此乃古代重君臣之防的表現,在集部中當然不能例外。而本朝皇帝更是這群特殊份子中最特殊的。因為實際看看列在「別集類二十六」開頭的幾部清皇「御製詩文集」的提要,纂修者一方面說「莫能更贊一詞」,似乎皇帝的詩文作品成就直追歷來大文學家們,另一方面又在提要中填滿了阿諛諂媚之詞,尤其當朝皇帝清高宗,更被吹捧為古今第一大手筆,〈《御製文初集、二集》提要〉:

> ……體裁盡善,華實酌中,則賈、董、崔、蔡以還,韓、柳、歐、曾以上,號為作者,無不包羅,豈特列朝帝王之所無!臣等上下千年,編摩四庫,所謂詞壇巨擘者,屈指而計,亦孰能希聖製之萬一哉!

這些官樣文章在文學評論中的展現自然不是公平地對文學成就進行討論;就個人文學批評而言,沒什麼參考價值。不過,雖然御製詩文並未能真的達到臣子所誇張的成就,但撇開名實未必相符的品評,這些阿諛之詞所呈現的「文學極境」卻可以作為了解《總目》文學觀的重點之一。

〔註3〕《四庫全書》總纂官紀昀在其個人文章〈《詩教堂詩集》序〉中曾云:「李杜齊名,後人不敢置優劣。而忠愛悱惻,溫柔敦厚,醉心於杜者究多;豈非人品心術之不同歟!」(《紀文達公集》卷九)切入作品的角度偏重在人格上,故有杜勝於李之意味。如此評論實可看出紀氏對詩歌擇捨偏好;但以李杜齊名為發言前提,也道出對李杜「不敢置優劣」已是長久以來的傳統,且被當時所接受。從中似可見到為恐引起與偏好李白者的爭端,因此即使心中認為杜勝於李,亦不敢直接道出之境況。私家批評都不免有此顧慮,何況《總目》的編纂刊刻就是希望本身能達到「衡鑒千秋」,未能在經典文學家的評論上見其如何「折衷群言」殊為可惜。

〔註4〕若依高棅《唐詩品彙》,「諸體之中,各分正始、正宗、大家、名家、羽翼、接武、正變、餘響、旁流九格」,而如李白之列為正宗,則「大家」一詞尚不足以譽之。在此僅採一般通用之義,如「唐宋八大家」之類;清高宗御選《唐宋詩醇》卷首凡例亦云:「茲獨取六家者,謂惟此足稱大家也。」

　　且古人以尊卑之體、犯禁之虞，對歷來皇帝的文學作品，多未加評論〔註5〕。《總目》雖不能公平地對本朝皇帝作出評價，但所旁及的歷來君王詩文評價，則亦歷來文學批評少見，如〈《御製文初集二集》提要〉：

> 伏考三古以來，帝王著作，散見諸子百家者，大抵有韻之語爲多……古籍所傳，不可縷舉，皆詩之類也。其以文傳者，則殊不多見……兩漢以後諸帝王，惟梁武帝有詩賦集、又有文集，其餘亦無有專以文傳；然武帝文集不過十卷，未爲甚富，且六朝輕豔之詞，亦未能闡聖賢之奧，媲典謨之體也。惟我皇上心契道源，學蒐文海，題詠繁富，亙古所無，而古體散文，亦迥超藝苑。

大致歸納敘述了歷來帝王創作情形，不過卻難免藉貶低前代帝王作品來肯定本朝皇帝詩文成就。另外，對清朝皇帝詩文的評價，不但要空泛地譽爲「迥超藝苑」，爲其他文人所不及，還要在創作目的上強調皇帝有獨特理念，以與文人們有所區隔，如〈《世宗憲皇帝御製文集》提要〉：

> 蓋體協健行，心懷無逸，精明強固之氣，舉措萬化而有餘，故旁涉詞章，尚足以陶鑄百氏；如元化運轉，時行物生，而二曜五緯，三垣列宿，自然成在天之文也。豈非攝提合雒以來，超軼三五之至聖哉！

以文章爲餘事，並非皇帝特有的狀況；且所謂一般批評所說的「文章爲餘事」，除了肯定一位作家在其他領域有著更高的成就、世人不應對其文字工拙多所苛求，卻也道出此作家詩文之成就畢竟未臻高明境界〔註6〕。然而對皇帝閒暇之餘旁涉詞章，《總目》卻將之解釋爲行政教化的延伸，如此一來，皇帝的舞文弄墨便不同於文人之「雕章繪句」〔註7〕，不能以帶有貶意的「餘事」一詞論之；在而評價上，更混政治成績與文學成就爲一談，於是被用來譬況以抬高本朝皇帝作品價值的，就不是歷來的重要詩文家的文學成就，而是三皇五帝等過往君主典範的政治成績。

　　在討論皇帝時，援引過去君主與其著作以爲比較，可說是之前所說排列順序時

〔註5〕如沈德潛《清詩別裁》「凡例」：「本朝御製詩……非臣子所敢選也。錢牧齋選明高帝以下諸帝詩，失尊君之體矣！」

〔註6〕《四庫全書》收書甚多，尤其儒者之別集往往輕忽文字工拙，《總目》中指爲「以文章爲餘事者」不可勝數。如《東萊詩集》提要云：「《朱子語錄》乃稱本中『論詩欲字字響，而暮年詩多啞』；然朱子以詩爲餘事，而本中以詩專門，吟詠一道，所造自有深淺，未必遂爲定論也。」（別十一）

〔註7〕《御製詩初集二集三集四集》提要云：「隨事寓教，可以觀政事。聖人之德、聖人之功與聖人之心，無不可伏讀而見之，尤獨探尼山刪定之旨，非雕章繪句者所知矣！」（別二六）

「雜置諸臣之中，殊爲非禮」觀念於批評落實時的表現。不過，這種以相同身份之人互爲比較的狀況，在《總目》可說是一種通例，因此一位作家的身份認定往往也會影響到對其文學評價。

《總目》「凡例」第七條陳述群書的排列原則時，特別強調：「釋、道、閨閣，亦各從時代，不復區分」。在歷來總集、選集中，方外之人、女性作者往往被置於卷末，即使是同屬清朝官修書的《御定全唐詩》亦是如此；《總目》以時間先後爲原則，並不對作者身份強加無益區別，較爲合理。

不過，從「凡例」第七條的下文：「宦侍之作，雖不宜廁士大夫間，然《漢志》小學家，嘗收趙高之《爰歷》、史游之《急就》，今從其例，亦間存一二」，可以看出在平等的排列原則之下，《總目》仍以士大夫爲中心。這種未論著作本身、已先考量宦侍與士大夫之身份差異的態度，和之前提到「君主之著作不該雜置諸臣之中」觀念是一貫的。然而對皇帝的詩文評價，因誇大其詞，而流於空泛堆砌而無實質意義，看似地位甚崇，但可說只是虛置高處；因此《總目》中的批評事實上仍是以主要的作者群士大夫爲衡量標準。又如《蒲室集》提要〉（別二十）：

> ……其五言古詩實足揖讓於士大夫閒，餘體亦不含蔬筍之氣，在僧詩中猶屬雅音。……集中多與趙孟頫、柯九思、薩都拉、高彥敬、虞集、馬臻、張翥、李孝光往來之作，而第九卷中〈杭州路金剛顯教院記〉，第十二卷〈金陵天禧講寺佛光大師德公塔銘〉，註曰「代趙魏公作」，則孟頫亦嘗假手於大訢，知非俗僧矣！

雖然在「凡例」中已說明對方外之人並不特別加以區分，且這篇提要對元朝詩僧釋大訢的作品評價亦甚高，但卻給人一種他的成就是因爲能超越僧人身份所限、得士大夫所習才值得讚美的感覺；而且對判斷一位「方外」之人是否爲「俗僧」，竟是以此人與士大夫的交遊往還來作爲判準！

士大夫不滿僧人詩作，由來已久，如蘇軾〈賦詩僧道通〉：「語帶煙霞從古少，氣含蔬筍到公無。」言謂「蔬筍之氣」爲多數僧詩之通病。朱弁《風月堂詩話》則曰：「僧家不獨忌缽盂語，尤忌禪語〔註8〕。」《總目》中評僧詩之高下幾乎每必論及有無「蔬筍之氣」，而如《東皋錄》提要〉（別十七）評元明之際詩僧釋妙聲之詩文云：

> 在緇流之內，雖未能語帶煙霞，固猶非氣含蔬筍者也。

更一如東坡以「煙霞」對「蔬筍」，分別視爲僧詩的特長與缺點。然而，反對此類觀點者，如蔡絛《西清詩話》：「東坡嘗云：『僧詩要無蔬筍氣』，固詩人龜鑑。然意在

〔註8〕見《清詩話續編》，頁192。

釋子語，殊不知本分風度，水邊林下氣象，蓋不可無。若淨洗去清拔之韻，使眞俗同科，又何足尙〔註9〕？」元好問〈木菴詩集序〉亦云：「東坡讀參寥子詩，愛其無蔬筍氣，參寥用是得名。予獨謂此特坡一時語，非定論也。詩僧之詩，所以自別于詩人者，正以蔬筍氣在耳〔註10〕。」皆針對蘇軾之批評觀點作出辯駁。蘇軾與蔡、元二人品評能力之高低，固難以驟下斷言，其差異主要仍在於持論之標準不同，而此點往往見仁見智；但蔡、元二人之說，不執著士大夫所嫺習而能以僧人之立場思考批評的標準，其實更接近《總目》「凡例」所標榜「品騭文章，不名一格」的精神。「凡例」第十三條雖說：「古來有是一家，即應立是一類，作者有是一體，即應備是一格」，但又言「故釋道外教、詞曲末技，咸登簡牘，不廢蒐羅。然二氏之書，必擇其可資考證者」，則方外之人被視爲與士大夫身份不同的原因，亦從思想肇發，而未必盡出自詩文風格差異。總之《總目》之文學批評以士大夫爲衡量標準，因此不免對其他身份人士之文學創作有所歧視。

　　不過，若這類身份的認定，能令批評者考慮各作者不同的創作情境，而作出更周全恰當的評斷，那也是一種優點；又身份相近之人，生平習性往往有相似之處，探討由共同特質所造成的相近特色，亦是文學研究課題之一。且論人知世、想見前賢之風乃古人所重視，判斷一方外之人爲出塵之高士或庸僧俗道對《總目》而言或亦屬意義重大。但其缺失則是過度拘泥其特殊身份，未能同中見異，則所下評論不免以偏概全，如〈《寒山子詩集》提要〉（別二）評曰：

　　　　今觀所作皆信手拈弄，全作禪門偈語，不可復以詩格繩之。而機趣橫溢，多足以資勸戒。且專集自唐時，行世已久，今仍著之於錄，以備釋氏文字之一種焉。

寒山之詩，王應麟《困學紀聞》未論其所用佛教掌故，仍指出詩中對其他書籍「涉獵廣博，非但釋子語也」，又舉例說明其對偶之工，則亦不盡爲信手之作〔註11〕；甚至寒山詩中亦有句自云：「我詩合典雅」。《總目》對此種種視而不察，便是受到身份判別之蒙蔽而對作者存有刻板認知，也因此對創作內容作出偏差解讀。

二、對歷代的總體評價

　　《總目》並非以文學史的寫作爲目的，也沒有將通史性論述單獨標出，因此《總

〔註9〕《西清詩話》卷中：見《宋詩話全編》，頁2502。
〔註10〕《元好問全集》卷三七，頁46。
〔註11〕見王應麟《困學紀聞》，卷五。

目》對歷代文學成就的總體評價，分佈於各篇提要之中，而不像個人批評多可於「別集類」中依時代按書檢視。

在提要中，對歷代總評價的出現，大致有兩種情形。首先，總集中以時代為成書單位的書籍，其提要自然必須論其書與所選擇之時代文學的呼應關係。雖然總集數量較少，但因為其提要之討論目標即是一代詩文與選本所呈現狀況之恰當與否，因此論述多較完整且精闢。如〈《梁文紀》提要〉（總四）論梁朝之文：

> 梁代沿永明舉製，競事浮華，故裴子野撰《雕蟲論》以砭其失。簡文
> 帝……曰：「時有效謝康樂、裴鴻臚文者，亦頗有惑焉。謝客吐言天拔，
> 出於自然，時有不拘，是其糠粕。裴氏乃良史之才，了無篇什之美。謝故
> 巧不可階，裴亦質不宜慕。」一代帝王，持論如是，宜其風靡波蕩、文體
> 日趨華縟也。然古文至梁而絕，駢體乃以梁為極盛。殘膏賸馥，沾漑無窮。
> 唐代沿流，取材不盡。譬之晚唐、五代，其詩無非側調，而其詞乃為正聲。
> 寸有所長，四六既不能廢，則梁代諸家，故未可屏斥矣。

舉凡梁代文章的特色與其成因、文體興衰、前朝後代之傳承、成就和文學史地位皆已論及。但「總集類」以編者時代為次，不似「別集類」以作者而不以註者為次，因此這些一代之整體評價在《總目》中並未能以時代先後檢視。

其次則於個人批評篇章中散見。「凡例」所規定之提要撰寫內容，有「每書先列作者之爵里，以論世知人」一項，本不能脫離歷史而論述；而一個時代的文學風氣或成就往往是用來衡量個別作家成就的基礎之一。不過，正因這些文句只為用以衡量一作家之成就，因此所取不免有偏；如〈《追昔遊集》提要〉（別三）：

> 今觀此集，音節嘽緩，似不能與同時諸人角爭強弱，然舂容恬雅，無
> 雕琢細碎之習，其格究在晚唐諸人刻劃纖巧之上也。

《追昔遊集》的作者乃是李紳，與他同時之人指的是中唐的其他詩人。《總目》認為中唐詩整體而言勝於晚唐；而李紳之作雖在中唐未屬出類拔萃，詩格仍在晚唐一眾詩家之上。此處用意為反襯《追昔遊集》的優點，因此只指陳晚唐詩「雕琢細碎之習」、「刻劃纖巧」等缺失。但〈《葦航漫遊槀》提要〉（別十三）言及晚唐詩則云：

> 四靈一派，擷晚唐清巧之思。

此處所論，乃是宋詩四靈一派取法晚唐之處，因此亦只指出晚唐詩優點之所在。若單看二篇提要之一，則所知皆有所偏，須合各處論及晚唐之段落文句，方可見《總目》對晚唐文學的評價狀況。

這類總體評價因為是在一論述中所旁及的，因此雖數量繁多，完整周詳程度往往不及一朝或歷代總集之提要所論，但亦偶有例外，如〈《懷麓堂集》提要〉（別二三）：

東陽依阿劉瑾，人品事業均無足深論，其文章則究爲明代一大宗。
自李夢陽、何景明崛起宏正之間，倡復古學，於是文必秦漢，詩必盛唐，
其才學足以籠罩一世，天下亦響然從之，茶陵之光燄幾燼；逮北地信陽
之派，轉相摹擬，流弊漸深，論者乃稍復理東陽之傳，以相撐拄。蓋明
洪永以後，文以平正典雅爲宗，其究漸流於庸膚，庸膚之極，不得不變
而求新；正嘉以後，文以沉博偉麗爲宗，其究漸流於虛矯，虛矯之極，
不得不返而務實。二百餘年，兩派互相勝負，蓋皆理勢之必然。平心而
論，何、李如齊桓晉文，功烈震天下，而霸氣終存；東陽如衰周弱魯，
力不足禦強橫，而典章文物，尚有先王之遺風，殫後來雄偉奇傑之才，
終不能擠而廢之，亦有由矣。

這篇提要原本只須針對《懷麓堂集》及其作者李東陽加以評價；但因爲李氏對明詩
而言乃是關鍵人物之一，提要所論最終已經不限於其一人一書，而是其詩學的影響
力所及，整個明朝詩壇之代興。如此完整的探討，在「總集類」提要中亦爲少見；
而如此牽涉廣大的述論，亦反襯出其書其人之重要性。

　　而「總集類」中提要綜論歷代文學流變者，更有言簡意賅、足資借鑑之段落，
如《御定四朝詩》提要）：

唐詩至五代而衰，至宋初而未振。王禹偁初學白居易，如古文之有柳、
穆，明而未融。楊億等倡西崑體，流布一時。歐陽修、梅堯臣始變舊格；
蘇軾、黃庭堅益出新意，宋詩於時爲極盛。南渡以後，《擊壤集》一派參
錯並行。遷流至於四靈、江湖二派，遂弊極而不復焉。金人奄有中原，故
詩格多沿元祐。迨其末造，國運與宋同衰，詩道乃較宋爲獨盛。元好問《自
題中州集後》詩曰：「鄴下曹劉氣儘豪，江東諸謝韻尤高。若從華實評詩
品，未便吳儂得錦袍。」豈虛語乎！有元一代，作者雲興。虞、楊、范、
揭以下，指不勝屈。而末葉爭趨綺麗，乃類小詞。楊維楨負其才氣，破崖
岸而爲之，風氣一新，然訖不能返諸古也。明詩總雜，門戶多岐。約而論
之，高啓諸人爲極盛，洪熙、宣德以後，體參臺閣，風雅漸微。李東陽稍
稍振之，而北地、信陽已崛起與爭，詩體遂變。後再變而公安，三變而竟
陵，淫哇競作，明祚遂終。大抵四朝各有其盛衰，其作者亦互有長短。

於短短三百餘字內，即總括通論了唐代以降至明末的詩歌流變。

　　此外，如文學體裁或題材跨越朝代的追溯討論，則見於專收特殊體裁或題材的
書籍之提要中。特殊體裁或題材匯爲一書，固然多數出自一位有特殊喜好的編者，
偶爾也有一位作家因爲個人特別的偏好，而將自己的同類作品編爲一冊的，因此「總

集類」與「別集類」皆有之。如梅花入詩的歷史，以「別集類」二十〈《梅花字字香》提要〉所論最爲詳盡：

〈離騷〉徧擷香草，獨不及梅。六代及唐，漸有賦詠，而偶然寄意，視之亦與諸花等。自北宋林逋諸人，遞相矜重，暗香、疏影、半樹、橫枝之句，作者始別立品題。南宋以來，遂以詠梅爲詩家一大公案。江湖詩人，無論愛梅與否，無不借梅以自重，凡別號及齋館之名，多帶梅字，以求附於雅人；黃大興至輯詩餘爲《梅苑》十卷。方回作《瀛奎律髓》，凡詠物俱入著題類，而梅花則自另立一類，此倡彼和，沓雜不休，名則耐冷之交，實類附炎之局矣！

除了上溯楚辭，陳述梅花入詩在宋代漸臻盛況，並指出附庸風雅、題材濫用等詩壇敝病，針砭表裏不一的現象；其周詳勝過「總集類」同樣對梅花入詩的討探。

其他如〈《唐詩品彙》提要〉論「排律」一體、〈《香屑集》提要〉（別二六）述集句詩、〈《詠物詩》提要〉（別二一）敘詠物之作、〈《玉山名勝集》提要〉（總三）談宴集唱和，於各體之詩、押韻之例……等等，亦均涉及。另外，一些有關文學的掌故，如：別集的始出、評點、集評的流行等流變，其他書籍較少談論，亦可供參考。這類歷史觀念較強、但與文采品藻等藝術性探討較無關的綜論，在其他文學批評著作較爲少見，對文學史頗具參考價值。

另外，值得注意的是《總目》以詞曲別爲一類的作法。詞曲既被視爲爲詩之末派，前人詩文別集兼收詞作者亦復不少，然則詞曲實並非必得獨立一類。這一舉措實蘊涵著一對文學史的認知問題，其中所呈現的文學史意義是：在清士大夫的認知中，整個中國文學，從上古至清朝的，一直都是詩、文爲主流；這顯然不同於今日我們習慣的「唐詩、宋詞、元曲」的認識。

今日文學史所習見的「唐詩、宋詞、元曲」的討論方式是以「成就認可、文體代興」爲主軸而建立的，這種觀念即王國維《宋元戲曲考·序》所云：「凡一代有一代之文學：楚之騷、漢之賦、六代之駢語、唐之詩、宋之詞、元之曲，皆所謂一代之文學，而後世莫能繼焉者也」〔註12〕，而可上溯明代安磐「漢無騷、唐無《選》、宋無律」的觀點〔註13〕。這種討論方式清楚的指出每一朝代的代表性文體，但所謂

〔註12〕見：王國維《宋元戲曲考》（台南：傳勉出版社，1975年9月），頁3。王氏之文接著也提到《四庫全書》：「獨元人之曲，爲時既近，託體稍卑，故兩朝史志與《四庫》集部，均不著錄。」

〔註13〕安磐《頤山詩話》（商務印書館，《四庫全書》本），頁1〜2。清儒李光地《榕村語錄》（商務印書館，景印文淵閣四庫全書本）所言「漢賦、漢之俗文：英華、唐之俗文：

「成就」與「代表性」是出於後人裁斷，因此不免忽略了另一個面向，也就是過往朝代時人的認知。從《四庫全書》的詞曲外於詩文而別類，就可以看出，在這些撰寫者眼中，從古到今，文學的主流一直是詩文，詞、曲並不足以與之爭勝。

這固然是因爲《總目》認爲「倚聲末技，分派詩歌，其間周、柳、蘇、辛，亦遞爭軌轍。然其得其失，不足重輕，姑附存以備一格而已」，士大夫以詩文爲正統文體而對詞曲過度貶低，但也提醒了我們：若對「唐詩、宋詞、元曲」的認知流於刻板印象，則與文體歷來的創作狀況不盡相符；以宋朝而言，作詩風氣之盛，較塡詞有過之而無不及。就今日所見，宋詩之數量遠超宋詞、甚至唐詩；詞家亦幾乎都身兼詩家身份，如蘇軾之詞成就雖高，更不過以餘力爲之。

且以詩文爲主流、視詞曲等新興文體爲無足輕重之附庸，固然未免認知保守、過執一端，但「一代有一代之文學」的觀點所蘊涵的價值判斷，亦不免執於文體代興、創作上後不如前的觀念〔註14〕。與《總目》呈現的以詩文爲主流之文學史觀兩相比較，則呈現出文學史上，一個時期的「創作最盛」之文體與「成就最高」之文體未必一致的現象；前者爲當時創作者著力最多，後者則較爲後世批評者所稱許。對文學史的認知則兩者皆不可偏廢。

三、選篇摘句批評

在歷代詩文評書籍中極爲重要的選篇摘句批評，於《總目》中幾乎毫無獨立生命。這主要是因爲《總目》基本上是書評的集合，並非文學批評性質之書，論一篇一句之工拙本非其纂修目標。各提要中針對單篇或句子的批評，乃是爲了討論一作者之成就或主要風格，爲個人批評進行時的一環；且多非《總目》自行摘出討論，而是針對前人批評再度深入探討其工拙，並議論是否足以代表所屬作者的風格、成就。如〈《常建詩》提要〉（別二）：

> 其詩自殷璠所稱外，歐陽修〈題青州山齋〉又極賞其「曲徑通幽處，禪房花木深」之句，稱「欲效其語，久不可得」案修集本作「竹徑遇幽處」，

〔註14〕即王國維所謂「後世莫能繼焉」，在其《人間詞話》類似的論點中：「四言敝而有楚辭，楚辭敝而有五言，五言敝而有七言，古詩敝而有律絕，律絕敝而有詞。蓋文體通行既久，染指遂多，自成習套。豪傑之士，亦難於其中自出新意，故遁而作他體，以自解脫。一切文體所以始盛終衰者，皆由於此。故謂文學後不如前，余未敢信。但就一體論，則此說固無以易也。」而安磐更云：「所謂無者，非眞無也；或有矣而不純、或純矣而不多，雖謂之無亦可也。」安磐之言，尤其不免明人詩學崇唐鄙宋之習。

詩餘、宋之俗文」之說亦可資印證。

> 蓋一時誤記，姚寬《西溪叢話》已辨之……然全集之中，卓然與王孟抗行者，
> 殆十之六七，不但二人所稱也。

這個例子指出，殷璠《河岳英靈集》與歐陽修所稱讚的詩作固然甚佳，但卻還不足以認識常建整體詩作的高度成就；由此可看出《總目》中之選篇摘句，與一般詩文評書籍中以品藻為主要目的不盡相同。故《總目》往往也會自行多舉數篇以加強某作者的稱譽，如〈《東皋子集》提要〉（別二）：

> 其〈醉鄉記〉為蘇軾所稱，然他文亦疏野有致。其詩惟〈野望〉一首
> 為世傳誦，然如〈石竹詠〉意境高古、〈薛記室收過莊見尋二十四韻〉氣
> 格遒健，皆能滌初唐俳偶板滯之習，置之開元天寶間，弗能別也。

《總目》以蘇軾所稱許的〈醉鄉記〉為王績之文的代表，指出其文章多具此一風格；而詩更不只廣為人知的〈野望〉一篇為佳作，即在提要中增列二篇之名，做為王績詩整體成就超越初唐詩家、甚至足以與詩歌頂峰——盛唐詩比肩的證明。

因此，這樣的選篇擇句，特別重視一作者在前人批評中已獲得的認識，所以往往是在既有的批評基礎上工作；在評價作家的同時，也對前人的批評進行了檢視，如〈《唐子西集》提要〉（別八）：

> 至於〈白鷺〉之詩「諸公有意除鈎黨，甲乙推求恐到君」，詞意淺露，
> 而《鶴林玉露》稱之，〈湖上〉詩之「佳月明作哲，好風聖之清」，墮於惡
> 趣，而《詩話類編》稱之，則舍所長而譽所短矣。

《總目》稱許唐庚「詩刻意鍛鍊而不失氣格」，形式、內涵兩全，評價頗高，但仍指責前人詩評所取詩句並不能得其詩之長處；這除了指出唐氏之詩難免有單篇數句不佳者，主要還是指責批評家的鑑賞力不足，不欲後人緣此而對唐氏之詩有所誤解。又如〈《范德機詩》提要〉（別二十）云：

> 葉子奇《草木子》載椁有與危素同晚步，得「雨止修竹閒，流螢夜深
> 至」二句……即今集中《蒼山感秋》詩也。其語清微妙遠，為詩家所稱，
> 然椁詩豪宕清道，兼擅諸勝，實不專此一格。

雖然認同前人對〈蒼山感秋詩〉的評價，但更指出范氏的創作成就並不侷限於此詩的風格。與〈《唐子西集》提要〉相比，雖對前人批評有駁斥和贊同之別，但惟恐世人會因之而對詩人整體成就認識有所偏差的態度是一致的；所以即使批評家所摘取者確為佳作，《總目》仍將其置於作者的整體創作中，再進一步衡量。如〈《山中白雲詞》提要〉指出這類情形「殆如賀鑄之稱『梅子』，偶題品題，便為佳話耳，所長實不止此也。」（詞二）換句話說，《總目》一方面認可前人的批評有表彰某作家聲名之力，一方面也擔心這種表彰會導致讀者對作家的認識偏差，使文壇佳話淪為淺

俗識見；可說考慮相當縝密周詳。

　　於是，從《總目》這些對前人詩評的指責中，可以見到選篇摘句的難處。況且如〈《運甓漫稿》提要〉（別二三）所云：

　　　　論一篇之詩，當字鍊句鍛而求之；論一家之詩，則當統觀其全局，不
　　以一二章定工拙也。

而《總目》所述，都屬於後者「論一家，當統觀其全局」的範疇，因此並不能像詩話之書，隨意擇篇取句以抒一己文學理念；提要中所選之篇、句，必須顧及以之為例，對創作者而言，是否具有代表性。

　　《總目》中還有一種可歸入選篇摘句批評的特殊現象，就是將對佚詩遺文的批評也寫入提要，如〈《錢塘集》提要〉（別六）：

　　　　（韋）驤少以詞賦知名，王安石最稱其〈借箸賦〉，而集中未見。

韋驤的〈借箸賦〉已不傳，而仍將王安石賞識此文之事載入提要，其目的並非僅是聊備一說，而在藉重要文學家之讚譽來加重作者的份量，亦可資此作者同類作品評價之參考。又如〈《宛陵集》提要〉（別六）云：

　　　　陸游《渭南集》有〈梅宛陵別集序〉，曰：「蘇翰林多不可古人，惟次
　　韻和淵明及先生二家詩而已。」案：蘇軾《和陶詩》有傳本，和梅詩則未
　　聞。然游非妄語者，必原有而今佚之。是堯臣之詩，蘇軾亦心折之矣。

甚至並非前人對某人某篇之批評，而以另一位作家的佚詩來突顯這篇提要的主角；同時借蘇軾與陶詩之名來加重「旨趣古淡，知之者希」的梅堯臣詩之份量。就《總目》評價作品整體成就的作用而言，這種以佚文為證的方式，與先前的以仍存篇章為例並無不同。

第二節　《總目》常用的文學批評方法

　　《總目》中的每一篇提要有大致的內容規定，即「凡例」第九條「每書先列作者之爵里，以論世知人，次考本書之得失，權眾說之異同，以及文字增刪，篇帙分合，皆詳為訂辨，巨細不遺。」如此的規定乃參考前人書目之書的作法，在《四庫全書》徵收書籍過程裏、實際編寫初步提要中逐漸確立。這個規定在一定程度上決定了《總目》的內容，也影響了其中的評論方法。這些方法的形成，事實上受到《四庫全書》編選標準極大影響，普遍書於各提要中，也對《總目》的批評內涵有著相當的影響。本節即對其中品評文學的主要方法作一介紹。

一、傳記以徵實

　　如上節所述，《總目》中有關文學的部份最主要的是個人批評，但個人批評並非直接論其人作品之工拙，而是以傳記批評爲主幹，再加以伸述。這固然是因爲《總目》原爲目錄之書，提要內容不能省略作者生平介紹，又因《總目》之觀念，文學作品之價值並非僅在工拙與否，更反映出《總目》「徵實」的觀點，有其理論層面的認知與要求，「凡例」第十二條云：

　　　　劉勰有言：「意翻空而易奇，詞徵實而難巧」，儒者説經、論史，其理亦然。

這裏引述《文心雕龍》的文句爲原則，指出「徵實」的精神和作法是文學、思想或史學的探討都必須具備之基礎；而一作者的生平際遇、學問人品，更爲《總目》所重視，作爲理解其創作之重要線索。雖然如此，但《總目》對於「徵實」太過、拘泥於事的做法也不表認同，如〈《離騷解》提要〉（楚辭類）云：

　　　　然詞賦之體，與敘事不同；寄託之言，與莊語不同，往往恍惚汗漫，翕張反覆，迴出於蹊徑之外，而曲終乃歸於本意。疏以訓詁，核以事實，則刻舟求劍矣！離騷之末曰：「陟升皇之赫戲兮，忽臨睨夫舊鄉。僕夫悲余馬懷兮，蜷局顧而不行」，即終之以「亂曰」云云，大意顯然，以前皆文章之波瀾也，不通觀其全篇，而句句字字，必求其人以實之，反詆古人之疏舛，是亦蘇軾所謂「作詩必此詩」也。

即指出遣詞運字、發揮想像乃是文學的特性，不應以寫實敘事、嚴肅論理加以要求，因此求一字一句合於事實的極端傳記式批評並不可取〔註15〕；事實上，這種穿鑿附會的批評方式，往往出於批評者主觀的認定，將推論與事實混爲一談，亦是另外一種型態的臆斷。不過，比起鑿空亂道、臆測之辭，兩相權衡、取其一端，《總目》仍視「徵實」爲法則之首要，〈《山帶閣註楚辭》提要〉（楚辭類）就表達了這個堅持：

　　　　雖穿鑿附會，所不能無，而徵實之談，終勝懸斷。

除了拘於史事、穿鑿附會，傳記式批評另一個常出現的弊病就是對史料知其一不知其二，用不完備的傳記進行粗糙的推論；如〈《鄭少谷集》提要〉（別二四）提出「武宗時奄豎內訌，盜賊外作」的歷史背景，反駁林貞恆《福州志》指稱鄭詩「其時非天寶、地遠拾遺，爲無病而呻吟」，不但補足前人所未考察的歷史條件，更影響到對

〔註15〕〈《杜詩攟》提要〉云：「自宋人倡『詩史』之説，而箋杜詩者，遂以劉昫、宋祁二書，據爲稿本，一字一句，務使與紀傳相符。夫忠君愛國、君子之心，感事憂時、風人之旨，杜詩所以高於諸家者，固在於是，然集中根本不過數十首耳。詠月而以爲比肅宗、詠螢而以爲比李國輔，則詩家無景物矣！謂紈袴下服比小人、謂儒冠上服比君子，則詩家無字句矣！」（別二）

一位作家創作態度的判斷、甚至對作品的解釋和讀者的觀感。而對想當然爾的率易批評，徵實之論更能作出有力辯駁，如〈《唐子西集》提要〉（別八）：

> 劉克莊《後村詩話》曰：「子西諸文皆高，不獨詩也。其出稍晚，使及坡門，當不在秦、晁之下。」《文獻通考》引劉夷叔之言，亦謂其善學東坡。今考庚與蘇軾皆眉州人，又先後謫居惠州，宜於鄉前輩多所稱述；而集中詩文，自〈聞東坡貶惠州〉一首及〈送王觀復序〉「從蘇子於湘南」一句外，餘無一字及軾，而詩中深著微詞，序中亦頗示不滿。又〈上蔡司空書〉舉近代能文之士，但稱歐陽修、尹洙、王回，而不及軾，又〈讀巢元修傳〉一篇，言蘇轍靳惜名器太甚，良以是失士心，似庚於軾、轍兄弟頗有所憾，殆負其才氣，欲起而角立爭雄，非肩步趨蘇氏者。二劉所言，未詳考也。

一般而言，同鄉之人，多半有前輩提攜後進、後學以前修為榮的情形，因此後輩受前輩影響或學習模仿的情況是很常見的，而唐庚又的確曾與蘇軾有所往還〔註16〕。劉克莊等二人抓住這點，在討論唐氏時，理所當然地都提到同樣來自眉山的前輩大文豪蘇軾；劉夷叔更認為兩人在文學寫作上有傳承關係。不過《總目》卻更進一步詳加考核，由唐庚本人的文章所述，得出與前人截然不同的結論，認為唐氏並不像前人所認為的一般推崇同鄉前輩蘇軾、蘇轍兄弟，並推論唐庚對蘇氏兄弟所抱持的是競爭意識而非學習態度；此一傳承關係的判斷差異，對了解唐氏的文學風格亦有一定的影響力。《總目》不受外緣因素、常見的「鄉曲之言」現象所惑，以個案的方式處理，可說是「徵實」精神。

　　《總目》一方面展現自己的傳記批評能力，一方面也呈現出過去傳記批評的缺失。不過，這些矯正前人評議的例子，其差異主要在史料掌握的能力上，《總目》之所以略勝一籌，主要是因為撰寫者稽核史料時較前人更周全嚴謹，亦可說是清代考據之學進步所致。然而，如此則端賴實行上的恰當與否，因此同樣無法避免下徵實不當之失、或見仁見智之虞。如〈《青山集》提要〉（別七）云：

> 《續集》七卷，晁氏、陳氏均不載，《宋史・藝文志》亦不著錄，前後無序跋……然核其詩格，確出（郭）祥正，非後人所能依託。其中紀述，頗足與史傳相參考……以此數詩，合之〈浪士歌〉之所自序，其再出一節，事蹟始備，可以補本傳之闕。惟史稱祥正以上書諛頌安石，反為安石所擠……而《續集》內有〈熙寧口號〉五首……殊不似推薦安石者；《青山

〔註16〕見強幼安記、唐庚所述《唐子西文錄》。

集》有〈奠王荊公墳〉三首……又不似見排於安石者，其是非自相矛盾。
蓋述知己之感，所以自明依附之因；刺美新法之非，所以隱報擯斥之憾。
小人褊躁，忽合忽離，往往如是，不必以前後異詞疑也。其詩好用仙佛語，
或傷拉雜，而才氣縱橫，吐言天拔。史稱其母夢李白而生……蓋因詩格相
近，從而附會。

此篇提要貶抑郭祥正之人品，曾爲胡玉縉所駁斥〔註17〕；這雖是因詩以論人，與文
學評論的關係尚未十分密切，但已可見《總目》對自身的推論太過自信，而對史事
考察與解釋思慮不免疏忽。而《總目》認爲《續集》所收爲郭氏所作無誤，則於考
證、文學批評範疇皆犯大錯。實際上，《續集》中除第一首〈浪士歌〉等少數篇章之
外，其他部份的詩雖有字句小異，都和《四庫全書》中亦有收錄的《清江三孔集》
中孔平仲的詩作相同，連編輯順序也大致一樣；錢鍾書《宋詩選註》也指出「郭祥
正《青山集》續集裏的詩篇差不多全是孔平仲的作品，後人張冠李戴，錯編進去的」
〔註18〕。而《總目》如此持論的原因只是「詩格」核對無誤，沒發現這種作法正犯
了下面自己所譏刺前人「詩格相近，從而附會」的毛病；況且，所謂「詩格」乃以
一作者所有創作爲基礎，故雖非漫無定準，仍屬印象式認知。將抽象之感知或個人
觀感，形容以具體文字，有時不免一偏之見、削足適履之嫌；再持之與另一作者相
互比較，更常有見仁見智之失。《總目》在此即是先入爲主，便指鹿爲馬，以孔平仲
詩爲郭祥正詩〔註19〕，還信誓旦旦地說「確出祥正，非後人所能依託」，這種以作
者誤判爲基礎所得的詩格判斷、並用之於作品歸屬，實是將抽象的推斷視爲具體的
事證，所犯的錯誤比前人說郭氏「疑太白是前生」的閒談性質附會更爲嚴重。而這
一切失誤的源頭，就在於《總目》不知《續集》之詩泰半出於另一位作家之手。

　　《總目》對一作者的生平有所了解後，便將其中足以影響其創作的因素一一予
以闡明；因其判斷依據史料，故曰「徵實」。然而，此法雖看似詳盡，卻不免有些漫
無目標地揣測的情狀；所作解說固然能言之成理，有時卻也不免太過順理成章、流
於想當然爾的臆斷；雖然在特定的例子中能成立，於理卻未必能使人信服。何況，
一位作者的資料是否已全面掌握，有時實存在著或然率；而對史料的解讀亦難保不
出差錯。以唐庚爲例，若《總目》沒有深入他本人的作品中，之前二劉的說法一定

〔註17〕見《四庫全書總目提要補正》卷四六，頁1289。胡氏尚且徵引《儀顧堂題跋》中論
　　　《青山集》的一段文字，則與《總目》觀點相左者不只一人。
〔註18〕見錢鍾書《宋詩選註》（臺北：書林書店，1990年9月），頁134。
〔註19〕《總目》在《清江三孔集》的提要中並沒有關於詩格的判斷或探討（見總一），因此
　　　以《總目》的標準來說，孔平仲的詩格是否和郭祥正乃至李白相近無法驗證。

被後人堅信不疑；以郭祥正爲例，若後人不指出《總目》對他的行爲解讀有偏差、未曾發現《續集》的作品幾乎皆與孔平仲相同，《總目》的看法亦會廣爲世人所接受。於是，根於史料的推論，似乎永遠存在著新證據、新解釋出現的危機，而這些不確定性，都是傳記批評在理論層面難以克服的弱點。因此，可以說，實際操作之時，《總目》或許能矯前人之失、補前人之不足，但就批評意識而言，並沒有太大的不同。

　　不過，《總目》在實際操作、尤其是資料掌握方面，的確爲許多也採傳記批評的書籍所不及，這往往得力於《總目》身爲一本目錄之書，因此當時發達的考據之學得以應用到傳記批評之上，而其實證精神、嚴謹態度正可彌補過往傳記批評的任意取材等疏略之處。

二、徵引與辯駁

　　提要中作者生平介紹的部份並非憑空立言，因此《總目》於史料本不免多所徵引。不過，此處所謂「徵引」乃是專指書中引用的前人文學評述；如果說作者介紹、傳記批評多引史料，是令自己的敘述指陳有不可辯駁的史實爲基礎，徵引前人文學評述就是吸收眾人之觀點，避免整部《總目》流於狹隘主觀的論斷。

　　以文學批評的步驟而言，《總目》中直接評價某一對象的狀況並不常見，多半會先徵引同一對象前人既有的評價。卷首「凡例」第九條中，評述歷來目錄之書，以作爲定《總目》纂修體例之參考，其中有云：

　　　　……馬端臨《經籍考》薈萃群言，較爲賅博，而兼收並列，未能貫串折衷。

由其稱許「薈萃群言」，可知這種多方徵引的作法，亦前有所承；並指出徵引前人之言不能只是羅列資料，必須加以整理貫通、取義衡量。「凡例」第二十條《總目》自云：

　　　　是書主於考訂異同，別白得失，故辯駁之文爲多。然大抵於眾說互殊
　　者，權其去取；幽光未耀者，加以表章。

既曰「辯駁之文爲多」，則被考訂、別白之引文不當較少；有所「權其去取」，則列於其前之互殊眾說尚不止其二倍之數。即使是幽光未耀、世人罕知之作者，《總目》亦多方徵引，以證明所表彰之言辭非憑空橫生別解；故書中非僅因襲舊文，而多有辯駁，因此《總目》的文學評價亦往往在「徵引」與「駁議」交替中進行。先前我們介紹「選篇擇句批評」，便已指出此一特點。而對一作家的整體成就評價也是如此，如〈《陳拾遺集》提要〉（別二）云：

　　　　唐初文章，不脫隋陳舊習，子昂始奮發自爲，追古作者，韓愈詩云：

「國朝盛文章，子昂始高蹈」，柳宗元亦謂：「張說工著述，張九齡善比興，兼備者子昂而已」，馬端臨《文獻通考》乃謂：「子昂惟詩語高妙，其文則不脫偶儷卑弱之體，韓、柳之論，不專稱其詩，皆所未喻。」今觀其集，惟諸表、序猶沿排儷之習，若論事書疏之類，實疏樸近古，韓、柳之論，未爲非也。

這段評論中，原是認同韓、柳的論點，然而《總目》並不只引二人之言以爲證，而另引與之有所歧見的馬端臨語，並再度加以駁斥，且由此細論陳子昂文章諸體之風格差異。由此可見，《總目》於古人有不同評論之處，並不只是單純陳述一己意見、或專主前人一家之言而已，而是綜合古人所述，徵之實際所見，再下斷語。雖然傳統詩文評也不免引用前人之論，但《總目》更普遍地以此「薈萃群言」、「權其去取」爲主要批評方式，且明顯地呈現其去取過程，可說比起其他詩文評著作，更重視和古人對話，而不是只專注於陳述一己意見。

又如〈《庾開封集箋註》提要〉（別一）更連續徵引五人之說：

初在南朝，與徐陵齊名，故李延壽《北史・文苑傳序》稱：「徐陵、庾信，其意淺而繁，其文匿而采，詞尚輕險，情多哀思。」王通《中說》亦曰：「徐陵、庾信，古之夸人也，其文誕。」令狐德棻作《周書》，至詆其「誇目侈於紅紫，蕩心逾於鄭衛」，斥爲詞賦之罪人；然此自指臺城應教之日，二人以宮體相高耳。至信北遷以後，閱歷既久，學問彌深，所作皆華實相扶，情文兼至。抽黃對白之中，灝氣舒卷，變化自如，則非陵之所能及矣。張說詩曰：「蘭成追宋玉，舊宅偶詞人。筆涌江山氣，文驕雲雨神」。其推挹甚至。杜甫詩曰：「庾信文章老更成，凌雲健筆意縱橫。後來嗤點流傳賦，不覺前賢畏後生。」則諸家之論，甫固不以爲然矣。

同樣是對庾信作品的評價，李延壽等三人與張說、杜甫之說完全相反。《總目》所持態度是給予正面評價的，但亦未驟然推翻前三人之論，而是分疏其所指乃庾氏創作前期，與張、杜二人所說實未衝突，並認爲杜甫稱許庾信後期作品最爲恰當。此一過程中，不但展現出《總目》所持文學評價標準，也可見其結合徵引批評與傳記批評中歷時考察之精到處，其徵引並非僅徒然襲用現成話語，亦不唯務勝於古人。

徵引的作用固然不只一項，但主要還是在於確認一作家的價值；以批評的建構而言，則是作爲佐證，用以襯托或肯定《總目》自身所作的評價。因此，猶如爲文作詩使用僻典常難以達到效果一樣，爲顧及說服力，所徵引的批評以出自大文學家或著名批評家最爲有力。然而，《總目》所收作家畢竟太多，許多罕聞作家幾乎無前人批評可徵引，因此別集之前序後跋、總集之小傳的徵引佔了相當大的比例。

　　徵引的缺點是有時不免承襲前人之錯誤，這在胡玉縉《四庫全書總目提要補正》、余嘉錫《四庫提要辨證》中都有相當多駁正；又如〈《慶湖遺老集》提要〉（別八）評賀鑄時，引二書以重其說，云：

> 《苕溪漁隱叢話》稱其以〈望夫石詩〉得名，《詩人玉屑》稱王安石賞其〈定林寺〉絕句。

後者原欲以王安石之譽來加強賀鑄詩之聲望，但錢鍾書《宋詩選註・序》指出：

> 李壁「王荊文公詩箋注」卷四十一有一首「竹裏」絕句……李壁在註解裏引了賀鑄〈題定林寺〉詩……還說王安石「見之大稱賞」，因此賀鑄「知名」，「竹裏」這首詩「頗亦似之」。評點這部註本的劉辰翁和補正這部註本的姚範、沈欽韓等也都沒有說什麼，都沒有人知道李壁上了人家的當。這首「竹裏」不是王安石所作，是僧顯忠的詩，經王安石寫在牆上的；其次，賀鑄作〈定林寺〉詩的時候，王安石已死，賀鑄也早在三年前哀悼過他了。

因此《總目》實是承襲了一個由宋至清未嘗間斷的批評訛傳。錢氏並註云：「李壁的話完全出於『王直方詩話』；胡仔『苕溪漁隱叢話』前集卷三十七引有王直方的那一節。」如此《總目》雖看似徵引二書、二事，然而《詩人玉屑》中「王安石賞〈定林寺〉」一事，其實《苕溪漁隱叢話》中亦有記載；《王直方詩話》散佚，而《漁隱叢話》作於宋高宗之時，《詩人玉屑》卻成書較晚，作於度宗之時，因此這兩件事其實只需引自《漁隱叢話》一書即可。《總目》如此作法，不知是未及發現《漁隱叢話》先載有此事？或刻意炫博而貪多？抑是欲多魏慶之一人以贊其評價？

三、溯源或比配

　　藉著說明與另一位文學家的傳承關係、同異特質，指出所要評論的對象文學創作之特色、傾向，是《總目》普遍使用的方式。如果是論之以其師承、家學，或某作者自言所學，則溯源往往根據作者生平爲言，可說是傳記式批評的進一步追索。《總目》對這方面的掌握十分重視，凡文學作者間的交遊情況，不論是父子、表親，或師承、私淑，以及表彰、唱和等，都儘量加以羅列。這種批評方式所蘊含的觀念，在〈《文氏五家詩》提要〉（總四）中有所討論：

> 徵明詩格不高，而意境自能拔俗。至彭、嘉、肇社，亦能於耳擩目染
> 之餘，力承先緒；所謂謝家子弟，雖復不端正者，亦奕奕有一種風氣也。

這裏指出文徵明的詩自有長處，而他的兒孫輩在文學環境中成長，耳濡目染、潛移

默化，多少繼承了父親的創作才能。〈典論論文〉云：「至於引氣不齊，巧拙有素，雖在父兄，不能以移子弟」，固爲正論，但《總目》重視學習環境對詩文創作的影響，亦可備一說，只是較不具必然性罷了。

統觀《總目》中此類論說，雖不免過度強調背景與創作間之關係，而忽略文學作家在學習師法時的主動性取捨，但如〈《滋溪文稿》提要〉（別二十）所云：

（蘇）天爵少從學於安熙，然熙詩文麤野不入格，天爵乃詞華淹雅，根柢深厚，蔚然稱元代作者，其波瀾意度，往往出入於歐蘇，突過其師遠甚。……蓋其文章原本，由沈潛典籍，研究掌故，而不盡受之於熙也。

由這類學生不肖師承的討論來看，《總目》雖然對追索源流相當重視，但乃是因爲肯定傳記式的批評，所以對足以解說因果原由的史料特別重視，未必是堅持這些因素對創作的影響具有必然性。

有時這種溯源的方式，也變通爲藉後人之聲顯先人之名，如〈《伐檀集》提要〉（別五）云：

宋黃庶撰……黃庭堅之父也；江西詩派奉庭堅爲初祖，而庭堅之學韓愈，實自庶倡之。其《和柳子玉十詠》中怪石一首，最爲世所傳誦，然集中古體諸詩，並戛戛自造，不蹈陳因；雖魄力不如庭堅之雄闊，運用古事，鎔鑄剪裁，亦不及庭堅之工巧，而生新矯拔，則取徑略同，先河後海，其淵源要有自也。

黃庭堅的詩歌成就，在《總目》屬於「定論久孚，無庸更贅一語者」，並未再加以評價；而其父黃庶之《伐檀集》，自宋以來，即刻附《山谷集》末行世，《總目》始析出別錄，以合「子雖齊聖，不先父食」之禮。但在評論黃庶創作成績時，仍採用家學淵源之理，看似追溯黃庭堅詩學所源，實以顯赫聲名來反襯其父詩歌之地位。

溯源的批評方式有時並沒有確實的證據，而出自批評家的判斷。這種批評方式在鍾嶸《詩品》中大量使用，如論王粲曰「其源出於李陵」、論陸機曰「其源出於陳思」……等等。《總目》對鍾嶸的批評成就多所肯定，唯獨於〈《詩品》提要〉（評一）曾疵議這種方式：

惟其論某人源出某人，若一一親見其師承者，則不免附會耳。

《總目》所不滿，在於視鍾嶸所論皆爲確有之傳承關係。然而，鍾嶸所言，多因所評論之人與所舉以爲其源出前人的創作風格或傾向相近，或可視爲用語較爲粗率，未必便是篤定所列二人間有確實的師承關係；若如此詮釋，則這種批評方式並非如《總目》所理解、字面所云的「溯源」之意，而實是採「比配」的方式進行評價。此一方式主要是依據作品風格的相近，因此，被取用以爲比配衡量的，皆是名聲顯

著、具指標意義的代表性文學人物；這位文學人物的名字，在此時猶如落實具象化的形容語彙，乃是被用來比喻另一位作家的譬況之詞；而作爲「喻體」的評價對象，便是作品被判斷與這位具指標意義文學人物的特色相近。

依《總目》對《詩品》的指責，可推論出「溯源」與「取譬」的差別，在於「比配」之法中，舉爲標準的作家與主體評價對象，並無確實的師承關係。因此，嚴格說來，「溯源」的根據是史料考察所得的師法實事，而「比配」的基礎則只是文學批評裏的風格判斷；然而，若是後者採行「比配古人」、以前人爲標準來評論後人，則與兩種批評即難以區分。因爲「取譬於古」的批評方式乃以前人所開之風格爲基礎，論與其相近之後人，並由其相似處以見其相異處，指出其間損益得失；如此作法實亦具追索其風格來源之意味，無形中已承認了後人對前人有所摹仿承襲。如〈《韋蘇州集》提要〉（別二）云：

> 五言古體，源出於陶，而鎔化於三謝；故眞而不朴，華而不綺。但以爲步趨柴桑，未爲得實；如「喬木生夏涼，流雲吐華月」，陶詩安有是格耶？

《總目》此評之著眼處，亦不過是韋應物之詩歌表現；既未實證其確有師法與否，便逕行推論韋詩同時受陶潛、三謝之影響，與鍾嶸所論如陶潛「其源出於應璩，又協左思風力」之類又何以異！如此，若仍堅持對《詩品》的責難，則是《總目》自身亦知弊而未能矯之。

然而只以風格判斷求作者之所前承，的確有不足之處。主要是因爲風格判斷不免有見仁見智之曖昧地帶，且一作者創作面貌並非總是單一，同時受多人影響並不奇怪；評論者持其所見一端而論、甚至專取主觀偏好而稱譽之事亦甚爲常見〔註20〕。如評韋應物之人，多僅以陶詩爲比配，而《總目》所指出三謝之格，論者多未談及，即是未能完整掌握韋詩全貌所致。又如〈《雲巢編》提要〉（別七）云：

> （沈）遼文章豪放奇麗，無塵俗齷齪之氣，而尤長於歌詩。王安石嘗贈以「風流謝安石，瀟灑陶淵明」之句，而安石子雱亦云「前日覽佳作，淵明知不如」，皆以柴桑格調爲比，其傾倒可謂甚至；然遼詩實主於生峭，與陶詩蹊徑，頗不相類。觀其生平屢與黃庭堅酬和，而庭堅亦稱其「能轉古語爲我家事」；知爲豫章之別派，非彭澤之支流矣。

王安石父子評沈氏之作近陶淵明，未必即是無的放矢，而是專論其中「無塵俗齷齪

〔註20〕如〈《頤菴居士集》提要〉（別十三）述陸游與楊萬里序劉應時詩，指出「蓋二人各舉其派之近己者稱之也。」

之氣」的部份。且在宋代當時，黃庭堅詩名再顯赫，在時人心目中也萬非陶詩之比，而黃氏更屬王安石之晚輩，若王氏真以黃詩比配他人，恐怕未必是稱許之言。不過，以批評而言，《總目》以兩相酬和與黃氏對沈遼之稱譽「能轉古語為我家事」近乎江西詩法二事，佐證其詩「主於生峭」之風格判斷，持以反駁王氏父子，可見實證之法確可濟風格判斷之不足。

　　不過，單以史事溯源師承，於文學批評亦往往有不足。如先前所引〈《滋溪文稿》提要〉中蘇天爵之詩與其師安熙不相類，若堅持由師承論其風格，則格格不入。又如〈《紫巖詩選》提要〉（別十八）評云：

　　　　如〈鄰叟言〉、〈母子別〉、〈路傍女〉諸篇，欲摹少陵而不免入於元白。

　　〈山中晚步〉諸篇，欲擬襄陽而不免入於錢郎。皆取法乎上，僅得其中。
于石之詩，學老杜而近元、白，學孟浩然卻似錢起；由此類學甲而反近乙的現象，可見即使一後世作家刻意摹仿前人作品，其成果亦未必能得前人之神貌。因此專求一作家之確實師法承襲，也難免先入為主，影響風格判斷的結果。何況這些學而不肖、轉益多師、個人偏好等足以影響創作面貌的因素，更非「溯源」師承所能推求；而「比配古人」則以風格來推斷一作者的師法對象，其理即為創作不可能憑空自道，亦不可能未讀前人文章而獨立創作；如此推求風格之傳承可補實徵史料所未見。

　　「比配」的批評方式，固然以「比配古人」為多，但亦有以時代相近之人為比配的，如〈《薛濤李冶詩集》提要〉（總一）評云：

　　　　冶詩以五言擅長，如〈寄校書七兄詩〉、〈送韓揆之江西詩〉、〈送閻二
　　十六赴剡縣詩〉，置之大歷十子之中，不可復辨。
藉著與同時代較著名的大歷十才子的相似，來褒揚李冶詩作的成就。這種作法除了以大歷十才子為其時之標準之外〔註21〕，亦有以受同時代風氣影響而致詩作風格近似，來強調時代特色對個人作品影響之意味。

　　此外，比較特殊的，是現象、狀況的比喻，如〈《陳檢討四六》提要〉（別二六）論述清本朝之駢文：

　　　　國朝以四六名者，初有（陳）維崧及吳綺，次則章藻功《思綺堂集》
　　亦頗見稱於世。然綺才地稍弱於維崧，藻功欲以新巧勝二家，又遁為別
　　調。譬諸明代之詩，維崧導源於庾信，氣脈雄厚，如李夢陽之學杜；綺

〔註21〕〈《錢仲文集》提要〉云：「大歷以還，詩格初變，開、寶渾厚之氣，漸遠漸漓；風
　　調相高，稍趨浮響。升降之關，十子實為之職志。起與郎士元，其稱首也。然溫秀
　　蘊藉，不失風人之旨，前輩典型，猶有存焉。」（別三）評價上毀譽半參，但確實以
　　十子為其時代表。

　　追步於李商隱，風格雅秀，如何景明之近中唐；藻功刻意雕鎪，純爲宋
　　格，則三袁、鍾、譚之流亞。平心而論，要當以維崧爲冠，徒以傳誦者
　　太廣，草擬者太眾，論者遂以膚廓爲疑，如明代之詬北地。實則才力富
　　健，風骨渾成，在諸家之中，獨不失六朝四傑之舊格，要不能以摀搉玉
　　溪，歸咎於三十六體也。

除了將陳維崧、吳綺與章藻功三人駢文特色一一以古人比配之外，更以明詩三次主
要代興中的關鍵性人物，加以第二重比擬。這種作法一來是因爲陳維崧等三人於時
間上與《總目》相距太近，尚無穩定、有力的評價可供徵引，所以譬之古人，以加
重其地位，並在比配中指出三人文章各自的特色。二來是借明代詩壇之代興來解說
清初駢文諸家之勝負；這種方式也同時寓有《總目》對文學史上「流派代興之趨勢」、
「不可以末流詬肇始」等共象的觀察與運用。

　　《四庫全書》雖寓禁於徵，但所錄書籍仍極繁多，其中不少爲世人所罕知；而
溯源師承、反推所授，比配古賢、取似時人等方式，若運用得當，正有助於讀者了
解未曾聞識之作者、書籍，達到「闡幽微顯」的目的。

四、無語之微意

　　《總目》之中有兩類文學作品並不予以評論，分別是爲「無庸優劣」、不值得
評論的劣作，與「無庸更贅一語者」、不需要評論的經典。

　　此種作法有前例可循，〈《滄螺集》提要〉（別二二）即云：

　　　　宋濂爲作〈東家子傳〉，推挹甚至。……其詩力追黃庭堅，……然才
　　力不及庭堅之富，鎔鑄陶冶亦不及庭堅之深，雖頗拔俗而未能造古。〈東
　　家子傳〉一字不及其詩，蓋有微意，非漏略也。

《總目》揣測宋濂之意，在於以其所論之「不及」見孫作詩之不佳。當然，這種作
法雖曰「不論」，只是不置優劣，仍需作出聲明，或像宋濂一樣，有佳處以爲劣者之
反襯，否則其褒貶無由得顯。

　　然而，若某書之中，佳篇甚少而劣作居多，全書不予收錄便是，所以，《總目》
中若特別如此聲明，定是此作者某一文體成就尚允，而另一體裁卻殊乏可觀。如〈《華
泉集》提要〉（別二四）言邊貢之文：

　　　　其文集亦大名魏允孚所續刊，自明以來，談藝家置而不論，今核其品，
　　　　實遠遜有韻之詞，蓋才有偏長，物不兩大。

由明以來批評家不予談論的情形推想，並求諸邊貢本人文集，作出其文遠遜其詩的

結論，且仍沿續前人批評家，對邊氏之文未予進一步具體評論。《總目》持論一向以為人各有所能與所不能，對作家僅擅一體亦不苛求，更強調即使是詩文高明大家，亦不免有低劣篇章，如：

> 劉克莊《後村詩話》稱其「歌行雄放於梅堯臣，軒昂不羈，如其為人，及蟠屈為近體，則極平夷妥帖」，其論亦允。惟稱其〈垂虹亭中秋月〉詩「佛氏解為銀色界，仙家多住月華宮」一聯，勝其「金餅」、「玉虹」之句，則殊不然；二聯同一俗格，在舜欽集中為下乘，無庸優劣也。王士禎《池北偶談》頗譏其〈及第後與同年宴李丞相宅〉詩，然宋初去唐未遠，猶沿貴重進士之餘習，亦未可以是深病之，存而不論可矣。

《《蘇學士集》提要》（別五）中，一云「無庸優劣」、再曰「存而不論」，一針對詩、一針對事，雖其間稍有不同，但有所不滿而不予置評是一致的。前者更透露出《總目》的批評態度，以選取為批評的第一步，不夠格的作品根本不必要加以討論。

與「無庸優劣」相反，代表成就之高為世人所公認的「無庸更贅一語者」，就是先前我們在個人批評中談及的「詩文大家不予討論」的特點；此法亦前有可循，如〈《唐音》提要〉（總三）言楊仲宏選詩：

> 李白、杜甫、韓愈三家皆不入選，其凡例謂三家世多有全集，故弗錄焉。

楊氏以李、杜、韓之作廣傳，不錄入選集，或亦有不敢妄選此三大家之意。《四庫全書》既以「全書」為名，當然不能不錄經典之作，於是同樣的省略作法、同等的尊崇方式便見於《總目》之中；先前所述「無庸優劣」不過為各篇提要行文中順道談及，但「無庸更贅一語者」則於卷首「凡例」特加聲明，所受重視不可同日而語，第二十條云：

> 至於馬、班之史，李、杜之詩，韓、柳、歐、蘇之文章，濂洛關閩之道學，定論久孚，無庸更贅一語者，則但論其刊刻傳寫之異同，編次增刪之始末，著是本之善否而已。

意謂經典著作只有版本問題，沒有評價問題，也正符合「無可復議者，亦不敢橫生別解」的精神。「凡例」第十一條亦云：「又如漢之賈、董，唐之李、杜、韓、柳，宋之歐、蘇、曾、王，以及韓、范、司馬諸名臣，周、程、張、朱諸道學，其書並家弦戶誦，雖村塾童豎，皆能知其為人，其爵里亦不復贅」，對生平資料亦一並省略，可見這些作者為天下人所熟知，而其作品之重要性亦不言而喻。在《四庫全書》中，集部地位頗不如經、史、子三部，但這些經典著作卻能與其他史、子二部之經典並列而論；且〈經部總敘〉曾說經書的地位價值「無所容其贊述」，雖然集部之書在當時終不能像經書一樣崇高，但同樣不需評論、不敢評論終至不加評論的態度，更顯

現出大家著作超越其他集部之書。

這種批評方式的最大缺點當然是缺少詳細解說，其「微意」不免微而不顯。「無庸優劣」的部份，《總目》本不欲多費唇舌，只要稍具國學常識，也不至於與「無庸更贅一語者」者混爲一談，因此還無甚影響，但在同屬後者最高成就的著作，就不免產生一些疑義。「凡例」所舉「李、杜之詩，韓、柳、歐、蘇之文章」，成就固無異議，但相反的「李、杜之文章，韓、柳、歐、蘇之詩」，是否具有同等份量便值得商榷。又如唐宋八大家其中數位之詩，雖有譽有毀，然成就終究不如散文般無庸置疑，但因文名甚高，則詩亦連帶不予討論。尤其「凡例」舉「濂洛關閩之道學」，道學家以說經談理得享盛名，然而《總目》亦不只於其子部諸書不加評論，連帶於其詩文集之提要中也往往未予批評。二程、張、周、朱熹皆是如此，然而邵雍《擊壤集》之提要中，評其詩之篇幅卻不短；究竟是認爲朱子等詩文勝過邵子，或以邵雍爲理學詩文之代表而不得不稍加敘論〔註22〕，其理不明。

然而，這種作法畢竟標示出文學最高經典；而在「無庸贅語」的大家面前，其他的創作者不管受到多少褒揚，也只表示出尚未成爲公認之經典。《總目》批評的主要目標在「權衡眾說」、「表彰幽微」，藉著各種批評方式，試圖指出與確認一作者之文學評價和地位；然而「無語」的作法卻顯示出，穩固的評價與地位誕生於批評已顯多餘之時，至此所有批評方法可謂無用武之地。「無語」的表達方式，也因此比其他的批評方法，更能體現《總目》「其詩果佳，則人人各足以自傳」、「不假後人之表彰」等觀念。

〔註22〕《《仁山集》提要》（別十八）云：「（金）履祥受學於王柏，柏受學於何基，基受學於黃榦，號爲得朱子之傳，其詩乃彷彿《擊壤集》，不及朱子遠甚。」雖非直接以朱、邵二人作比較，但或可見其間抑揚。邵雍爲理學詩代表，見前引《《擊壤集》提要》，《總目》中甚至直接用「擊壤（集）派」一詞，如《整菴存稿》、《小辨齋偶存》之提要（別二四、二五）。

第三章 《四庫全書總目》的文學批評標準

第一節 不僅爲文體計：《總目》的首要精神

　　《總目》中曾多次以「異教」指稱佛、道二家，而令此二家屈居此等地位的，就是書中一再標榜的儒學〔註1〕。然而，同名爲儒家，隨時代變遷而有流變，而思想內涵亦因個人、別派差異而有所不同。《總目》中所採用的儒學立場，也有自己獨特之處。

　　在有關「正」的討論中最可看出《總目》對儒學的繼承與選擇。〈《崇古文訣》提要〉（總二）云：

>　　眞德秀《文章正宗》以理爲主，如飲食惟取禦饑，菽粟之外，鼎俎烹
>　和，皆在其所棄；如衣服惟取禦寒，布帛之外，黼黻章采，皆在其所捐。
>　　持論不爲不正，而其說終不能行於天下。

《總目》雖然認爲眞德秀的觀念合於正道，但也指出文學創作與評論並不能全由儒學的觀點來衡量；〈《文章正宗》提要〉中甚且質疑這個觀點「豈非不近人情之事，終不能強行於天下歟！」不過，提要中還是兩行其義：「蓋道學之儒與文章之士各明一義，固不可得而強同」（總二）不至於完全抹殺文學評價的藝術性與獨特性。

　　不過，這些論述中還是指稱理學家「以理論文」的觀點「持論爲正」；如〈《楳埜集》提要〉亦評眞德秀弟子徐元杰持論云：

〔註1〕如〈《擊壤集》提要〉：「邵子抱道自高，蓋亦顏子陋巷之志，而黃冠者流以其先天之
　　　學出於華山道士陳摶，又恬淡自怡，厓似黃老，遂以是集編入《道藏・太元部》賤
　　　字、禮字二號中，殊爲誕妄、今併附辨於此，使異教無得牽附焉。」（別六）可說以
　　　儒學爲「正教」。

> ……或不免過泥古義，稍涉拘迂，然不可謂之不軌於正也……蓋眞氏
> 《文章正宗》持論如是，元杰亦篤守其師說云。（別十七）

可見《總目》中所謂「正」與「迂」的關係，並非存有一線之隔的差別，而是兩者頗有重疊交集之處，而《總目》所取者，乃是以「不迂之正」爲首要。然而這也正顯示出《總目》雖崇奉儒學，卻並非以儒學之「正」爲其立論所要求的目標。像此處所見，令《總目》對儒學思想做出修正取捨、或另行詮釋的指標，在書中地位實更凌駕在儒學思想之上；此一指標究竟爲何呢？

〈《鐵廬集》提要〉（別二六）云：

> ……國朝立教，在於敦倫紀、礪名節、正人心、厚風俗；固不與操觚
> 之士論文采之優劣，亦不與講學之儒爭議論之醇疵也。

儒者議論雖醇而不必盡守、國朝立教即疵卻持之有故；肯定儒者言論的完備與理想，但並不力主全按理想而爲。在文學的領域亦如是，即使文學家對藝術性的要求臻於完美，也非《總目》所最重視。由此可見，《總目》中眞正的最高宗旨需於思想、文學範疇之外尋；而關鍵當在此處所謂「國朝立教」以及先前引文中《總目》指出理學家之文藝觀「不近人情」、「不能行於天下」等文句。兩者一從正面立論、一以反駁爲言，由後者可知《總目》欲達到論點能「近於人情、行於天下」，所以在文學的範疇必得捨理學家之「正論」，而向歷來文學家較爲人能接受的論點借鑑；在此現象中顯示出《總目》雖奉儒家思想爲正宗精神指標，立論所持態度卻會視現實情況而做出調整修訂，如〈《洹詞》提要〉中讚許其「無儒生迂闊之習」的明代崔銑論政之文，即是著眼於崔氏立論能「準今酌古」（別二四）；而這正與「國朝立教不爭議論醇疵」之義相銜互補。不過，面對文學家就文學論文學的偏重藝術性觀點，《總目》又得以文學審美之外的諸般考量做出取捨修訂。這都指出了《總目》以諸般現實爲首要考量，不欲在理論層面空泛討論，也就是隨事立言更重持論醇正與否的態度。

從《總目》的這番取捨，可知編撰者對思想、文藝學術之分界認知頗深，但這不免與現實有所衝突，於是《總目》捨棄了學術而遷就現實。而這些可總括以所謂「國朝立教」一詞的現實法則，既出自政府訂定，大致難免沾染當權者要求、不脫官方論調，亦往往以維持政局安定者爲首要。〈集部總敘〉云：

> 大抵門戶構爭之見，莫甚於講學，而論文次之。講學聚黨分朋，往往
> 禍延宗社；操觚之士，筆舌相攻，則未有亂及國事者。蓋講學者必辨是非，
> 辨是非必及時政，其事與權勢相連，故其患大。文人詞翰，所爭者名譽而
> 已，與朝廷無預，故其患小也。然如艾南英以排斥王、李之故，至以嚴嵩
> 爲察相，而以殺楊繼盛爲稍過當，豈其捫心清夜，果自謂然？亦朋黨既分，

　　勢不兩立，故決裂名教而不辭耳。至錢謙益《列朝詩集》，更顛倒賢姦，
　　彝良泯絕，其貽害人心風俗者，又豈尠哉！今掃除畛域，一準至公，明以
　　來諸派之中，各取其所長，而不回護其所短。蓋有世道之防焉，不僅爲文
　　體計也。

在作爲集部綱領的這篇文辭，《總目》殷殷取鑑的竟是前朝講學攻訐、門派傾軋等亂象。文中雖詳加細分儒者與文士之違害程度有大小之別，但用意實爲避免文學集團也形成與和思想流派一樣的黨禍政爭，於是將對「儒以文亂法」的恐懼心理和其預防措施延伸至文學範疇，希望文藝項目之爭不致擴大、變質，以免影響政局的穩定。

　　同樣在〈集部總敘〉中，對所收五類書籍的源流皆曾略作說明。但在論及詩文評一類時，除了首句「詩文評之作，著於齊、梁」，之後所云：「觀同一八病四聲也，鍾嶸以求譽不遂，巧致譏排；劉勰以知遇獨深，繼爲推闡。詞場恩怨，互古如斯。冷齋曲附乎豫章，石林隱排乎元祐，黨人餘釁，報及文章，又其已事矣。固宜別白存之，各核其實」，亦與詩文評本身沿革變異全無關聯，反而盡是對歷來文人詞士間譏排曲附情事的指責與告誡。

　　將「蓋有世道之防焉，不僅爲文體計也」的考量，開宗明義寫入作爲集部綱領的〈總敘〉，正足見《總目》中文學批評的考量立場不是單依文藝觀念爲言，甚且並非批評標準無形中受到政治羈約、或寓禁於徵地隱藏著政治目的，而是一開始就挑明以政治目的爲發言主旨；世道維繫，雖不能盡離儒學而言，但亦不必惟儒學是從，而與政治目的考量比較，終究是以較現實的後者爲主。

　　政治予人的印象往往是權力鬥爭、高壓統治、文字獄、一言堂、思想箝制……等，對文化學術討論的影響均屬負面；因此在討論學術領域之事時，部份學者傾向將之淡化或除排於討論之外，以求研究純粹爲學術文化層面探討。但受政治影響的並非只有寓禁於徵等破壞性的作爲，而是更廣泛的；如維持政局的安定，則舉國皆蒙其利，只是不免摻入上位者單方面杜絕臣民論及國事是非的私心。不論如何，政治的考量與學術文化思維在《總目》中是同等重要且明確的，並不能擅自區分割裂，部份書中採取的措施似是有其學術根柢，但並不盡出自學術文化考量，想在《總目》中排除政治制約僅討論學術文化的內涵實不可能；因此許多合理的做法也出自政治考量，研究者沒有理由忽略而不予揭示。正視書中政治考量，有助我們對《總目》諸多措施及思想觀念的深入認識，而不僅局限於對學術影響的認知。如前述〈集部總敘〉對講學儒者頗見反感、《《鐵廬集》提要》重實用而輕談理，卷首「凡例」第十四條亦云：

　　聖賢之學，主於明體以達用，凡不可見諸實事者，皆屬巵言，儒生著

書，務爲高論，陰陽太極，累牘連篇，斯已不切人事矣。至於論九河則欲
修禹跡，考六典則欲復周官，封建井田，動稱三代，而不揆時勢之不可行。
至黃諫之流，欲使天下筆札，皆改篆體；顧炎武之流，欲使天下言語，皆
作古音，迂謬抑更甚焉。又如明之曲士，人喜言兵，《二麓正議》欲掘坑
藏錐以刺敵，《武備新書》欲雕木爲虎以臨陣，陳禹謨至欲使九邊將士，
人人皆讀《左傳》。凡斯之類，並闢其異說，黜彼空言，庶讀者知致遠經
方，務求爲有用之學。

這些反對空談玄理高論、主於實用之學等精神，若僅以學術思想傾向進行探討，得
出結論即爲：在宋學、漢學之爭中，《總目》乃傾向漢學者；並進而認定爲某位參與
撰寫提要的館臣思想傾向爲重漢輕宋。

然而，實用精神與先前所述「國朝立教不爭議論之醇疵」一脈相承，更在乾隆
三十七年正月初四日清高宗第一道關於《四庫全書》的徵書諭旨之中已特別指示：

其歷代流傳舊書，有闡明性學治法，關繫世道人心者，自當首先
購覓。至若發揮傳注，考覈典章，旁暨九流百家之言，有裨實用者，亦
應備爲甄擇。

高宗之意，「闡明性學」之書固然應當重視，而有裨實用者亦不必專主儒學；於此《總
目》中力主實用之學、指稱部份宋、明儒者之言爲「稍涉拘迂，然不可謂之不軌於
正」等觀點都可見其端倪。

而輕視講學一事，在書中更非僅針對宋、明儒者；即使唐人有類似行爲，《總
目》亦頗加詆排。如《《東皋子集》提要》便評王績：「爲王通之弟，而志趣高雅，
不隨通聚徒講學、獻策干進，其人品亦不可及矣。」（別二）而《《中說》提要》甚
且斥責王通：「後來聚徒講學，釀爲朋黨，以至禍延宗社者，通實爲之先驅。」（子
部‧儒家類一）可見所病者並非宋明講學家之思想傾向，而是聚朋糾黨爲亂及國政
之始。《總目》卷首「凡例」第十五條云：

自南宋至明，凡說經講學論文，皆各立門戶，大抵數名人爲之主，而
依草附木者囂然助之。朋黨一分，千秋吳越，漸流漸遠，并其本師之宗旨
亦失其傳，而釁隙相尋，操戈不已，名爲爭是非，而實則爭勝負也。人心
世道之憂，莫甚於斯。伏讀御題朱弁《曲洧舊聞》「致遺憾於洛黨」，又御
題顧憲成《涇皋藏稿》「示炯戒於東林」，誠洞鑒情僞之至論也。我國家文
教昌明，崇眞黜僞，翔陽赫耀，陰翳潛消，已盡滌前朝之敝俗，然防微杜
漸，不能不慮遠思深，故甄別遺編，皆一本至公，剷除畛域，以預消芽蘖
菜之萌。至詩社之標榜聲名，地志之矜誇人物，浮辭塗飾，不盡可憑，亦

併詳爲考訂，務核其眞，庶幾公道大彰，俾尚論者知所勸戒。

所述原由如「預消朋黨儷隙爭勝」、「一本至公，劃除畛域」等，皆爲《總目》一貫所持之言論；而由學閥門戶進一步連及詩文派別，亦爲前引〈集部總敍〉所承。可見在《總目》中此種觀點乃始自當朝皇帝清高宗御題文字。而且，高宗並不是至修《四庫全書》時方造此論、此論亦非僅於《總目》一書之中闡揚，而是態度一向如此。

在文學領域中，如〈《梅花字字香》提要〉（別二十）論南宋詠梅風氣之盛云：
> 江湖詩人無論愛梅與否，無不借梅以自重，凡別號及齋館之名，多帶
> 「梅」字，以求附於雅人。……此倡彼和，沓雜不休，名則耐冷之交，實
> 類附炎之局矣。

譏刺詩人詠梅「名則耐冷之交，實類附炎之局」的表裏不一，與指責儒者「名爲爭是非，而實則爭勝負」之名實不符，如出一轍。又如〈《牒草》提要〉（別存七）云：
> 有明中葉以後，山人墨客，標榜成風。稍能書畫詩文者，下則廁食客
> 之班，上則飾隱君之號，借士大夫以爲利，士大夫亦借以爲名。

由此更可知《總目》乃對朋黨集團的相互標榜、排擠行爲俱有不滿，並非僅限於講學之門戶。

所以，在研究思想的學者眼中，將《總目》所批判的「講學之儒」視爲「宋學」；但在考察政治環境學者的眼中，「講學之儒」所指的首要意義未必是思想主張傾向，而是對滿清入主中原不以爲然而攻擊清廷的講學之人。清初講學諸家中，不少乃是以明代遺民自居，而其所言對清朝最爲不利者，當屬「華夷之辨」等議題；雖然在大興文字獄的同時，清朝皇室也發展出「夷狄之有君，即爲聖賢之流；諸夏之亡君，即爲禽獸之流」等解套之詞，但未必能爲天下人所接受〔註2〕，因此反不如提倡「不與講學之儒爭議論之醇疵」容易迴避、消解這類質疑，而以實際政績來贏得民心。而上溯明末，講學門派亦與黨爭不脫關係；因此《總目》力陳「講學亂及國政」，與對明朝文學家、文學風氣的貶抑，同樣不免存著藉攻擊前代以宣揚本朝政局安定、

〔註2〕語出《大義覺迷錄》（臺北：文海出版社，1969年）；收錄清世宗針對曾靜、呂留良案所下聖諭及相關資料，意圖在理論上打擊反清思想。世宗利用《書經》「皇上無親，惟德是輔」的論點，將清朝據有天下的事實解釋爲順天應人的情勢，並將孔子「夷狄之有君，不如諸夏之亡也」引申爲「是夷狄之有君，即爲聖賢之流；諸夏之亡君，即爲禽獸之流」，以儒學的思想邏輯來證明清朝的正統地位，試圖削弱同樣以儒學爲基礎的反清「華夷之辨」思想之影響力。此書原先頒行天下，並赦免部分被捕之人以爲之宣傳；然至乾隆朝下令禁燬，世宗所赦之人亦遭處死。參考：萬依等著，《清代宮廷史》（沈陽：遼寧人民出版社，1990年3月），頁198～203、232～233。

學術步上正軌之心；故云「我國家文教昌明，崇眞黜僞，翔陽赫燿，陰翳潛消，已盡滌前朝之敝俗，然防微杜漸，不能不慮遠思深」。《總目》承自清高宗的排斥講學心態，主要用意非儒學門戶的崇漢抑宋，而是兼顧預防重蹈覆轍、杜絕排滿言論、攻擊明朝政局；就算撰寫臣子的思想有崇漢抑宋的傾向，在《總目》中也不過是依附在皇帝排斥講學論點之下進一步借題發揮，只是引申而非原由。

我們並不需刻意去否認漢學風氣對《總目》可能有著影響，但政治局勢、統治思維與學術走向其實本來就難免交互影響，因此《總目》中的觀點亦並非單方面受館臣學術思維影響，有時實是館臣將某一出自政治考量的措施或標準賦予儒學意義。所以書中有不少學者觀之首先會聯想到漢學、經世致用風氣的主張，其實未必是館臣中飽學之士學術理念的意見，而是首先出自政治思維；這些主張固然與漢學之傾向相呼應，但實不待漢學而後出。

觀乎《總目》中「雖正而實迂」等論調，可知《總目》取徑並不以儒學之「正」爲第一義，雖尊崇儒學，卻也不是要在文學中貫徹道統或表彰儒學。在諸家思想之中，儒學固然爲首要取法指標，但《總目》實際上在一開始便已先轉化、甚至改造了儒學的內涵；就像「溫柔敦厚」的詩教，在文學家而言，乃出乎創作之含蓄美感的要求，但對統治者而言，則是要使反對、諷刺言論的殺傷力較爲溫和，在其中排除對政局有負面影響的因素及政治取向指導限定了儒學的取向和詮釋。縱然其傾向近於漢學，主要也是出自政治取向之要求，而未必是學術的走向影響；因此《總目》中思想的首要來源，與其說是儒學，不如說是政治的考量。

第二節　文如其人：文采之外的文學批評標準

《總目》之中，用來評價集部書籍的標準相當多元。在本文的緒論中，曾指出經、史、子三部的評論標準對集部諸提要有著相當的影響力；而〈集部總敘〉「蓋有世道之防焉，不僅爲文體計也」的宣言，更表明：即使在「文體」最受重視的集部中，也未必以之爲首要考量。

從《總目》慣用傳記批評手法，我們可以看出，一位作者的生平事蹟，也是其評論文學作品的重要參考依據。〈《佩韋齋文集》提要〉即云：

> 蓋文章一道，關乎學術、性情，詩品、文品之高下，往往多隨其人品，此集亦其一徵矣。（別十八）

由其語氣觀之，乃以「文品、詩品關乎人品、學術、性情」爲假設，而以這些實例來求證，進而將「文品關乎人品等」視爲驗證成功的通則。

一、文章關乎人品

「文章關乎人品」的觀點在《總目》中時時可見，如〈《劉清惠集》提要〉（別二四）云：

> 朱鳳翔爲序……至稱其「標格高入雲霄，胸中無一毫芥蒂，故所發皆盎然天趣，讀之足消鄙吝」，則得其實矣！是亦文章關乎人品之驗也。

這篇提要先稽核《劉清惠集》作者劉麟的生平事蹟，譽爲「始終介介自立者」，然後引朱鳳翔爲其詩文集所作序的評語，並如同前引〈《佩韋齋文集》提要〉一般，將朱氏對劉氏的稱道用來印證所謂「文章關乎人品」的通則。

對於這個「通則」，《總目》並沒有多加闡論，僅如《西邨詩集》之提要，論其作者朱朴在明七子主持詩壇時不乞冀名流標榜，評云：

> 朴獨閉戶苦吟，不假借噓枯吹生之力，其人品已高，其詩品苕苕物表，固亦理之自然矣。（別二五）

《常建詩》之提要亦稱許常氏不因緣攀附以博一時之譽，而曰：「其人品如是，則詩品之高，固其所矣！」（別二）不管「理之自然」、「固其所」，都指稱人品與詩品的高低成正比，視此情形爲理所當然。

不過，我們不難看出，這種評價方式是建立在對作者生平的瞭解之上，如《張莊僖文集》之提要評其作者張永明即云：

> 其文平實質樸，不尚雕華，而多有用之言……其風節有足多者，則發爲文章，固與無物之言異矣！

所謂「有用之言」與「無物之言」的差異，《總目》將之視爲作者的生平事蹟顯示其人品格、影響了其人創作。猶如本文先前所曾指出的，集部的批評也往往採用經、史、子三部的評論標準，在人格與文章的關係方面，則是將人物褒貶臧否，延伸至文學領域，二者混而爲一。《總目》持論一向是前賢風節「不藉文章以傳」，而將表彰人品的工作歸諸史冊〔註3〕，但如〈《古靈集》提要〉云：

> ……國史本傳亦並削不書，微是集之存，幾無以見其心術之公也。集內有《代賀明堂禮成表》三篇，一爲崇國夫人等，一爲內省宮正以下，一爲修儀婉容等，並有批答三篇，亦載集內，蓋當日率由舊典，體例如斯，固與江總《代陳六宮謝表》等於狎客者，其事不同，其詞氣嚴重亦非江表

〔註3〕如〈《于忠肅集》提要〉云：「其大節炳垂竹帛，本不藉文字以傳……」人格不藉文章以傳，又如〈《彭惠安集》提要〉云：「韶之風節，雖不藉文章以傳……」（別二三）表彰賢人之功能歸諸史冊，〈《青霞集》提要〉亦云：「至（沈）鍊之事蹟，彰彰史冊，日月爭光，不假後人之表章。」（別二五）

輕豔之比，則人品邪正之殊也。(別五)

在此可見《總目》乃以《古靈集》內容補史之闕文，而成為判斷其作者陳襄人品的憑藉，並將所得人品評價進一步施於文學批評。《靜春堂集》之提要評其作者袁易云：

> 有元作者，綺縟居多，易詩雖所傳無幾，而風骨道上，固足以高步一
> 時。龔璛等所作集序墨蹟，至明正統中尚存；吳訥題其卷末，深致向往，
> 蓋其人品、詩品均有動人遐想者矣！(別二十)

將人品、詩品二者並列而予以平等地位，卻不申述為詩品乃受人品影響，然而如此並無不妥之處；可見詩品、文品與人品之間並不一定必然相關。至〈《東洲初稿》提要〉(別二四)評云：

> (夏)良勝兩以直諫謫，風節凜然，其詩文無意求工，而皆嶽嶽有直
> 氣，雖不以詞藻著名，要非雕章繪句之士所可同日語也。

強調夏氏不以詞藻著名，更有將風節與文采相互比較的意味，而《總目》評述中重人格而輕文采的態度顯然可見。事實上，《總目》中「文以人重」——人品抬高其創作評價——的情形並不少見﹝註4﹞；以此類案例看來，人品即未必定能形諸文品。所謂「文章關乎人品」，亦不過特別將那些「文副其人」的案例在論述文字間予以層次提升、視為「通則」，有意無意地忽略了相反的事例。

文學史上人品不佳而詩文創作頗有可觀者的案例亦非罕見，比起「文以人重」的事例，更直接挑戰「文品關乎人品」的論調。如〈《懷麓堂集》提要〉(別二三)云：

> (李)東陽依阿劉瑾，人品、事業均無足深論，其文章則究為明代一大宗。

雖未明指李東陽文品如何，但既承認其為明代一大宗，又譽其詩文成就曰：「何、李如齊桓、晉文，功烈震天下，而霸氣終存。東陽如衰周弱魯，力不足禦強橫，而典章文物，尚有先王之遺風。彌後來雄偉奇傑之才，終不能擠而廢之」，則對其文品當不至過於低貶。又如《浮溪集》提要(別九)論其作者汪藻更明白指出：

> 惟楊萬里《誠齋詩話》紀藻與李綱不叶，其草綱罷相制詞，至比之
> 驪兜少正卯，頗為清議所譏；是又名節心術之事，與文章之工拙，別為
> 一論者矣。

﹝註4﹞如〈《仰節堂集》提要〉云：「……于汴之詩文，亦在理學、舉業之間，或似語錄、或似八比，蓋平生制行高潔，立朝風節凜然，震耀一時，遠者大者，志固有在，原不以筆札見長，(馮)從吾〈序〉所謂『非沾沾以文章名家者』，為得其實；觀是集者，謂之文以人重可矣！」(別二五)明顯是文不如其人。另外可參考《倪文貞集》、《忠貞集》之提要(別二五)。

汪藻詩、文俱可觀，提要中甚至稱譽「其代言之文，皆明白洞達，曲常情事，詔令所被，無不悽憤激發，天下傳誦，以比陸贄，說者謂其作得體，足以感動人心，實為詞令之極」，更非徒以詞采眩人之作；其詩作「燕子年年入戶飛，向人無是亦無非」、「西窗一雨無人見，展盡芭蕉數尺心」亦往往頗有高致，而與其行徑全然不同。

《忠肅集》提要）（別八）云：

> 周必大〈序〉稱「文務體要，詞約而理盡，詩尤溫純該貫，閒作次韻，愈多而愈工」，史亦稱其文「溫麗有體裁」。今觀其詩，古體學韓不成，近體亦乏深致。文皆表啟儷偶之詞，不出當時應酬之格，而請東封、頌西封以及青詞、疏文、祝文，尤宣、政閒道教盛行，隨俗所作，皆不足為典要；必大所云，蓋曲徇其孫之請，而史又沿必大之文。然（傅）察使不辱命，抗節隕身，人品可傳，則文章亦重，必大所序，在談藝為曲筆，以名教論之，雖謂之直道可矣！

周必大對傅察的評價，即近似《總目》中「文以人重」的觀點，因傅氏人品可傳而亟稱其詩文。而《總目》在此將「談藝」與「名教」作出區別，則將文學評價與人格褒貶的差異詳加辨明；然而其結論仍以「名教」為先。由此可見《總目》雖能區分人格褒貶與文學評價的差異，但實際批評上直接將「名教」涉入「談藝」，並不力求兩者區別的態度。

二、文章關乎性情

與「文品關乎人品」論點相近的是「文章關乎性情」。如《青村遺稿》之提要（別二一）評其作者金涓云：

> 涓於宋濂、王禕為同學；禕贈涓詩有「惜哉承平世，遺此磊落姿」句，頗嗟其沈晦，而涓〈送李子威之金陵〉詩云：「若見潛溪宋夫子，勿云江漢有扁舟」，乃深慮其薦達，志趣頗高。然其詩則不出江湖舊派，摹寫山林，篇篇一律，殊未為超詣。……特以託意蕭閒，不待矯語清高，自無俗韻，又恬於仕宦，疏散寡營，亦無所怨尤，故品格終在江湖詩上耳。詩道關乎性情，此亦一證矣。

文中以對金涓的稱譽為例，印證被視為通則的「文章關乎性情」；其方式、態度與先前所引倡言「文品關乎人品」的〈劉清惠集〉提要等篇如出一轍。且言金氏詩藝術成就不出江湖舊派，卻又稱詩之品格在江湖詩之上，則此篇提要實同時亦採以人品論其詩品之法；而人品之判斷乃是根據所引之交游史事、詩歌酬酢。足見《總目》

中所言之「性情」和「人品」關係密切。

〈《橫塘集》提要〉云:「詩本性情,義存比興,固不必定爲濂洛風雅之派,而後謂之正人也。」(別九)〈《葦航漫遊稿》提要〉亦曰:「然吟詠既繁,性情各見,洪纖俱響,正變兼陳;苟非淫慝之音,即不在放斥之列。」(別十八)與關乎是非大義的人品不同的是,不值得稱讚的性情有時在文章創作時反而能發揮正面效果,如《龍川文集》評其作者陳亮(別十五)云:

> 亮與朱子友善……持論乃與朱子相左。……其負氣傲睨,雖以朱子之盛名,天下莫不攀附,亦未嘗委曲附和矣!今觀集中所載,大抵議論之文爲多,其才辨縱橫,不可控勒,似天下無足當其意者;使其得志,未必不如趙括、馬謖,狂躁僨轅。但就其文而論,則所謂「開拓萬古之心胸、推倒一時之豪傑」者,殆非盡妄。

陳亮負氣傲睨,《總目》推測其人若得志,極可能躁進誤事,這決非值得稱許的性情;但發揮在文章之中,則才辨縱橫、氣概非凡。《總目》指稱人品高低、風節有無對文章有著確實影響,可說是在道德勸說的意義上,作者的人格被視爲藝術感染力之源頭;並同時從讀者「讀其文如見其人」的角度,指出人品、性情藉由文章傳達的藝術感染力。而因人而異的獨特性情,更將對前賢的深致嚮往進一步鮮明地形象化,而不像是非曲直判斷總是黑白分明、大同小異;因此性情雖與人品相關,但較人品更能論及與創作藝術特色的關聯之處。又如〈《甫田集》提要〉(別二五)中比較文徵明與沈周之詩:

> 徵明與沈周皆以書畫名,亦並能詩。周詩揮灑淋漓,但自寫其天趣,如雲容水態,不可限以方圓。徵明詩則雅飭之中,時饒逸韻。朱彝尊《靜志居詩話》記其告何良俊之言曰:「吾少年學詩從陸放翁入,故格調卑弱,不若諸君皆唐音也。」此所謂如魚飲水,冷煖自知,皎然不誣其本志。然周天懷坦易,其畫雄深而蒼莽,詩格如之;徵明秉志雅潔,其畫細潤而蕭灑,詩格亦如之。要亦各肖其性情,不盡由於所傚效也。

兼顧學習模仿與性情特色,而學習模仿對象之選取,亦往往從其性之所近;足見作者之性情於創作之影響。

性情在詩文中的自然流露被視爲正面的;在〈《御選唐宋詩醇》提要〉中論及杜甫時,即以杜詩「性情眞摯」與李白詩「才華超妙」並列爲唐人第一。又如〈《東田遺稿》提要〉(別二四)云:

> 而羽之澹靜峭直,又出天性;雖其博大富健,不及李東陽諸人,排禀鉅麗,亦不及李夢陽諸人,而不爲舊調之膚廓,亦不爲新聲之塗飾,肖心

而出，務達所見而止，在諸作者中，亦可以自爲一隊矣！

張羽詩文的藝術特徵雖頗不及茶陵詩派與七子鮮明，但保持自我性情的特色而不染二派之弊病，《總目》認爲此種清流在重視摹倣或強調飾詞的文學風氣中尤其值得稱許；又如〈《海岱會集》提要〉亦云：

> 蓋山閒林下，自適性情，不復以文壇名譽爲事，故不隨風氣爲轉移。

《總目》持論，以爲風氣移人，有不可抗力者，「非作者所能自主」，然而自抒性情之人則獨能脫出俗習所囿〔註5〕。

然而，肯定「自抒性情」的態度實亦反映出詩文未必與性情相似；如果沒有矯飾而致性情不顯於詩文的作家，又何必對性情自然流露的作者特別稱許呢？《兩溪文集》之提要即言其作者劉球「是其剛毅之氣，互生死而不可磨滅；今觀其文，乃多和平溫雅，殊不類其爲人」，以其文不似其人而稱奇，不過尚以劉氏之剛毅「其殆義理之勇，非氣質用事者歟！」（別二三）作出解釋。又如〈《珠玉詞》提要〉亦指出：「（晏）殊賦性剛峻，而詞語特婉麗。」《南湖集》之提要更明言其作者張鎡「有忍鷙之才，而心術未爲純正」、「極意奢華，亦未免過於豪縱」，然而對於其詩：

> 評其格律，大都清新獨造，於蕭散之中，時見雋永之趣，以視嘈雜者
> 流，可謂翛然自遠，詩固有不似其人者，鎡之謂歟！（別十三）

此「固有」情形，可說破壞了先前所引「已證」的「文章關乎性情」通則。在《清獻集》之提要評其作者趙抃云：

> 其劾陳執中、王拱辰疏皆七八上，可以知其伉直。而宋庠、范鎮亦皆
> 見之彈章；古所稱「群而不黨」，抃庶幾焉。其詩諧婉多姿，不類其爲人；
> 王士禎《居易錄》稱其五言律中〈暖風〉一首、〈芳草〉一首、〈杜鵑〉一
> 首、〈寒食〉一首、〈觀水〉一首，謂「數詩掩卷讀之，豈復知鐵面者所爲？」
> 案皮日休〈桃花賦序〉稱宋廣平鐵心石腸，而所作〈梅花賦〉輕便富豔，
> 得南朝徐庾體；抃之詩情，殆亦是類矣！（別五）

更引皮日休與王士禎相近的評語爲此處所言「詩不類其人」的情形作佐證。試觀《野古集》之提要評其作者龔詡詩作云：

> 要其性情深摯，直抒胸臆，律以選聲配色、彫章琢句，誠不能與文士
> 爭工；律以綱常名教之旨，則不合於風人者尟矣！（別二三）

先前所引〈《忠肅集》提要〉將「談藝」與「名教」分別而論，此段文字亦將評價區分爲文采與「名教」兩個層面，而性情乃近於後者；由此可知：性情不但與人品相

〔註5〕又如：〈《蘇門集》提要〉「其詩初受知於李夢陽，然擺脫窠臼，自抒性情」。（別二五）

關，亦如同人品一般，與藝術層面終究有所差別；性情對創作的影響也非「文章關乎性情」所言一般，兩者間實未存在必然關聯。

三、文章如其學問

　　學問在詩文創作中的作用，較容易引人注意的是內涵思想方面；不過，《總目》討論作者之學問對其創作的影響，則同時兼及詞采的表現方式。如《升菴集》之提要（別二五）評其作者楊慎云：

> 慎以博洽冠一時，其詩含吐六朝，於明代獨立門戶；文雖不及其詩，然猶存古法，賢於李、何諸家窒塞艱澀、不可句讀者。蓋多見古書，薰蒸沈浸，吐屬自無鄙語，譬諸世祿之家，天然無寒儉之氣矣！

此處所言，並非指楊慎之學問博洽而致其詩文內涵豐富，而是指楊氏廣讀古書，因此深受影響而行文猶存古法、用語亦多典雅，評論主要針對楊慎作品形式表現方面的優點。所謂耳濡目染、潛移默化，《總目》認為這與周遭環境對個人風采的影響效果是一樣深遠的〔註6〕；而舉李夢陽、何景明等作為比較，更可知學養浸潤與刻意摹仿之不同。

　　除了所讀典籍影響到文章內涵，文章的行文方式時亦會反映執筆者的思辨模式；若一作者的學問自成一家，則文章亦往往自成一格，如《白沙集》之提要（別二三）論其作者陳獻章云：

> 史稱獻章之學，以靜為主，其教學者但令端坐澄心，於靜中養出端倪，頗近於禪，至今毀譽參半。其詩文偶然有合，或高妙不可思議；偶然率意，或出麤野不可嚮邇，至今毀譽亦參半。……蓋以高明絕異之姿，而又加以靜悟之力，如宗門老衲，空諸障翳，心境虛明，隨處圓通，辨才無礙；有時俚詞鄙語，衝口而談，有時妙義微言，應機而發。其見於文章者，亦仍如其學問而已。

《總目》對心學並不甚認同，以書中被視為「外教」的佛學比擬陳白沙，未必全為正面肯定之意，因此將同樣的觀感用於評價陳氏文章，亦是毀譽參半。此處言「見於文章者，亦仍如其學問」，則提及陳獻章之學問，不只空泛地言明有根柢之學對文

〔註6〕這裏以「譬諸世祿之家，天然無寒儉之氣」來說明長時間親近古籍對創作無形中的正面影響。但此語原本應指家境、環境對個人氣質的影響，與所謂「謝家子弟，雖復不端正者，亦自有一種風氣也」緣自「藉文雅交游之盛，耳濡目染，都無俗事」之故其理為一；參考《貞元子詩草》提要）（別存七）、《文氏五家詩》提要）（總四）等。

章的影響，而是觀察到治學的方式也影響到文章的用詞、風格；也就是學問的影響不限於內涵，也及於表現方式等藝術層面。事實上，學問授受必通過語言文字表達敘述，詩文創作也不能與學術思維截然劃分，「文章如其學問」並非奇事。這種觀點的基本道理其實也是「文如其人」；只是文如其人多半是指作者的品格、性情，而《總目》則兼及作者的思維方式。如此說來，理學家文多體雜語錄、詩如押韻講義〔註7〕，除了刻意捨文求質的觀念，亦是日常所習染之故。

　　當然，作者的學問對文章創作的影響更受重視還在充實內涵方面，〈《庾開封集箋註》提要〉（別一）論庾信：

　　　　令狐德棻作《周書》，至詆其「誇目侈於紅紫，蕩心逾於鄭衛」，斥爲

　　　詞賦之罪人；然此自指臺城應教之日，二人以宮體相高耳。至信北遷以後，

　　　閱歷既久，學問彌深，所作皆華實相扶，情文兼至。

談到庾信前後期的文風差異，一般都歸諸其所經歷，即杜甫所謂「庾信平生最蕭瑟，暮年詩賦動江關」〔註8〕。而《總目》除了「閱歷既久」，還提出「學問彌深」這個原因並列，其意爲：平生閱歷使庾氏文章情文兼至、學問則使其華實相扶；學問如同閱歷，都與詞采相輔相成。

　　即使作者頗有才華，但若學問不足，則所作詩文不免華而不實；《總目》對僅以才取勝的文章，雖未將之摒棄，但亦指爲「所謂才士之文，非作者之文也」，又評曰：「未足抗跡古人」，當是兼指此等文章在文字風格上不夠典雅，在思想內涵上也流於空洞〔註9〕。

　　對「質可以輔文」的觀點，《總目》甚至認爲每種文學體裁必須不同程度的學問才能書寫自如，〈《花間集》提要〉（詞二）云：

　　　　文之體格有高卑，人之學力有強弱，學力不足以副其體格則舉之不

　　　足，學力足以副其體格則舉之有餘。律詩降於古詩，故中晚唐古詩多不功，

　　　而律詩則時有佳作，詞又降於律詩，故五季人詩不及唐，詞乃獨勝；……

　　　此猶能舉七十斤者舉百斤則蹶，舉五十斤則運掉自如……。

認爲每種文學體裁所須學力不同；學足則於各體之文無不可施，學不足則擅長的文

〔註7〕劉克莊〈吳恕齋文集序〉曰：「近世貴理學而賤詩賦，間有篇詠，率是語錄、講義之押韻者耳」。在《總目》中詩、文同時遭到此等批評者如宋陳著《本堂集》，其提要云：「其詩多沿《擊壤集》派，文亦頗雜語錄之體。」（別十七）

〔註8〕《總目》也引了杜甫：「庾信文章老更成」一詩爲佐證。

〔註9〕〈《禮白岳記》提要〉（卷六十四，傳記類存目六），此段文字還較具體的指稱「不出萬曆後纖巧之格」，可以作爲理解「才士之文」的參考。「統而觀之，鴻篇鉅製，固未足抗跡古人，而跌宕風流，亦可謂一時才士矣。」（《林蕙堂集》別二六）

體體格必較卑下。姑且不論此一觀點是否足以服人，由此亦可見《總目》所持觀念。《武功集》之提要論其作者徐有貞云：

> 有貞究心經濟，於天官、地理、兵法、水利、陰陽、方術之書，無不博覽……然其幹略本長，見聞亦博，故其文奇氣坌涌，而學問復足以濟其變，……多雜以縱橫之說，學術之不醇，於是可見，才氣之不可及，於是可見。（別二三）

雖指責徐氏「學術之不醇」，但仍指出在寫作文章時「學問復足以濟其變」；先前所引評楊慎之文亦曰其學「博洽」而非合於正軌，然則《總目》實以爲，在寫作文章的領域，學問醇正與否並非最重要的，而是要所學「力足以濟文章之用」。

先前所述《總目》中「文以人重」的情形相當普遍；人品醇正，則不以文詞不工而廢，可見對作者人品之重視。類似的抉擇也可以看出對作者學問、文章內涵的重視；如〈《呂衡州集》提要〉云：

> 其人品本不純粹，而學《春秋》於陸淳、學文章於梁肅，則則授受頗有淵源。集中如〈與族兄皋書〉深有得於六經之旨，〈送薛天信歸臨晉序〉洞見文字之源，〈裴氏海昏集序〉論詩亦殊精邃，〈古東周城銘〉能明君臣之義，以糾左氏之詩，其〈思子臺銘序〉謂遇一物可以正訓者，秉筆之士未嘗闕焉，其文章之本可見矣。惟〈代尹僕射度女爲尼表〉可以不存，而〈諸葛武侯廟記〉以爲有才而無識，尤好爲高論，失之謬妄，分別觀之可矣。（別三）

雖然呂溫人品不佳，但文章中所表現的學問頗有可觀之處；由提要褒貶可見《總目》對學問之重視竟不下於人格。另外，如〈《幔亭詩集》提要〉（別二五）云：

> 《明史‧文苑傳》稱「閩中詩文，自林鴻、高棅後，閱百餘年，鄭善夫繼之；迨萬曆中年，曹學佺、徐熥輩繼起，謝肇淛、鄧原岳和之，風雅復振」，不及於熥，惟熥傳中附見其名。然熥以博學稱，亦復工文，熥以詞采著，亦未嘗無學，二人固未易優劣。

徐熥與徐熥同爲閩中詩人，《總目》因兩人各以博學、詞采著稱而評爲各擅勝場，則學問與詞采作爲文章批評的指標在《總目》中亦同樣佔有重要地位。而且，如同此段文字中所見，在集部提要中追索一作者的師承，重視學問上的師承並不下於學習詩文的師承，如〈《宋學士全集》提要〉亦云：

> 元末文章，以吳萊、柳貫、黃溍一朝之後勁。濂初從萊學，既又學於貫與溍，其授受具有源流。又早從聞人夢吉講貫五經，其學問亦具有根柢。（別二二）

從《總目》對文章內涵、甚至學術師承的重視，可以看出思想學問在文學批評時佔著相當大的份量；有時就像本文緒論所言，幾乎是在集部提要中進行作者文章中的經、史、子學批評。而且《總目》進行評價時並非只針對作者別集詩文思想，而是將作者的生平思想或學術成就、相關諸事都引爲根據，用以評價其別集之詩文內涵上，將個人思想與文章所表達的內涵混爲一談。這樣的方式雖能將此作者的生平思想與創作作較完整的聯繫，提供讀者較具體明確的資訊，卻也不免輕忽了集部獨特的文采批評，也因此形成在最重視文采優劣的集部中，部份提要評論其書中思想的篇幅更多於評其文采的現象。這是因爲此類談論雖將學問、文采同時並舉，討論的途徑卻是仍將思想與文采分別評價。

第三節　詞采不可以禮法繩之：文采在《總目》中的地位

一、就文論文：文采的單獨探討

如上一節所述，雖然《總目》在評價文章成就與人品等相得益彰的作者時，往往大肆宣揚「文章關乎人品種種，此作者亦爲一證」的論調；然而，《總目》所必須論及的作家數量眾多，人品等條件亦各人不一，於是在面對人品不如《總目》所要求、但著作成就卻難以抹滅的作家，《總目》也不得不說：

> 其人至不足道，而其集猶傳，厥有所由。

此語出自《青山集》的提要（別七），所針對的人，自是其作者郭祥正。郭氏在當時即被稱爲「李白後身」，《總目》也解釋爲「蓋因詩格相近，從而附會；然亦足見其文章驚邁，時似青蓮，故當時有此品目也」；但評其人品卻爲「小人褊躁，忽合忽離」，明顯詩格不似人格。《總目》又認爲，一本著作能傳諸後世，必有其道理。由此可知，作者爲人不足道而其著作仍流傳後世，其原由當是作品優秀出眾，後世讀者無法忽略；如先前曾引《懷麓堂集》提要）亦云：「（李）東陽依阿劉瑾，人品、事業均無足深論，其文章則究爲明代一大宗」，更直接指出他詩文的價值與地位。

在面對此種情形，《總目》就必須暫時放下必得依憑作者生平資料的人品、道德判斷，僅針對其著作內容提出獨立評價；認爲著作本身具備可流傳的因素，並非指「書籍存佚有幸或不幸」這類存在著或然率的物質條件，而是出自一種價值判斷。其他三部不加重視而集部獨爲留意的，是文章的藝術美學層面，也就是文采優劣的批評。

面對文不如其人、文品與人品看似全不相關，但卻不得不收此書籍的情況，《總

目》亦自有一番說辭,〈《老圃集》提要〉(別九):

> 錄六朝人集者,存沈約、范雲;錄唐人集者,存沈佺期、宋之問。就
> 詩言詩,片長節取,古來著錄之通例也。

《老圃集》的作者洪芻在提要中被評爲「其人如是,其詩本不足輕重」,但「特其學
有師承,深得豫章之格,但以文論,固不愧『酷似其舅』之稱」,因文章似其舅父宋
代重要詩家黃庭堅而頗有可觀,故得與沈約等重要文學家同樣採用「片長節取」之
例;此爲《總目》引實際前例證明自己的作法爲古人所認可。又如《初寮集》之提
要(別九)評其作者王安中云:

> 然其詩文豐潤凝重,頗不類其爲人。四六諸作,尤爲雅麗。……其人
> 雖至不足道,而文章富贍,要有未可盡泯者,錄而傳之,亦「不以人廢言」
> 之義也。

更以《論語》中的名言來爲自己的說法提供合法性。王安中提要裏被斥爲性情「佻
薄」,且「交結蔡攸,引入禁中,則奔競無恥,更爲小人之尤。史又稱其附和童貫、
王黼,贊成復燕之議,又身自請行,規措失當,招納叛亡,挑釁強鄰,禍貽宗社,
則誤國之罪尤爲深重」,如此行徑,在《總目》中可謂大罪;而詩文不類其爲人,亦
與先前所述「文章關乎人品、性情」之論有所牴牾。於是,《總目》便另以孔門聖訓
來支持這個做法。

　　與這種情形大同小異的,是一位作者的生平行跡無從深究的狀況,如《寒山子
詩集》之提要(別二)因寒山子「蹤蹟甚怪,蓋莫得而考證」,對其生平事蹟無法定
案,故評其詩作時亦云:「無從深考,姑就文論文可矣。」兩者互異的是,先前所舉
的作者是人品不佳、文詞獨勝,而這裏則是因史料不周全而失去人品、道德判斷的
根據;兩者相同的則是只就文章而批評,不涉作者生平史料。由這種情形可以看出,
文章的評價、文學的批評本並不一定要以傳記方式取徑;但亦可察知傳記批評實爲
《總目》文學批評的首要方式。而「就文論文」、「就詩言詩」等只單純評論其文章
成就乃是退而求其次的方法。

　　一位作者的文章著作,可取之處大致可分內涵思想與形式文采兩方面。在《總
目》中,如先前所引〈《呂衡州集》提要〉,即是其人不足道而其文章所體現之學問
內涵可取;而「就文論文」的批評段落,有時甚至將文章的內涵也置之不論,只針
對集部獨爲重視的文采加以評判。如〈《鐔津集》提要〉(別五)論其作者云:

> 契嵩博通內典,而不自參悟其義諦,乃恃氣求勝,嘵嘵然與儒者爭。
> 嘗作〈原教孝論〉十餘篇,明儒釋之一貫,以與當時闢佛者抗,又作〈非
> 韓〉三十篇以力詆韓愈,又作〈論原〉四十篇,反覆強辯,務欲原儒以入

墨；以儒理論之，固爲偏駁，即以彼法論之，亦嗔癡之念太重，非所謂解
脫纏縛、空種種人我相者。第就文論文，則筆力雄偉、論端鋒起，實能自
暢其說，亦緇徒之健於文者也。

不但對釋契嵩詆韓、論儒所持觀點加以駁斥，更指出其性情、行爲皆未能合於其學
之所本的佛學法門而頗不以爲然。但對其文詞筆力仍加以稱許。又如《河東集》之
提要（別五）論其作者柳開云：

　　……今第就其文而論，則宋朝變偶儷爲古文，實自開始；惟體近艱澀，
是其所短耳。……又尊揚雄太過，至比聖人，持論殊謬。要其轉移風氣，
於文格實爲有功，謂之明而未融可也。

柳氏之文，思想內涵爲《總目》所不滿、形式文采亦稍有未臻高妙之處；此處之稱
譽更是僅專指其文章對提倡古文風氣頗有功勞。

　　能針對文采單獨加以批評，則一些爲文而文、以形式詞采爲主而常常遭到批評
家攻擊的文學體裁，如回文詩、集句詩等〔註10〕，在《總目》中也能受到一定程度
的正面對待。如清黃之雋《香屑集》之提要（別二六）中論集句詩云：

　　集句爲詩，始晉傅咸；今載於《藝文類聚》者，皆寥寥數句，聲韻僅
諧。劉勰〈明詩〉不列是體，蓋繼之者無其人也。有唐一代無格不備，而
自韋蟾妓女〈續楚詞〉兩句之外，是體竟亦闕如。至北宋石延年、王安石，
間以相角而未入於集；孔武仲始以入集，而別錄成卷，尚未單行。南宋李
龏之梅之《梅花衲翦綃集》、文天祥之《集杜詩》，始別著錄，然卷帙亦無
多。之雋是編，雖取諸家之成句，而對偶工整，意義貫通，排比聯絡，渾
若天成；且惟第二卷〈無題〉五言長律中，重用杜甫二句、陸龜蒙二句，
餘雖纏纏鉅篇，亦每人惟取一句，不相重複，且有疊韻不已，至於倒押前
韻，而一一如自己出，可謂前無古人，後無來者。雖其詞皆豔冶，千變萬
化，不出於綺羅脂粉之間，於風騷正軌，未能有合，而就詩論詩，其記誦
之博，運用之巧，亦不可無一之才矣。

在此《總目》側重文學技巧方面的評論，對《香屑集》的文采成就做出相當高的
評價。但仍忍不住指出「於風騷正軌，未能有合」；而在另一本僅入存目、「集句
成詩，以詠梅花」的明童琥《集古梅花詩》之提要中（別存三），更指爲「排比聯

〔註10〕如陳師道《後山詩話》載：「王荊公暮年喜爲集句，唐人號爲四體，黃魯直謂正堪一
　　　笑爾。」何文煥《歷代詩話考索》云：「竹坡稱集句之工，推王荊公爲得此中三昧。
　　　余謂只是記覽熟耳，云何『三昧』？山谷所謂，眞堪一笑者也。且攻乎此，去詩道
　　　益遠。」

貫，往往巧合。然非詩家正格，徒弊精神於無用之地耳」；不論是「風騷正軌」或「詩家正格」，都是指稱文學尚存在更高層次的典範，遣詞行文上的奇巧合宜，相形之下不過是次要之事。

二、彰癉之義：人品重要性超過文采

從先前所述可以看出，雖然討論文采是集部與其他三部最大的不同點，但在《總目》中對文采的單獨討論卻是在作者的生平、學問都不足以襯托其文學成就時才進行的方法；是退而求其次的方式。而這個先後之分，給予讀者《總目》中文學批評的各項標準，以文采的份量最輕的印象。

《總目》卷首「凡例」第十六條云：

> 文章、德行，在孔門既已分科，兩擅厥長，代不一二。今所錄者，如龔詡、楊繼盛之文集，周宗建、黃道周之經解，則論人而不論其書。耿南仲之說易，吳旿之評詩，則論書而不論其人。凡茲之類，略示變通，一則表章之公，一則節取之義也。至於姚廣孝之《逃虛子集》、嚴嵩之《鈐山堂詩》，雖詞華之美，足以方軌文壇，而廣孝則助逆興兵，嵩則怙權蠹國，繩以名義，匪止微瑕。凡茲之流，並著其見斥之由，附存其目，用見聖朝彰善癉惡，悉準千秋之公論焉。

集中表達了對文章、人品、學問等的取捨標準。與我們先前所引述的提要不同，這是根植於大量擇取書籍經驗作出的原則，而不像提要是對單一事件的發言立論；以孔門文章、德性分科為前例，其實只是為此作法加上冠冕堂皇的理由。更重要的是，這個根植於擇取書籍實際經驗得到的「論人而不論其書」、「論書而不論其人」的態度，與先前所述「文章關乎人品、性情」等實有衝突。

元好問《論詩絕句》云：「心畫心聲總失真，文章寧復見為人！高情千丈〈閑居賦〉，爭信安仁拜路塵！」對文章、為人的關係已不認同。《總目》既能提出「就文論文」、「文以人重」，則尚顯示出對文章、人品區分有所認知；然而「就文論文」仍是在更被重視的其生平事蹟「無從深考」或人品不似其文章的情況下的退而求其次方法。而一位作者的生平一旦成為文學批評依據，其實多少或干涉到詩文批評的純粹性與精準度，就像「文以人重」般喧賓奪主，將人品的褒貶延伸到文學批評的領域。

陳子昂《陳拾遺集》之提要（別二）曾將其人品與文章的關係作了以下的譬喻云：

子昂嘗上書武后，請興明堂太學，宋祁《新唐書》傳贊以爲薦圭璧於房闥，以脂澤汙漫之，其文今載集中。王士禎《香祖筆記》又舉其〈大周受命頌〉四章、進表一篇，〈請追上太原王帝號表〉一篇，以爲視〈劇秦美新〉，殆又過之。其下筆時，不復知世有節義廉恥事，今亦載集中。然則是集之傳，特以詞采見珍，譬諸蕩姬佚女，以色藝冠一世，而不可以禮法繩之者也。

《總目》提出詞采爲「不可以禮法繩之者」，固然對文學的藝術性有明確的認知，但「譬諸蕩姬佚女，以色藝冠一世」，此一譬喻就多少帶有不尊重之意〔註11〕，比起「毀之者務以聲律繩之」、「無媿忠孝，亦不以韻語繩之」對學問高明、德性作者的維護、不以藝術標準批評其詩文，相形之下，還是對文采的比喻含有輕蔑之意。

因此，我們可以看到，《總目》集部的批評雖採取相當多元、寬大的標準，不論人品、學問、文采，有一可取者皆錄之，但人品過低（嚴嵩等）、思想過份有違正軌（所謂「淫慝之音」如美人八詠，仍遭放斥）還是不能收錄；這正符合「蓋有世道之防焉，不僅爲文體計也」的大方向。《總目》對文采的確給予相當重視，但相較之下，地位仍稍不及人品、學問。

第四節　不主一格：寬厚的態度、全面的觀點

由先前所述，可知《總目》集部之中尚參用其他四部、甚至人品等標準，造成「人有足取」、「言有可採」皆兼收並蓄。而在文學標準方面，亦主張「不主一格」、「盡詩之全」，更進一步見其標準之寬厚。

一、兼收並蓄與發潛德之光

《總目》標準之寬厚，首先並非出自文藝思想的理念，而是《四庫全書》收書的原則；卷首「凡例」第十七條云：

至於闡明學術，各擷所長，品騭文章，不名一格，兼收並蓄，如渤澥之納眾流，庶不乖於「全書」之目。

〔註11〕以女色譬喻文章，揚雄《法言·吾子篇》（臺北：世界書局《新編諸子集成》二，1972年10月，卷二，頁5）已云：「女有色，書亦有色乎？曰：有。女色惡丹靑之亂窈窕也，書惡淫辭之淈法度也。」但揚雄對丹靑、淫辭的反對較嚴苛，持論與《總目》不盡同。

可見《總目》文學批評中表現出的寬厚態度與造就「全書」這個先決目標息息相關，亦並非僅止於集部與文學著作；又「凡例」第十三條：

> 文章流別，歷代增新。古來有是一家，即應立是一類，作者有是一體，即應備是一格，斯協於「全書」之名。故釋道外教，詞曲末技，咸登簡牘，不廢蒐羅。

當然，《四庫全書》並非漫無限制的收羅書籍，且囿於某些觀念〔註12〕，實未能真正做到「有是一體，即備是一格」，不過縱然如此，蒙受收錄的書籍仍為數眾多，而提要所解釋的收羅原委之多樣化，亦已可謂「兼收並蓄」。

這些收書原則並非單純貪多務博，而是編修《全書》重要理念之一；「凡例」第二十條即聲明編撰《總目》的重要工作是「幽光未耀者，加以表章」，為少聞罕見的作者、典籍呼籲宣揚，俾其能得應有之聲名。這在《總目》卷首所載乾隆三十七年正月初四清高宗第一道關於編修《全書》的聖諭指示：「……古今來著作之手，無慮數千百家，或逸在名山，未登柱史，正宜及時採集」即有此涵意。另外，對部份明朝人所著的「違礙」書籍，乾隆四十四年二月二十五日諭旨裁示：「朕親加抽閱……已旨將其違礙字句量改易，毋庸銷燬……朕以為不若擇其較有關係者，別加編錄，名為《明季奏疏》，勒為一書。……況諸臣彈劾權奸，指摘利病……而姓名章疏，不盡見於明史。朕方欲闡幽微顯，又何忍令其湮沒弗彰？況諸臣在勝國言事，於我國家間有干犯之語，彼自為其主，不宜深責，非若身入本朝，肆為詆諆者可比」，也表現了「闡幽微顯」、不忍令前賢、典籍湮沒無聞的態度。故此提要中不時大力宣導此一意圖，如〈《秋聲集》提要〉（別十八）云：

> 錄存是集，以發潛德之光，亦足見聖朝表章幽隱，砥礪風教之義也。

且對清朝政府收羅文獻、彰顯幽微的貢獻大肆誇張，甚至以奇蹟視之，如《金淵集》之提要（別十九）即聲稱：

> ……此集出自塵蓌蠹蝕之餘，皆項夢昶本所不載，若有神物呵護，俾待聖朝而後顯者，尤可寶貴矣！

雖然嚴格說來，此一精神並非文學思維的一環，而是四部書籍通用的原則，但對《總目》的文學批評卻有莫大的影響。先前曾說過，別集類可說是古代最大一部

〔註12〕「凡例」第十三條接著先前所引立刻指出：「然二氏之書，必擇其可資考證者，其經懺章咒，並凜遵諭旨，一字不收，宋人朱表青詞，亦概從刪削。其倚聲填調之作，如石孝友之《金谷遺音》，張可久之《小山小令》，臣等初以相傳舊本，姑為錄存，並蒙皇上指示，命從屏斥。仰見大聖人敦崇風教，釐正典籍之至意。」其標準與侷限在此具體而微地呈現。

詩文作家列傳；而這個成就主要卻非來自撰寫者的文學理念，而是《總目》收書的份量。另外，在批評內容上，因爲大家的評論幾付諸闕如或由所謂「定論」所取代，故對少見無名之作者的評論反而更能發揮《總目》的文學觀點。因此這個寬厚精神實促成了《總目》中文學思想完整性。

二、不主一格

雖然《總目》採行寬厚的態度，其始並非出自文藝思想的認知，但卷首「凡例」所說的「品騭文章，不名一格」、「有是一體，即應備是一格」等，即已涉及文學擇汰標準；在提要之中，也時時流露「不主一格」的觀點，如〈《古今詩刪》提要〉（總四）云：

> 然則文章派別，不主一途，但可以工拙爲程，未容以時代爲限。

《總目》此處指責的「未容以時代爲限」，乃針對「李夢陽倡不讀唐以後書」、選詩不及宋元兩代等專主某一特定時代爲尚的文藝觀點；而「文章派別，不主一途」，則更廣泛地針對所有的「門戶之見」、「一偏之義」。〈《古今詩刪》提要〉稍後便指出：

> 唐末之韋莊、李建勳，距宋初閱歲無多，明初之劉基、梁寅，在元末吟篇不少，何以數年之內，今古頓殊，一人之身，薰蕕互異？此眞門戶之見，入主出奴，不緣眞有限斷！

指出帶有門戶之見的文學觀點，受限於時代判斷等外緣因素，反而忽略了作者或創作眞正的文學價值。

而在文學、風格標準方面，《總目》對文學家只取一格爲主的態度也深表不滿；這在對清本朝文壇「一代正宗」王士禎的批評中表現得最完整、深刻。〈《御選唐宋詩醇》提要〉（總五）指出「其《古詩選》五言不錄杜甫、白居易、韓愈、蘇軾、陸游，七言不錄白居易，已自爲一家之言；至《唐賢三昧集》，非惟白居易、韓愈皆所不載，即李白、杜甫亦一字不登」；並爲之解釋：「國初多以宋詩爲宗；宋詩又弊，士禎乃持嚴羽餘論，倡神韻之說以救之。故其推爲極軌者，惟王孟韋柳諸家」。繼而論曰：

> 然詩三百篇，尼山所定，其論詩一則謂歸於「溫柔敦厚」，一則謂可以「興、觀、群、怨」；原非以品題泉石，摹繪煙霞。洎乎畸士逸人，各標幽賞，乃別爲山水清音，實詩之一體，不足以盡詩之全也。宋人惟不解溫柔敦厚之義，故意言並盡，流而爲鈍根，士禎又不究興、觀、群、怨之原，故光景流連，變而爲虛響；各明一義，遂各倚一偏，「論甘忌辛，是

丹非素」，其斯之謂歟！茲逢我皇上聖學高深，精研六義，以孔門刪定之
旨品評作者，定此六家，乃共識風雅之正軌。

在司空圖《詩品》的提要裏，同樣指出：「所列諸體畢備、不主一格；王士禎
但取其『采采流水，蓬蓬遠春』二語、又取其『不著一字，盡得風流』二語，以爲
詩家之極則，其實非圖意也」（評一）。在此我們可以看到，《總目》要求給予各種文
學風格同等地位〔註13〕，並將兩段儒家詩教結合以爲論證基礎。此一「理無偏廢」
的態度在「文」、「質」之爭中亦體現，〈總集類・小序〉論古今總集選取標準即云：

> 《文選》而下，互有得失。至宋眞德秀《文章正宗》，始別出談理一
> 派，而總集遂判兩途。然文質相扶，理無偏廢，各明一義，未害同歸。惟
> 末學循聲，主持過當，使方言俚語俱入詞章，麗製鴻篇橫遭嗤點，是則併
> 德秀本旨失之耳。今一一別裁，務歸中道。

「不主一格」、「諸體畢備」的「全面」觀點和「理無偏廢」、「權取適中」的「中道」
精神是相通的；因爲但執一端即非爲中道、亦不能全面觀照各式各樣的文學風格。
而「文質相扶」與「諸體畢備」正架構出《總目》不主一格的觀點，使原本出自《四
庫全書》對收錄書籍的現實情況之認知，提升爲《總目》文學批評的理論層面思維。

三、未可是丹非素、不爲過高之論

江淹〈雜體三十首・序〉云：「世之諸賢，各滯所迷，莫不論甘而忌辛、好丹
而非素」〔註14〕；正因「不主一格」，「未可是丹非素」也成爲《總目》指責文學家
「門戶之見」、「一家私言」的重要觀念〔註15〕；因此可以說，「不主一格」的態度
對《總目》的文學批評觀也極有影響。

除了文學觀念的偏頗，《總目》常常指稱前人的批評太過吹毛求疵，而表示對
於「過高之論」不能認同〔註16〕；此點也與寬厚的態度有關。如袁華《可傳集》之
提要載其師楊維楨評：「梅一於酸，鹽一於鹹，食鹽、梅而味常得鹹酸之外；若華之

〔註13〕對其他清皇敕修、御評的書籍，《總目》也往往將其中的「不主一格」觀點加以宣揚，
　　　　如聖祖《御定歷代詩餘》，其提要云：「凡柳、周婉麗之音，蘇、辛奇恣之格，兼收
　　　　兩派，不主一隅。及元人小令，漸變繁聲；明代新腔，不因舊譜者，苟一長可取，
　　　　亦衆美胥收。」

〔註14〕張溥，《漢魏六朝百三名家集》（臺北：文津出版社，1979 年 8 月）。

〔註15〕除了先前所引《御選唐宋詩醇》提要），又見：《《孟東野集》提要》（別三）、《《宋元
　　　　憲集》提要》（別五）、《《困學集》提要》（別二六）等。

〔註16〕如《《蘇平仲集》提要》（別二四）指稱：「鄭瑗《觀井瑣言》病其『用意太苦，遣詞太
　　　　繁縟，不可爲法』，則過高之論矣！」

作，僅一於鹹酸而已」（別二二），隨即反駁云：

> 維楨所論，蓋標舉司空圖，說以味外之味，務爲高論耳。其於一於鹹
> 酸，不猶愈於洪熙宣德以後所謂臺閣體者併無鹹酸之可味乎，未可遽以是
> 薄華也。

司空圖〈與李秀才論詩〉云：「梅止於酸、鹽止於鹹，而味在酸鹹之外」，論者以爲
深解詩理，《總目》亦讚許爲「其持論非晚唐所及」；且提要中亦未指稱袁氏之詩到
達「味得鹹酸之外」的成就境地，而是認爲楊維楨不應以最高標準苛求袁氏的作品。
此一反對過高之論的態度，正符合先前所述「國朝立教，在於敦倫紀、礪名節、正
人心、厚風俗；固不與操觚之士論文采之優劣……」，並與「凡例」第一條所云：「儒
生著書，務爲高論，陰陽太極，累牘連篇，斯已不切人事矣」思想上崇實黜虛的精
神一脈相承。

　　也因此，在論議創作者的行爲、人格方面，《總目》雖尊重「春秋責備於賢者」
的褒貶精神，但亦稱不必太苛求，如有「宋亡之詩史」美譽的汪元量《湖山類稾》、
《水雲集》，其提要（別十八）指出：

> 惟集中〈醉歌〉一篇，記宋亡之事曰：「亂點連聲殺六更，熒熒庭燎
> 待天明。侍臣已寫投降表，臣妾僉名『謝道清』」，以本朝太后，直斥其名，
> 殊爲非體。《春秋》責備賢者，於元量不能無譏。然元量以一供奉琴士，
> 不預士大夫之列，而眷懷故主，終始不渝，宋季公卿實視之有愧，其節礭
> 亦不可及。筆墨之閒，偶然失檢，視無禮於君者，其事固殊；是又當取其
> 大端，恕其一眚者矣。

汪氏詩中所述，乃是紀實；以今人觀之，更無不可。但在君上「所撰雜置諸臣之中，
殊爲非禮」的時代，此點自然不免遭受非難。《總目》解釋爲「筆墨之閒，偶然失檢，
視無禮於君者，其事固殊」，則尚屬識微之論〔註17〕。

　　而在文學批評的範疇，也因反對「務爲高論」，而有「人各有能與不能」、「物
不兩大」的論點，如《《梅村集》提要）（別二六）以「詩聖」杜甫爲例：

> 然少陵詩冠千古，而無韻之文，率不可讀，人各有能有不能，固不必
> 一一求全矣！

老杜猶不免如此，則其他詩家文不如詩、或文人詩遜於文，當未足爲缺憾〔註18〕。

〔註17〕又如《《范太史集》提要）云：「……蓋其君習於宴安，而議者遂爲遷就之論，誠不免
　　　　於賢者之過；然其大端忼直，持論切常，要自無愧於醇儒，固不以一瑕掩也。」（別
　　　　六）其事與詩文無關，但其過或甚於汪元量。
〔註18〕詩不及文，如明徐有貞，其《武功集》之提要云：「……其文奇氣坌涌……。至其詩則

明七子之一的邊貢，其《華泉集》之提要（別二四卷）亦云：

> 其文集亦大名魏允孚所續刊。自明以來，談藝家置而不論。今核其品格，實遠遜有韻之詞。蓋才有偏長，物不兩大。

在梅文鼎僅列存目的《續學堂文鈔、詩鈔》，其提要（別存十一）至指：

> 然文鼎測驗推算諸法，皆足以自傳於後；詩、文特其餘事，非所擅長。蓋算術雖一藝，而非以畢生之精力專思研究，則莫造其微；雖超特絕世之姿，其勢不能以旁及。張衡深通歷算，妙契陰陽，至能作候風地動儀，而文章博麗，又能淩轢崔、蔡之間，千古一人而已。自洛下閎、鮮于妄人以下，淳風、一行亦未能以詞采著也。斯亦物不兩大之理矣。

不但以古為例，甚至將「物不兩大」視為一「理」。事實上，全才之人固所罕見，歷代亦不乏人；詩、文二體兼擅者，則更所在多有。所謂「物不兩大」，亦不過因事立言，將之視為通理，未免太過。這也不過是《總目》不求全責備的寬厚態度的表現，往往也是為《四庫全書》收錄書籍美言、提供選錄理由。因此，如指宋陳棣：

> 其詩邊幅稍狹，比興稍淺……。然統各體而觀之，雖乏鴻篇，實殊偏體，大都平易近情，不失風旨，較以生硬晦澀為奇偉，以鄙俚蕪雜為真切者，其品固有間矣！（《蒙隱集》，別十二）

又指元胡炳文：

> ……古文之中，往往閒以藻飾，……以文體論之，皆為破律，然較諸侈言載道、毫不修飾者，固有間矣。（《雲峰集》，別十九）

秉持「比上不足比下有餘」的寬厚態度，給予「尚可」的肯定〔註19〕。這和《總目》一貫的重實際傾向有關；重實際，故不苛求、不執著追求過度理想化的創作成績〔註20〕，作者或作品有一長處輒採錄之。由此可見《四庫全書》「協全書之名」而致收書繁多的情況對《總目》文學評價標準趨於多元化的影響。

多在史館酬應之作，非所擅長。集中《羽林子》二首，《靜志居詩話》謂源出右丞，然語亦平平，僅具唐人之貌。人各有能有不能，存而不論可也。」（別二三）

〔註19〕「尚可」的評價往往即為「次等」的肯定評價，在《總目》中時而可見，如對明顧璘甚至明白地定位為「遠挹晉安之波、近駕信陽之乘，在正、嘉間固不失為第二流之首也。」（《浮湘集》……《緩慟集》，別二四）

〔註20〕另外有一種情形可以作為參照，就是以一經典之作為標準對某書進行評價時，往往往不是以經典之優點、反而取其缺點來為被評價的書相似的缺陷辯護；以經典在所不免的缺失來證明所評論之對象的相同缺失並不足以貶抑其價值。如《新安文獻志》之提要指出：「然司馬光《資治通鑑》已稱牴牾不能自保；是書卷帙繁重，不能以稍有掛漏，遂掩其蒐輯之功也。」（總四）猶如先前以杜甫不擅作文來為後代詩家不能文開脫。

第四章 《四庫全書總目》文學批評的「公論」觀念

在衡量歷代各家所下的文學批評時,《四庫全書總目》各篇提要經常採用「公論」一詞,來作爲判斷這些批評是否有效的標竿。譬如〈集部總敘〉云:「浮華易歇,公論終明」,而在具有歷史進程意義的「別集類」,其卷首更開宗明義地說:「文章公論,歷久乃明」,由此可以看出「公論」不僅是檢視過往批評的準則,同時也是對自身所爲論斷之要求,更是《總目》認爲文學批評可以「定於一尊」心態的表徵。

本章以《總目》集部裏所使用的「公論」一詞爲對象,探討它對《總目》文學批評產生的作用及影響。一共分爲四個部份:第一部份旨在探討《總目》所呈現的「公論」義涵爲何;第二部份說明「公論」形成的條件與運作的過程;第三部份則以前兩部份爲基礎,進一步思索理論層面與實際運作是否能夠接合,並嘗試對「公論」作省察、指瑕的工作;第四部份究明《總目》文學批評思維與政治行爲相牽引的現實。

第一節 公論的意義與內涵

從字面看來,「公」字大致可區分爲「公正」和「公眾」二義,而《總目》中「公論」一詞,也可就「公正之議論」與「公眾之議論」兩種途徑來思考。

《《類編草堂詩餘》提要》(詞曲二)裏有以下一段批評:

> 朱彝尊作《詞綜》,稱《草堂》選詞,可謂無目,其詆之甚至。今觀所錄,雖未免雜而不純,不及《花閒》諸集之精善,然利鈍互陳、瑕瑜不掩,名章俊句,亦錯出其閒,一槩詆排,亦未爲公論。

這段評論旨在扭轉朱彝尊對《類編草堂詩餘》的偏頗見解：《總目》認爲《類編草堂詩餘》本身優劣互見，而朱氏將之全盤否定，已經偏離了這件作品應有的價值。在這裏，明顯地呈示了所謂「公正之議論」不能一味陳述批評對象的缺（優）點，必須給予不過褒亦不過貶的適當評價。

另外，〈《明詩綜》提要〉（別二五）云：

> ……明之詩派，始終三變……大抵二百七十年中，主盟者遞相盛衰，偏袒者互相左右；諸家選本，亦遂皆堅持畛域，各尊所聞。至錢謙益《列朝詩集》出，以記醜言偏之才，濟以黨同伐異之見，逞其恩怨，顛倒是非，黑白混淆，無復公論。（朱）彝尊因眾情之弗協，乃編纂此書，以糾其謬。

《總目》認爲朱氏纂書起因於當時人人談詩都一昧堅持己見、不能平心靜氣地客觀思考，其目的乃在求致一個能包覆「公眾之議論」的取捨標準。所以，此處「公論」不僅含括先前所論述的「正確」意義，同時也強調文學批評必須具備說服大眾的力量；而這種觀念在評論理學家「重道輕文」的文學觀時更可以明白看出：

> 真德秀《文章正宗》以理爲主，如飲食惟取禦饑，菽粟之外，鼎俎烹和，皆在其所棄；如衣服惟取禦寒，布帛之外，黼黻章采，皆在其所捐。持論不爲不正，而其說終不能行於天下。（《崇古文訣》總二）

這種對重道輕文的指責恰好指出：《總目》並不以「公正之議論」爲滿足，同時還重視「能行於天下」的效用；換句話說，《總目》想尋求的是合乎「公眾」之「公正」。從這裏還顯示出，《總目》並非僅對「堅持畛域，各尊所聞」的門戶偏見大加撻伐，而是對只能行之於特定份子的所有言論都感到不滿。此外，對《滄浪詩話》的評語可以讓我們對《總目》所持態度有更進一步了解：

> 要其時宋代之詩，競涉論宗，又四靈之派方盛，世皆以晚唐相高，故爲此一家之言，以救一時之弊。後人輾轉承流，漸至於浮光掠影，初非羽之所及知；譽者太過，毀者亦太過也。（評一）

儘管《總目》對嚴羽亦有稱許之意，認爲他的觀點可以矯正宋詩好發議論的弊端，但對其詩論之效力仍頗有微詞：強調嚴羽僅能「救一時之弊」，實際上暗寓了「亦有可觀焉，致遠恐泥」的意味。因此，《總目》之所以標明「公眾」，除了對批評效力的要求外，也可以看出其對個人能力的不信任，如「（《古詩選》）……亦未免拘於一格。蓋一人之書，不足以窮古今之變」（總存四）〔註1〕，以太史公揭櫫的「究天人

〔註 1〕又如「史稱孫復見詩有『子禍始此』之語，是猶爲一人言之，未及應其大且遠者也」（《徂徠集》，別五），即是將「一人之言」定位在思慮不周的貶義上。

之際、通古今之變」為標準，批判詩家「一代正宗」王士禎選詩所秉持理念之不當，可以看出《總目》精神所在。至此我們可以推論出：「公論」所求不只是「正」，還要能合時宜，並進一步不限於一時之宜、超越時宜。

《總目》云：「浮華易歇，公論終明」，即是以「浮華」作為「公論」的對比，指出：「浮華」為短暫之見、而公論為永久之識；「浮華」變動不居，而公論乃千秋不易的道理；也就是說「公論」本身必須能行之後世、不被推翻，不像「浮華」只根自一時風尚、只是一時之論。綜合以上所述，「公論」乃是以「公眾」、「公正」二義相輔相成，為放諸四海皆準、不因時間淘洗而有所更移的評斷。

在《總目》裏，除了「公論」一詞之外，尚有不少近似用語支援著這個究極判斷，自然也採取了一些相反的辭彙來襯托它；對這些用語辭彙的觀察〔註 2〕，可以幫助我們進一步瞭解「公論」本身的意涵。

例如〈《安陸集》提要〉裏評論：

> 考蘇軾集中有〈題張子野詩集後〉曰：「子野詩筆老妙，歌詞乃其餘技耳。……」然軾所舉二聯皆涉纖巧……平心而論，要為詞勝於詩；軾所題跋，當由好為高論，未可據為定評。（詞曲一）

《總目》認為蘇軾斷定張先〈華州西溪〉等詩「可以追配古人，而世俗但稱其歌詞」言過其實，並暗指蘇軾喜作標新立異之說，如此「高論」理當「不能行於天下」，因此僅屬一人一時的看法。而〈《山谷詞》提要〉云：

> 「今代詞手惟秦七黃九，他人不能及也。」……語在《後山詩話》中，乃陳師道語。……顧其佳者，則妙脫蹊徑、迥出慧心，（晁）補之「著腔好詩」之說頗為近之。師道以（黃庭堅）配秦觀，殆非定論。（詞曲一）

《總目》認為黃庭堅部份詞作「褻諢不可名狀」，有良莠不齊的情況，加上黃氏與秦觀詞風的差異，因而否定陳師道「秦黃並稱」的論點，顯示出任何恰當的評論必須「定」於作者的應有價值之上，才不致被後人疵議。以上所引的「定評」與「定論」，在《總目》中幾乎可與「公論」替代使用，而「定」字正好印證了《總目》對「不易之論」的追企。這尚可參看〈《畏齋集》提要〉：

> 必以晦庵一集律天下萬世，而詩如李杜、文如韓歐，均斥之以衰且壞，此一家之私言，非千古之通論也。（別七）

〔註 2〕大抵說來，相近辭彙的使用似有隨卷數或段落而不同的現象，也就是某卷或集中的某幾篇只用其中一個詞。例如〈別集二〉多使用「篤論」一語，而此卷「公論」未曾出現；這可能是由於撰者不同，也可能是因為同一撰者在不同時期書寫，故用詞義近而小異，當然也不能排除這只是單純的詞彙替換。

《總目》以「通論」爲標準，指責程端禮唯朱熹之文學風格馬首是瞻，強調這種排斥其他詩文作家的狹隘觀點，縱使能得到同儕之贊同，亦無法長久通行適用。「通論」雖然在《總目》中出現的機率大不如「公論」、「定論」等詞，但所表現出來的「不拘滯」與定論之「不易移」各明一義，都表現出《總目》認爲批評效力必須能行之久遠的要求；如果說，「僉孚眾議」「通論」所求的是橫向的群體認同，那麼「定論」所求的便是通過縱的時間檢驗。

另一個與「公論」常見的相近用語是「篤論」，如：

> 明代醇儒，與（薛）瑄爲第一，而其文章雅正，具有典型，絕不以俚詞破格，其詩如〈翫一齋〉之類，亦閒涉理路，而大致沖澹高秀，吐言天拔，往往有陶韋之風。蓋有德有言，瑄足當之；然後知徒以明理載道爲詞，常談鄙語，無不可以入文者，究爲以大言文，固陋，非篤論也。（《薛文清集》，別二三）

這個詞在《文心雕龍》也曾出現過：「俗情抑揚，雷同一響，遂令文帝以位尊減才，思王以勢窘益價，未爲篤論也」〔註3〕，同樣用來指責他人的不當評論。從字面言，「篤」有「確實」、「純正」的義涵，《總目》認爲作詩爲文不能只講究其間的思想，卻放任辭句鄙俗，並斥責理學家重質輕文的觀念過於極端，是誇大而偏頗的陋見。另外，〈《後山集》提要〉云：「王士禎至指爲『鈍根』，要亦門戶之私，非篤論也」（別七），將拘泥於門戶的見解與拿來與「篤論」相對，就已經透露出《總目》理想中的評論，應該是能跳脫一家一派格局、擁有公眾基礎的言談。至於〈《東堂集》提要〉云：

> ……其（毛滂）詞則情韻特勝。陳振孫謂滂「他詞雖工，終無及蘇軾所賞一首」者，亦隨人作計之見，非篤論也。（詞曲一）

陳振孫的看法雖與蘇軾一致，卻被《總目》譏爲「隨人作計」、沒有主見；像這類應合前人的評論，之所以不被所贊同的緣故，乃是因爲與《總目》自己的評價相違背。由此可知在《總目》立判的兩個條件裏，對「公正」的依賴實更甚於「公眾」，而其他類似用語如「確論」等〔註4〕，同樣也表現了這種傾向。

另外，說明古人批評不合實情、意在迴護的「已甚之詞」，與「虛美」兩者都屬於「過論」〔註5〕，爲「公論」的相反用語，皆是《總目》對古人批評有所偏離

〔註3〕《文心雕龍·才略》（臺北：華正書局，1981年）。
〔註4〕如「陳束原〈序〉言其詩優於文，抑亦確論矣！」（《蘇門集》別二五）
〔註5〕如「王士禎《池北偶談》譏（柳）開『能言而不能行』，非過論也……要其轉移風氣，於文格實爲有功，謂之明而未融可也；王士禎以爲初無好處，則已甚之詞也。」（《河東集》別五）「王士禎詩稱『白髮填詞吳祭酒』，亦非虛美。」（《梅村集》別二六）

的指控。我們可以看出：對所謂「虛」與「已甚」的不滿，就是繼承儒家「過猶不及」的態度，背後隱藏著對「中」的嚮往；在這裏，「中」即是切合本然價值的理想狀態，使得「公論」進一步地指向了「公正」之意，這和先前譴責蘇軾「好爲高論」，並強調「不可據爲定評」的態度完全是相通的。

　　觀察《總目》各篇章的實際使用情況，可以發現這些辭彙的內容並沒有明顯的差別，它們所指稱的狀況往往類似，亦可由某些文句見其通貫處，如：

> 然文章定論，自有公評，要當待之天下後世……（《國秀集》總一）
> 後來過毀過譽，皆門戶之見，非公論也。（《唐詩品彙》總四）

從這兩段引文能看出「定」與「公」相互輔助，而「過」與「公」則彼此牴觸；無法是合或反，皆與「公論」的關係密切。再者，「定論」、「定評」、「確論」、「通論」或「篤論」等詞，均能收攝於涵義較廣的「公論」，所以「公論」可說是這些詞彙的共同指歸，接著再由「公正」與「公眾」之雙重內涵架構出《總目》完整的批評觀。是故，本文便將之訂爲探討的重心。

第二節　公論的形成與運作

　　公論試圖到達的理想，簡單來說，就是放諸四海皆準、足以垂訓萬代，不在一時、不在一人的評斷。問題就在於：《總目》究竟怎麼避免一人一時的局限？如何求讓自身所呈現的評論達到「公」的境地？

　　首先，從〈集部總敘〉「浮華易歇，公論終明」的觀念裏，透露出《總目》對時間過濾的依賴，而「別集類」卷首更明確地談到：

> 文章公論，歷久乃明……今於元代以前，凡論定諸編，多加甄錄，有
> 明以後，篇章彌富，則刪薙彌嚴；非曰沿襲恆情，貴遠賤近，蓋閱時未久，
> 珠礫並存，去取之間，尤不敢不慎云爾。

由文字的脈絡看來，《總目》所質疑的是暫時性「浮華」影響下的誤判，也就是認爲問世未久的作品，比較容易受到一時文學風氣的支配〔註6〕，使關於它的批評淪爲溢美或過貶。若欲脫離「浮華」的影響，最妥當的方法就是拉開時間的距離〔註7〕。

〔註6〕就《總目》其他段落看來，除了文學風氣以外，尚有其他因素亦會對文學評價產生不良影響，如：地域性的「鄉曲之言」、隨政治立場而產生的「黨同伐異」等，另如書籍損毀等物質性的條件也會造成影響。由於《總目》較少論及，故附記於此。
〔註7〕例如《《詩品》提要》云：「史稱嶸書求譽於沈約，約弗爲獎借，故嶸怨之，列約中品。案：約詩列之中品，未爲排抑；惟序中深詆聲律之學，謂：『蜂腰鶴膝，僕病未

《總目》深切地體認到，文學批評的正確與否，必須經過長久的審察才可論定，其實際效力的印證沒有所謂的捷徑，因此《總目》面對歷代文學的去取，採用了明代以前從寬、明代以後從嚴的標準，這種態度可說是相當謹慎的。

從《總目》掌握公論的角度來說，「拉開時間的距離」還有另一個作用，就是可以參考歷代批評，藉此達到「僉孚眾議」的目的。這可由《總目》經常採用的批評方法窺出一點端倪：

> 張養浩作是集〈序〉……柳貫作（姚）燧諡議……雖不免同時獎掖之詞，然宋濂撰《元史》……國初黃宗羲選《明文案》……則皆異代論定，其語如出一轍，燧之文品，亦可概見矣！（《牧菴文集》別十九）
>
> （王）世貞、世懋談詩頗有異同，而品題（高）叔嗣，則兩相符契，蓋論至當則無以易也。（《蘇門集》別二五）

在上面兩則引文裏，前者並置了「異代」四人近似的評論，而後者陳列了兩位文學思想傾向大不相同的批評家，對特定對象所下的共通看法。這種於異求同的方式，除了可以再次印證公論為不易之論外，更可顯現出《總目》求致「公正」的手段，是透過比對前人批評的一致之處，從「英雄所見略同」的角度來證明一部作品有所謂的「本然價值」。由《總目》對既有意見的重視，能看出《總目》撰著者不隨意以一己之言為準則，並嘗試以公眾議論作裁斷的用心。可以說，「『公正』根源於公眾（既有）批評」的思想，是傳統文學批評家的基本教條，他們格外重視古人所下的褒貶，並企圖掌握其間的流變趨勢；《總目》認為批評的趨勢正代表多數人的意向，也就是一種共識的構成。

不同的時代由不同的群眾集結而成，因此「非一時」實即已包括了「非一人」的條件。在《總目》凝聚出的「公論」觀念裏，「時間」似乎至關重大，然而沒有「人」，「時間」是不會產生作用的，一時之論也不會自動晉升為公論；就這點而言，「非一時」和「非一人」的要求是合流的。

然而，此種觀點是否意謂著：所有的作品都得等上一、二百年，甚至改朝換代後才能獲得允當的評價？未必盡然。上述《總目》雖極強調時間過濾的必要性，卻也還不至於完全膠著在這個條件上，因此提出了當代評論也可切中公論的說法；上

能；雙聲疊韻，里俗已具。』是則攻擊約說，顯然可見，言亦不盡無因也」（評一）。也就是說，儘管鍾嶸對沈約的評論能找到文學思想上的根據，但因二者本有嫌隙，所以他的評論動機難免遭致旁人猜疑；這是同時代批評經常會面臨到的尷尬：就算批評者所發的言論公正，旁人也會揣度一己的居心。正因如此，時間的距離才會被《總目》視為達到公論的有利條件。

面引用的王世貞、世懋評《蘇門集》即只是「同」代論定。又如:

> 太祖與劉基論一時文人,基稱宋濂第一,而己居其次,又其次即孟兼。
> 今雖不觀其全集,而即二卷以觀其詩文,溫雅清麗,具有體裁,而龍驤虎
> 步之氣,亦隱然不可揭抑,接迹二人,良足驂駕;基雖一時之論,即以為
> 定評可矣!(《白石山房逸稾》別二二)

在這裏,個人批評的有效性受到認可;「一時之論」指出劉基的評論來不及得到時間的檢驗,甚至未必是經過深思熟慮後的縝密判斷〔註8〕,但後世(實即《總目》)卻能從(較)客觀的立場,重新肯定此種批評並非僅適用於當時。

此外,從「一時之論」可以晉升為「公論」的情況可以看出,《總目》雖就「蓋一人之書,不足以窮古今之變」指責不夠完善的批評,令人聯想到若欲達致公論,似乎必得「窮古今之變」以後方能得之,但實則不必如此。批評的有效性並不限定在一個批評家(或一部批評著作)全然無誤的條件上,只要某個段落文句的可信度強,就能夠成立。例如〈《瀛奎律髓》提要〉云:

> ……其說以生硬為健筆,以粗豪為老境,以鍊字為句眼,頗不諧
> 於中聲。其去取之間,……亦多不可解。……其議論可取者,亦不一而
> 足。(總三)

方回的批評在整部《總目》中有多處遭到反駁,幾乎可說是動輒得咎,但《總目》仍不廢其「可取」之言;由此可證明公論不必出於完善之書、聖賢之人,而是批評者之論點的捃拾與揀選〔註9〕。這是因為《總目》認知到每個人(「天縱英明」的皇帝除外)都有一己的視點和盲點,因此批評時很難面面俱到。〔註10〕

這種「雖一時之論,可以為定評、公論」的觀點,也替《總目》審察明後批評一事,提供了解套的思想基礎。前面曾說到,《總目》對明以後的作品採錄從嚴;揭示「浮華易歇,公論終明」的〈集部總敍〉卷首也另有一段宣言:

> 今掃除畛域,一準至公;明以來諸派之中,各取其所長,而不回護其

〔註8〕如《王氏家藏集》提要〉指責鄭善夫對王廷相過褒云:「一時興到之言,非篤論也。」
(別存三)「興到」有臨時起意的涵義,也就是未經深思熟慮,可參考《月泉吟社》
提要〉(總二)「一時之興」。

〔註9〕例如被斥為「一人之書,不足以盡古今之變」的《古詩選》,雖只被列入存目,但仍
有受肯定之言論:「王士禎作《古詩選》,於詩家流別,品錄頗嚴,而七言詩中,獨
錄其歌行為一家,可云豪傑之士,非門戶所能限制者矣!」(《靜修集》,別十九)

〔註10〕如《箋註李長吉歌詩》提要〉說:「(劉)辰翁論詩,以幽雋為宗,逗後來竟陵弊體,
所評杜詩,每舍其大而求其細……惟評(李)賀詩,其宗派見解,乃頗相近,所得
較多」,即明白地指陳了劉氏批評之長處與短處。

所短，蓋有世道之防焉，不僅為文體計也。

所謂「掃除畛域，一準至公」即是指：由於「公正」與「公眾」（「時間」為構成「公眾」的因素之一）彼此互補，相輔相成，因此當「公眾」條件無法具備時，只要儘量滿足「公正」條件，「公論」也就可以成立。所以，時代愈晚的作品，公正衡量的傾向也就愈強；而時代愈早的作品會經過愈多人閱讀、評解，就愈有公眾基礎。

關於評論的有效性，此處我們必須討論另外一種特殊情形，就是《總目》往往將文學批評的標準依附在皇帝的思想上，進而表達了一種「聖意」等同於公論的觀念：

煌煌天語，載在簡端，睿鑒品題，昭示中外，非惟一時之恩遇，實亦千古之定論矣！（《二希堂文集》別二六）

就今人看來，這完全是政治考量，更是「權力之正轉化為學術之正」的極端情況；只因皇帝具有政統的地位，所以《總目》才賦予他文統的地位，不可避免地強化了天子之語的公信力。《總目》的意思是：既然一時之論有晉升為公論的可能性，那皇帝當然更具備勝於其他批評家的優勢，因此〈東維子集〉提要〉才會有以下的看法：「袞鉞之公，上超萬古，非儒生淺見之能窺也」（別二一）〔註11〕，這是君權時代背景影響下的結果。尤有甚者，《總目》撰纂群臣尚且將自身的批評依附在「聖意」之上，藉此得到自欺欺人的效力，如：〈御選古文淵鑒〉提要〉云：

諸臣附論，各例其名，用五臣註《文選》例，而夙承聖訓，語見根源，不同五臣之疏陋。

《御選古文淵鑒》中，每選錄一篇文章，其後便列有臣子們的評論。《總目》的意思是：猶如皇上的英明足以使當日文風步上正軌一般〔註12〕，群臣長期接受皇上的指導薰陶，評論必然比前人更精湛。

當然，除去政治因素，皇帝的發言權及有效性與其他批評家是相當的，倒也不必矯枉過正地一概加以貶抑。只是，僅憑皇帝名號便將其一時之論晉升為公論，這是《總目》難以說服讀者的地方。

我們可以看出：除了政治考量的「聖意」之外，《總目》所認定的公論，大抵

〔註11〕此外如：「而我皇上區分體裁，昭垂矩矱，俾共知古文今文之分，睿鑒精深，逾（劉）安節、（呂）祖謙等之所見，不啻萬倍……（歐陽修自定集）每篇閱至數十過，有累日去取未決者…我皇上奎章藻耀，籠括古今，逾修亦何啻萬倍！而釐定舊制，必審必精，聖意之謹嚴乃與修相近，天懷沖挹，尤古之所無矣！」（《御製樂善堂文集定本》別二六）這些阿諛諂媚，或多或少都挾帶了「聖意即為公論」的思考。

〔註12〕參考：〈作義要訣〉提要〉：「我皇上聖訓諄諄釐正文體，操觚之士皆知以先正為步趨。」（評二）

源自於人們對歷來文學批評的實際認識，並且從而建立了「徵引」的批評模式，因此「時間」可謂公論形成與運作的必要條件，其最終目的是達致「公正」與「公眾」的雙重理想。

第三節　對「公論」概念的反思與質疑

「公論」概念的發展，意謂著《總目》想創造一種永恆不變的評斷，可以在不同時代面對各種詰難，並能從中提煉出「公正」與「公眾」相符的模式。但我們觀察《總目》落實於文學批評的狀況，就會發現沒有如預期般那樣嚴謹；理論與實際操作之間有著一定的差距。

一、一廂情願的「公正」之說

我們第一個疑問乃是針對「文章公論，歷久乃明」的看法而來的：究竟要經過多少歲月，才有資格稱為「歷久」？如第二節所述，《總目》以明代作為判定古今的界限，這道界限的劃分是否恰當？或許我們可以使用「權宜」一詞來說明《總目》的作法〔註13〕，但是《總目》曾給明代李攀龍《古今詩刪》如下批評：「且以此選所錄而論，唐末之韋莊、李建勳，距宋初閱歲無多；明初之劉基、梁寅，在元末吟篇不少。何以數年之內，今古頓殊，一人之身，薰蕕互異？此真門戶之見，入主出奴，不緣真有限斷。」（總四）《古今詩刪》以斷代作為揀選詩歌的方式，但這種方式卻會造成某種評判上的迷障：例如韋莊、劉基等人身處朝代交替之際，隨著他們被歸屬在不同的時間點上，關於他們的評價就會因後世論者尊唐抑宋（或薄唐崇宋、貶明褒元）之類的取向，造成極嚴重的落差。儘管《總目》看穿了斷代法的侷限，但它自身的批評也無法避免重蹈覆轍。

即使我們能接受《總目》對時代遠近的分野，「歷久乃明」觀點仍得面臨另一個問題的挑戰：既然時間可以促成公論，那麼行世不夠長久的作品究竟該如何評選？《總目》認為時間能汰去種種導致偏頗批評價的因素，又可將文學批評的趨向浮凸

〔註13〕例如《總目》曾經為高棅的唐詩分期方式辯解：「……其分初、盛、中、晚，蓋宋嚴羽已有是說；二馮嘗以『劉長卿亦盛亦中』之類，力攻其謬，然限斷之例，亦論大概耳。寒溫相代，必有半冬半春之一日，遂可謂四時無別哉！」（《唐詩品彙》總四）認為分期是一種方便的「權宜」之法，雖然不免有其局限，但對文學討論而言仍然是必要的。

出來，愈早的作品就能得到愈多人的審視、愈具公眾基礎；反之，離《總目》撰寫時間較近的作品，就沒有公眾可以依據。失去了公眾的基礎，如何能保證「公正」已然成立？

　　儘管《總目》理想中的「公論」具備「公正」與「公眾」二種互爲表裏的意義，但如同「允當」往往是主觀認知下的抽象用語，「公正」也未必眞的具有實際的公眾基礎；所謂「掃除畛域，一準至公」，也不過就是《總目》自我認定、甚至只是自我滿足的說辭。換句話說，《總目》審察明代以降作品的謹愼態度，並無法說服我們相信公正性的存在，因爲這種謹愼其實正透露出，所有關於近代作品之評價都是不確定、無法保證的：就是因爲「至公」本身漫無定準，所以才不得不特別謹愼。所謂「能被公眾所接受的公正議論」，沒有經過時間催生是無法成形的；除了等待，任何人都沒有最終決定權——「一準至公」只是一個前提而無實質意義，《總目》之「公」在此即打了個折扣。

　　於是「公眾」對追求「公正」的重要性便顯現出來：基於一己認定的批評行爲，無論再怎麼追求、強調公正性，也總是空泛而不切實際的，因此「公眾」不能只是達致公論的輔助條件，而是一種必要的思維，甚至可以說，只要掌握了「公眾」這個條件，「公正」自然就體現出來；如果沒有多數人的認同，不管批評者再如何力求客觀，也很難避免受到「閉門造車，出而合轍」的譏嘲。排除了「公眾」的論點，充其量是「眾人皆醉我獨醒」的自言自語，或只是批評者一廂情願的看法；《總目》即使恪守自己「一準至公」的原則，也未必就能達到「行於天下」的理想。

　　在這種情形之下，縱然《總目》可提出各種理由辯解，也都無法說服讀者相信它本身所作的判斷便是具有永久性的「公論」。況且，《總目》對怎麼秉持「至公」，也未提出任何獨特的觀點，至多是輕描淡寫地說：

　　　　人心是非之公，有不知然而然者矣！（《青霞集》別二五）〔註14〕。

所謂「是非之公」即指評判之公正，而這裏所言及的「人心」，當然不是特定的個體，因此《總目》撰者也能以自身的公正標準推臆眾人內心的是非尺度，使「公正」之公與「公眾」之公有了確實的聯繫，這就是《總目》敢以天下代言人自居的重要基礎。然而這句話在肯定《總目》行使「公正」之正當性的同時，卻也否定了追求「公眾」的努力：如果「公正」眞的是「不知然而然」、潛存於每個讀者心中，那又何必那麼講究「異代論定」？當利用徵引以求「公眾之議論」的特點被一廂情願的「公正之議論」所取代後，公眾也就不復存在，甚至會引起讀者對其可信度的懷疑：那

〔註14〕參考：「……人心彝秉之公，有不知其然而然者矣！」（《明詩綜》總五）

真的足以代表多數人的意見嗎？也因此，我們必須對「公眾」作更進一步的檢視。

二、求致「公眾」的困難

在前一小節裏，我們討論的對象是那些《總目》認爲歷時未久的文學批評；透過分析，可以知道這些批評先天上無法掌握「公眾」條件，連帶地影響了它們求取「公正」的正當性。那麼明代以前的文學批評呢？直觀上，較早產生的批評已經通過時間的篩選，因此一旦被視爲「公論」，其「公眾」與「公正」條件似乎是並存的。然而再深入思考，不禁令人懷疑：「公眾」的取得是否真有那麼容易？組成「公眾」的究竟是哪些人？這些組成能代表「公眾之議論」嗎？藉由上述問題，我們可以對《總目》的「公論」概念進行更細緻的審察與省思。

（一）囿止於「小眾」的公眾

如前所述，「異代論定」爲《總目》證明文學批評是否擁有公眾基礎的重要方法。由於這是個尚未發明普查的時代，因此公眾意見很難透過統計而展現出來，成爲一項無法克服的技術問題。當然，現今我們不能拿這個遺憾來苛責《總目》，所以不妨爲《總目》作以下辯護：「留存」是追索公論的起碼條件；由於文獻無法記錄一切思考，過往的大眾也會因此而消音，這原即是無可奈何的事。

但以上辯護遮掩不了《總目》與「公眾」的差距：在某些情況下，《總目》明顯認知到公眾的意見，卻堅持一己思想而不加採納。例如通俗文學在當時已受到一定的重視，然《總目》對詞、曲、小說等卻有低貶甚至排斥的傾向。〈《張小山小令》提要〉云：「今觀所作，遣詞命意，實能脫其塵蹊，故雖非文章之正軌，附存其目，以見一代風尙之所在焉」（詩詞存），儘管《總目》察覺元曲是能代表「公眾」的「風尙」，卻仍只將張可久等少數人的作品收入存目，至於關漢卿之類的戲曲大家連聊備一格的機會都沒有。貶抑詞曲或許可是說《總目》對「文章之正軌」的堅持，但絕不足以代表公眾的意見〔註15〕。

〔註15〕又如：「……詞萌於唐而盛於宋，當時伎樂惟以是爲歌曲，而士大夫亦多知音律，如今日之用南北曲也。金元以後院本雜劇盛而歌詞之法失傳，然音節宛轉，較詩易於言情，故好之者終不絕也。」（《宋名家詞》詞曲存）「不絕」的「好之者」也足以形成公眾，然《總目》對詞的貶抑之情仍可見於著錄裏，由此可知號稱「正統」文學的參與者，在整個人口中未必佔多數。不過，大眾文類的參與者也未必心態一致：部份寫作通俗文學的士人並不真的肯定通俗的價值，例如晏殊與蘇軾對柳永詞的譏諷（分別見於張舜民《畫墁錄》與《詞林紀事》引曾慥《高齋詩話》）；我們也可以

另外，在「正統」文學的批評上，我們也可以看到類似的情形：

> ……（袁）凱以〈白燕詩〉得名，時稱「袁白燕」；李夢陽〈序〉則謂「白燕詩最下最傳，其高者顧不傳」，今檢校全集，夢陽之說良是。(《海叟集》，別二三)

然而，「最傳」不正是「公眾之議論」的一個面相嗎？《總目》所贊同的「良是之說」，在當時反而是少數人的意見，諸如此類對流行評價不滿意而予以駁斥的例子，在《總目》之中不勝枚舉〔註16〕。這種情形所顯示的意義是：嚴格的「公眾」固然難以掌握，但《總目》乃是有意識地不接納這些公眾意見，並且在採取指導者的姿態時，毫不避諱自己的反公眾傾向；這種傾向其實與《總目》力求雅正、以「拔俗」為尚的觀點一脈相承。就一個徵引資料而言，這些史上有名的批評家的見解與「公眾之議論」都無法畫上等號。

掌握公論是《總目》從事詮釋行為的理想目標，其中帶有垂訓萬代的奢求；在此預設下，《總目》經常有意無意地將「非一人」的要求粗略地歸入「非一時」，使觀察的步驟過度簡化。

《總目》徵引了許多著名批評家的觀點，集中地對比各種相同或互異的思考，從中我們不難看出，這種模式並非觀照了所有人的意見，而只侷限在歷代知識階層所共同認定的「公正」上；也因此，《總目》所謂「公眾」其實形成於被徵引的歷史文獻裏，它的範圍縮小至留名青史的批評家，為不同時代的文人所共同凝聚的團體。

（二）分歧的小眾──虛幻的公眾

如果說，史上留名的批評家所形成的「小眾」之共識才是《總目》公論的真正內涵，那麼，《總目》撰修人員與被徵引者身份的交集，或許可以說是「公論」發生效用的範疇。但我們很快會發現：要為這些成員找出共同點、給予適當定義卻十分困難。因為，從先前的分析可以看出，鑑賞能力被貶低為「流俗」、「雅中之俗」的，並非僅止於庶民階層，甚至也包括統治階層的部份成員；因此我們無法用知識能力

想像，一定有不少庶民對所參與的文類妄自菲薄，並認為古文與詩等「正統」文學是自己沒有能力了解的更高級事物。

〔註16〕譬如：《李義山詩集》提要）指出李商隱詩的流傳情形「至於流俗傳誦，多錄其綺豔之作……取所短而遺所長，益失之矣！」(別四)；又〈《御選唐宋詩醇》提要）：「考國朝諸家選本，惟王士禎書最為學者所傳……士禎又不究興觀群怨之原，故光景流連，變而為虛響；各明一義，遂各倚一偏，論甘忌辛，是丹非素，其斯之謂歟！」(總五) 更直接挑戰當時的詩人們。對一位作者被高估、低估，或作品優劣與流傳狀況未能成正比……等種種案例，均重新論列。

或社會地位來區別所謂「公論」的認同者。

　　此外，《總目》裏徵引的既有批評，固然部份與《總目》「公論」看法一致，卻也經常出現立場不盡相同的狀況；這顯示出所謂「史上留名的批評家」之小眾，並不是在每個議題上都具有共識，而會隨著各種議題分歧爲一個個更小的團體，因此這個小眾其實並非穩定的存在著。況且，正如無法對特定時代的公眾意見作詳實的調查一樣，《總目》也不太可能實際考察當時仍留存的所有批評文獻；因此對歷代批評趨勢的觀測，不免流於一種概括的印象。這種質疑雖不免唐突先人之飽學，但不可諱言，印象式的觀察結果經常受到或然率影響、也往往先入爲主地被一己秉持之理念所誤導。儘管後人的評論或多或少基植於前人的批評，因此不全然出自個人的偏好（因為偏好也受過去影響），但我們很難知道自己是否掌握了歷來所有的批評，更遑論「恰當掌握」！雖然任何批評都會受到前人的影響，亦可能得到部份（無從定義的）公眾認同，但也必然揚棄與己相左的舊有觀點，並受到另一部份（也是無從定義的）公眾反對；任何論點不管在繼承過去、或在求取當下與未來之認同上，總不免落入「僅止於部份公眾」的窘境裏，而《總目》那種求取單一化整體公眾意見的理想必定兩頭落空。

　　所謂「共識」、「趨向」等與公眾之議論相關的概念，是看似確然存在、卻往往不堪實際縝密檢驗的；或許一位有此類要求的發言者，總在自己身處的團體中尋求這種訊息，因而自認爲相當公正，但如此並不能消弭不同團體或階層之間的牴觸。《總目》並非全然忽略了公眾，但認定的方式至多只能求諸其安處的有限人群團體中；而《總目》的審美標準又根源於統治階級的文學品味，即使我們不將之稱爲一種歧視偏見，也必須指出其中包含了未必能讓他人認同的堅持，這些堅持見仁見智，實在令人難以相信有何公正、公平或公眾基礎可言。

　　所以，「公論」在橫向上能具體掌握的，充其量僅限於《總目》撰修者的交遊圈；在縱向上，更無法將整個歷史上的喧嘩眾聲一一包羅，究其實質，只是《總目》作者先立足在於本身的文學觀念上，再給予自己所贊同的人們發言的餘地。我們固然不能將《總目》孤懸於歷史長河之外，默視它所受的諸多影響，但也同樣不能妄想身爲歷史一環的《總目》，具有超然客觀或兼納並蓄的能力。因此，《總目》之論既不全然爲公，也不全然爲私；在這個層面上和其他「一家之言」的批評著作並無太大差別。然而，《總目》所抱持的，不但是文人心態、還是精英文人心態；不只是知識份子的立場、更是統治階層知識份子的立場。而且這個精英並不能代表所有精英、這位統治者卻要求一個不可質疑的結論。

　　從前面的論述可以看出，由於《總目》並不曾放棄自我主張，所以勢必得切割

掉某部份異己的群眾、也因而淪爲「小眾」；加上《總目》又不可能包舉歷史上的種種意見，使得這個「小眾」再度面臨分歧。同樣地，當時的知識份子人言言殊，以致《總目》之論甚至不能一枝獨秀、成爲清代文人雅士的代表；《總目》所預設的「公眾」原是眾志一心，然而卻事與願違，現實中的「公眾」根本無從凝聚。《總目》所佔有的，只是文化、政治地位的優勢，以及縱然在其本文裏不算是絕對、也可稱得上至高的發言權力；一旦置之於這些特權無法延伸的場域，與其他批評著作相較便是非莫辨、高下難分。《總目》對公眾的強調，本來的確有著慎防偏私之論的用意，這點值得我們肯定，但並不能因此忽略其理論意識的粗糙自大。

　　《總目》曾指稱理學家的文藝主張「持論不爲不正，而其說終不能行於天下」（《崇古文訣》總二），然《總目》對各家議論作出的裁決，卻也使自己不免走上了「持論不爲不『雅』，而其說終不能行於天下」這一條道路。韓愈〈原道〉曾言：「凡吾所謂道德云者……天下之公言也；老子之所謂道德云者……一人之私言也」，其間對個人觀點的不信任、及以「公眾之議論」自我期許的心態，與《總目》是相近的〔註17〕；這種公與私必然對立、公正與公眾意義混淆的觀念，導致「公論」成爲一種信念、一種想當然爾的錯覺。也就是在這種一廂情願的思維基礎下，「公正」才被化約得如此簡單、「公眾」也才不需要詳實求證。《莊子・列禦寇》云：「以不平平，其平也不平；以不徵徵，其徵也不徵」〔註18〕，而《總目》正是以不能盡服人心的標準去處理公正之議論，以不合公眾的預設意識去求取公眾之議論；因此所謂的「公正」流於權威式的要求、所得的趨勢也不能符合真正的群眾意向。

〔註17〕韓愈之言後來飽受宋儒指責，如朱熹〈讀唐志〉（見《朱熹全集》，台北：光復書局，卷七十，頁3）就批評：「然猶幸其略知不根無實之不足恃，因是頗泝其源而適有會焉。於是〈原道〉諸篇始作。……然今讀其書，則其出於諂諛戲豫放浪而無實者，自不爲少。若夫所原之道，則亦徒能言其大體，而未見其有探討服行之效」，認爲韓愈對「道」的論述不夠周延，如此，於朱熹的觀念中當不足爲「天下之公言」。又如楊時〈送吳子正序〉（見《楊龜山先生全集》，台北：台灣學生書局，1974年，頁1015～1018）：「元和之間，韓柳輩出，咸以古文名天下，然其論不詭於聖人蓋寡矣！」此外認爲韓愈是文與道本末倒置的理學家更不勝枚舉。此處並非認爲理學家的觀念勝於韓愈，而是要指出韓愈自詡的「公」實難以取信於眾人。另外，韓愈在《總目》中雖評價甚高，也曾被指責其批評不公：「（樊）宗師之文故爲詭異，本非正軌；韓愈以交游之故，曲以『文從字順』許之，然所謂二百九十一卷者，卒以無傳，則是非之公，雖愈不能奪也。」（《樊紹述集註》別存一）。由此可知，無論何種時代、何種地位的批評者，只要抱持這種一廂情願的威權心態，都必然會受到後人質疑。

〔註18〕《莊子》（臺北：世界書局，《新編諸子集成》七，1972年10月），〈列禦寇〉，頁461。

三、「公論」對文學評價產生的排擠效應

從前面所引「浮華易歇，公論終明」等段落可以看出：《總目》認爲一切文學作品都有其確定價值，只待「浮華」等導致判斷錯誤的因素隨時間推進而消磨，終如撥雲見日，自會昭朗；這種觀點意謂著「公的狀態」在「公論」出現之前即已存在，「公論」只是將此狀態付諸言語敘述而已。〈《劉清惠集》提要〉云：

> 朱鳳翔爲〈序〉，稱其「文出入秦漢，詩則駸駸韋杜」，固未免太過；至稱其「標格高入雲霄，胸中無一毫芥蒂，故所發皆盎然天趣，讀之足消鄙吝」，則得其實矣！（別二四）

《總目》所引評論皆出自朱氏同一篇序文，然部份被《總目》判爲「過論」，而部份則被肯定爲「得其實」；無論這裏的「得其實」或其他段落的「得其眞」，都道出《總目》將文學批評工作視爲一種對「眞相」的揭發，並對此甚爲執著；正因如此，爲了避免扭曲「事實」，才會認爲一家之言不足取、評論不應以讀者私人見解定奪。又如《總目》曾稱讚《餘師錄》：「宋人論文，多區分門戶，務爲溢美溢惡之詞；是錄採集眾說，不參論斷，而去取之間頗爲不苟，尤足尚也」（評一），所謂「不參論斷」，讓人聯想到孔子的「述而不作」；或許這正是《總目》亦不欲自造新說，企圖掌握唯一事實之觀念的源頭。

認定「公的狀態」或「眞相」爲客觀存在，並以之爲獨一無二的正確目標，也使《總目》將文學評價與道德判斷劃上等號，幾無轉圜餘地。例如〈《頤山詩話》提要〉：

> （安）磐亦能詩，王士禎《池北偶談》嘗載其數篇，深許其工，故其評論古人多中竅會：蓋深知其甘苦，而後可定其是非，天下事類如是也。（評二）

此處除了肯定創作經驗爲恰當批評的有利條件，更認爲文學評論本身是種「定是非」的工作；既然《總目》所秉持的並非道家「此亦一是非，彼亦一是非」的觀念，那麼對於文學評論的比較，絕非懷抱著見仁見智的寬鬆態度，甚至也不會是「較恰當」與「較不恰當」之間的差異，而有著對錯分明、答案單一的嚴格基準。

然而，究竟要如何去求得這一正確答案？上述所謂「公的狀態」或「眞相」，在具體的文學批評裏究竟意謂什麼？〈《珂雪詞》提要〉云：

> 舊本每調之末，必列王士禎、彭孫遹、張潮、李良年、曹勳、陳維崧等評語，實沿明季文社陋習，最可厭憎，今悉刪除，以清耳目。且以見文之工與不工，原所共見；傳與不傳，在所自爲。名流之序跋、批點，不過木蘭之櫝，日久論定，其妍醜不由於此。庶假借聲者，曉然知標榜之無庸焉。（詞曲二）

從「傳與不傳，在所自爲」可以看出，符合「公論」的「恰當評價」必須以作品的「本有價值」爲依據；而所謂「文之工與不工，原所共見」，正是訴諸「人心是非之公，有不知然而然者」的「公眾」觀點，認爲對作品巧拙的認知並沒有個人差異。正因爲肯定作品「本有價值」的存在，導致《總目》對批評者意見的忽略，所以才有「名流之序跋、批點，不過木蘭之檜，日久論定，其妍醜不由於此」、「標榜之無庸」等語；可以說，「公論」觀念對文學評價產生了一定的排斥、推擠效應，使評價行爲成爲作品的幫襯、甚至只是一種餘贅，無法產生任何實質作用。

再以〈《孟東野集》提要〉爲例：

> 郊詩託興深微而結體古奧，唐人自韓愈以下莫不推之，自蘇軾「詩空螯小魚」之誚，始有異詞；元好問《論詩絕句》乃有「東野窮愁死不休，高天厚地一詩囚」之句。當以蘇尚俊邁、元尚高華，門徑不同，故是丹非素，究之郊詩品格，不以二人之論減價也。(別三)

儘管我們未必得贊同蘇軾對孟郊詩的評價、也不能認定孟郊詩是否因受到此評的影響而聲望下跌，但既然不再有眾人「莫不推之」的盛況，可以說，蘇軾之論在孟郊詩的「評價」史上，代表了孟詩的地位有所動搖的肇端，具有其關鍵性的意義；然而《總目》卻對此點視而不見，執意以「唐人自韓愈以下莫不推之」爲正確的判斷。然而，若以「公論歷久乃明」爲原則，那麼韓愈等人與孟郊所處時代相近，反而是不合格的，蘇軾、元好問才符合此一要求；再者，「蘇尚俊邁、元尚高華，門徑不同」，兩位文學主張不盡相同的批評家卻有相近的議論，豈非符合「談詩頗有異同，而品題『孟郊』，則兩相符契，蓋論至當則無以易也」的條件！

曾季貍《艇齋詩話》曾云：「前人論詩，初不知有韋蘇州、柳子厚……至東坡而後發此秘，遂以韋、柳配淵明……」〔註19〕。所謂「前人初不知」當然並非「不知有韋、柳其人其詩」，而是「不知其妙處」，所以曾氏指出的是：蘇軾之評論使韋應物、柳宗元詩作的價值首度得以彰顯。與《艇齋詩話》強調蘇軾對韋、柳詩的重要性相較，更可看出《總目》對批評之影響力的輕忽。

無論在中國或西方、文學乃至藝術評論等範疇，作品之既定價值的存在與否，都是一個重要問題。不過，在這裏我們只是想指出《總目》對此是抱持肯定態度的，並不打算涉入這個問題的論爭。我們想討論的重點是：肯定「本有價值」存在，對《總目》的文學評價工作乃至於達致「公論」理想的意義究竟爲何？

由先前的引述，我們可以看出《總目》對本有價值的肯定，導致了對批評與批

〔註19〕《艇齋詩話》(臺北：藝文印書館，《百部叢書集成》本)，頁12。

評者的忽視。然而在否定評價功能的同時，《總目》似乎忘了，「公論」的理想就是凝聚公眾的意見，因此對一作品的價值認知也必須建立在過往批評的趨勢之上。況且，就算「本有價值」確然存在，與之符合的「應有評價」也未必已經出現，因此像東坡「首發此秘」一類批評實爲不可或缺，這類情形在「公論」逐步形成的過程裏，可謂「刊落浮華」的創見；而對享有盛名的詩家「始有異詞」，同樣也可視爲對既往「過譽」的修正，其重要性亦未稍遜。《總目》否認此等評價流變的有效性，仍是以自身的好惡爲標準，說穿了，其實也不過是另一次的「加價、減價」行爲而已。

　　「伯夷、叔齊雖賢，得孔子而名益彰；顏淵雖篤學，附驥驥之尾，乃騰千里之路」，由《史記》這段文字，足見批評家的確有讓被批評者爲群眾所接受、甚至揚名立萬的可能。然而《總目》「傳與不傳，在所自爲」的論點，卻否定了批評對作品或作者名聲之流傳廣度的影響；同樣的觀念並不僅止於文學的範疇，例如〈《青霞集》提要〉云：「……至（沈）鍊之事蹟，彰彰史冊，日月爭光，不假後人之表彰，其贊記諸作，則槩從刪薙焉」（別二五），就是認爲一位賢者的事蹟不需要後人多事宣揚，自然爲人所知。但史籍不也正是一種「後人之表彰」？在《總目》中，其實也能見到關於評論影響作品聲譽或流傳廣度的記述，如：「仰蒙世祖章皇帝御製序文，表其忠藎，一經襃予，曠世獨生，故雖朽蠹陳編，彌深寶惜。」（《楊忠愍集》，別二五）然我們一旦稍加觀察，便可看出這些都是對皇上御評的誇大，並非嚴謹地指出評論眞的具備影響力，而「詩文評類卷首」所提及的詩文評功用，也未曾談到批評能否對作品流傳產生影響。當然，我們偶爾能於單篇提要裏，看到《總目》無意中承認了批評的傳播功效，如〈《續詩話》提要〉（評一）：

> （司馬）光德性功業，冠絕一代，非斤斤於詞章之末者；而品第諸詩、乃極精密。如林逋之「影橫斜水清淺，暗香浮動月黃昏」、魏野之「數聲離岸櫓，幾點別州山」、韓琦之「花去曉叢蝴蝶亂，雨餘春圃桔橰閒」、耿芝仙之「草色引開盤馬地，簫聲吹暖賣餳天」、寇準之《江南春詩》、陳堯佐之《吳江詩》、暢當、王之渙之《鸛雀樓詩》、及其父《行色詩》，相沿傳誦，皆自光始表出之。

如果這些詩家、詩作是經過司馬光的表彰才到達「相沿傳誦」的狀況，又怎麼能把「傳與不傳」的差異完全歸於作品？此處質疑《總目》對「御評」功效的誇大，並不是要剝奪皇帝的發言權，而是要指出任何一位批評家的評論都有可能具備這種傳播功用；更何況，在所謂「一經襃予，曠世獨生」這種作品因評論而受到世人矚目的狀況裏，「御製序文」發生的效力還未必比得上《總目》所不以爲然的序跋、批點呢！再則，批評的傳播效用雖未能直接動搖作品的價值，卻可提高作品能見度，一

且有更多人看到，不同的評論也隨之產生，所以「傳與不傳」的差別也會對作品、作者的價值產生意義，足見評價的主觀性是難免的；作品廣泛流傳必然引起評價多元化局面，這勢必對「公論」、「定論」造成衝擊。雖然在面對這種局面時，《總目》依然固執己見，並貶抑不同的觀點為「往往迴護其詞，究不足以奪公論」（《武功集》，別二三），但是，只要還有「奪」的情形發生，即顯示出並沒有一個為眾人所接受的「公論」存在，而「本有價值」也並非不證自明，因此，我們甚至可以說：《總目》對「公論」所附出的努力，正是與「公論」相符應的共識尚未形成的最佳證明。

導致這種以「本有價值」來否定文學批評之「評價」功能的情形，主要是因為《總目》在自身的論述中沒能區分「評價」和「價值」的差異，也未曾深思：縱使真的有永恆不變的「本有價值」，也未必有與之對應的適切評價。於是《總目》緊守著自己所看到的價值，並用以反對他人的評價；將完成「一己評價」的努力，錯以為是追求作品「本有價值」的實踐。然而《總目》所看到的「價值」以語言文字表達出來，其實也只不過是諸多「評價」中的一種，怎麼能說這就是揭露作品的「本有價值」呢？

先前我們曾指出，《總目》認為「公的狀態」在「公論」出現之前已然存在，這卻暴露了「公論」原本相輔相成的兩個定義「公正之議論」與「公眾之議論」之間的矛盾。因為，《總目》的公論主要源自於對批評流變的實際認識，是一種觀察所得的結果；將這個結果視為一個早已存在的狀態，不免有「倒果為因」的疑慮。所謂「公眾之議論」無可避免地需以實際批評結果為基據，而「公正之議論」卻已經抽拔為一種哲學要求；將源於複雜現象的觀察成果，驟然提昇成哲學性的準則、賦予它先驗與絕對的價值，是輕忽理論與實際之別而產生的妄想。

如果《總目》放棄了自我堅持，只從事類似批評史的描述工作，而完全服膺在公眾之議論下、並承認這些議論皆是公正的，那麼「公論」便成為一種對實際狀況的描繪與書寫。然而從《總目》的反公眾傾向裏，可以看出《總目》並不想（也無法）以多數群眾的意見為評斷指標，但是對所謂的「真相」又無能掌握；因此不管是具有超越意義的「公正」或反映現實狀況的「公眾」，《總目》皆未真的達致；當「公正」與「公眾」相混淆、在沒有一合理之運作模式的控制下，兩者只是被《總目》隨機（甚至是投機）取樣、用來塑造自己為公論的說辭與詭辯而已。

同樣地，過度強調批評對象的「本有價值」，低估了自身所秉持文學審美標準在整個批評過程的地位，將一己評斷視為「明」公論而不是「立」公論、「發掘」公論而不是「塑造」公論。沒能釐清自身工作的性質，以致《總目》對批評行為的認知與實際所進行運作的並不相當；追尋「公論」所得之成果其實仍是《總目》撰修者一己好惡的展現。

四、文學批評與歷史累積的不必然關係

　　「公論」成立所必須具備的條件之一，就是按下的評價能被一切讀者接受、不再有所質疑，並且可以持之後世而不易。從我們先前的論述裏可以看出，《總目》「論定」的說法根植於文學批評「後必勝前」的基本思考，認爲時間可以淘洗不正確的閱讀觀點。

　　但是文學評論之正確性必然會隨著歷史的前進而增加嗎？其實不然。在客觀條件不同的情況下，作品往往面臨各種不同的詮釋與裁斷，《總目》也常指責後代評論不如前人恰當，例如〈《詩品》提要〉反對王士禎的批評而爲鍾嶸辯護：

> 近時王士禎極論其品第之間多所違失，然梁代迄今，邈踰千祀，遺篇舊製，什九不存；未可以掇拾殘文，定當日全集之優劣。（評一）

由於書籍簡冊保存不易，流傳時經常會散佚、毀損，因此造成了後人品評的侷限〔註20〕。不過，這種「掇拾殘文，定當日全集之優劣」的毛病，《總目》自身也未能避免，例如先前所引〈《安陸集》提要〉對蘇軾評張先詩詞的非議就是最好的例子〔註21〕。另外〈《百正集》提要〉（別十八）同樣對王士禎的指責，也顯示了後代評論未必勝過前人：

> ……至元丙戌，浦江吳渭邀謝翱方鳳等舉月泉吟社，以「春日田園雜興」爲題，……以羅公福爲第一名……。王士禎《池北偶談》則謂「月泉吟社詩，清新尖刻，別自一家，而謝翱等品題未允」，因重爲移置，改文鳳爲第二十一名。然元初東南詩社，作者如林，推文鳳爲第一，物無異詞，當必有說，似未可以一字一句，遽易前人之甲乙。

此處「物無異詞，當必有說」，便是指出元人自有其評審標準，認爲王士禎只賴「一字一句」等細節上的看法不同，便擅自改易作家品第，似有不妥。但是，《總目》於有意無意間，也透露出許多作品在清代已然「論定」的想法，並用當時的觀點否定（部份）前人的評論，這就已經犯了王士禎「遽易前人之甲乙」一類的錯誤。總而言之，《總目》用了鬆緊不一的態度處理他人與自己的評論；但無論如何，這段提要已經表現出元人未必不能公平審理元人、而後人評價也未必勝過前人的事實。

〔註20〕這種以客觀環境爲理由的討論方式在《總目》其實並不常見，因爲「別集類卷首」云：「天地英華所聚，卓然不可磨滅者，一代不過數十人；其餘可傳可不傳者，則繫乎有幸有不幸，存佚靡恆，不足異也」，這意謂著：會受外在條件影響而被淘汰的作品多半可有可無、價值不甚高，而非「卓然不可磨滅者」。

〔註21〕蘇軾與張先時代相近，因此即使蘇軾所見張先之詩未及全貌，也不至如《總目》所收錄的那樣稀少。如果批評者觀閱作品之完整度，也是其論斷公正與否的一種指標，那麼《總目》已經喪失了駁斥蘇軾的優勢。

　　這種「各時代批評都自有其理」的認知，令人聯想到《總目》重要撰纂者紀昀個人評點著作《瀛奎律髓刊誤》「尚論其世」的觀點：紀氏指出李白〈秋登宣城謝朓北樓〉「結在當時不妨，在後來則爲窠臼語、爲淺率語、爲太現成語，故論詩者當尚論其世」〔註22〕，李白此詩的末聯本有其原創性，或許正因如此，後來有太多詩家蹈襲以致於喪失新意。像這樣因長久累積大量雷同作品而淪爲俗套的句子，在後代總會招致反感，即使是初軔之作也很難受到好評；紀昀提出「尚論其世」，正表現出我們評論時不能完全以後人的批評環境、角度作衡量。但在這種情形下，就算批評者努力做到「尚論其世」，頂多也只能讓其他讀者不對原作起過度反感，這首詩被視爲傑作的時代已不復存在；那麼，究竟是對此詩趨之若鶩的前人沒有鑑賞力、或是今人的反感過於苛刻呢？這恐怕會成爲見仁見智的爭議。如此更可證明「歷久乃明」這種思考未必適用於一切情況。

　　此外，從《總目》對過往文學評論的指責中，也能顯示出時間所造就的絕對優勢只爲清人所擁有，例如〈《唐音癸籤》提要〉云：

　　　　……所錄不出《御定全唐詩》詩之外，亦不甚行，獨詩話採頡大備，

　　爲《御定全唐詩》所未收；雖多錄明人議論，未可盡爲定評……。

這段話表示《總目》對明代的評論全無信心，正如「詩文評類卷首」貶抑「明人（詩文評）喜作高論，多虛憍之詞」。然而，唐朝對明人而言，互隔著五代至元四百年以上的時間，按理說來，明代批評家的見解也應該有一定的可信度；《總目》自認當時已可對元前的文學作品訂定公正的評斷，卻懷疑明人對唐詩的裁奪能力，這不單是以清代爲本位的「入主出奴」偏見，也顯示出歷時條件只是《總目》引以自重的說法，實際上未必能促成恆久不變之定論。

　　像〈《唐音癸籤》提要〉這類批駁過往批評的言論，在《總目》裏相當常見，由此可以看出，《總目》縱然不至於對前朝批評者全盤否定，卻也是否多可少、貶過於褒。又如〈《娛書堂詩話》提要〉云：

　　　　其論詩源出江西，而兼涉於江湖宗派，啓所稱述……及作詩用法語一

　　條，大抵皆凡近之語，評品殊爲未當，蓋爾時風氣類然。

認爲趙與虤一人之批評著作反映宋朝整個時代的評論風氣，並直指當時的評論見解平庸、水準並不高。但是，《總目》認爲失當的品評，或許對宋人而言卻相當適切，因爲每個時代的主流美感標準不同、所造就出的典範也不可能一致；這正是前述「物無異詞，當必有說」觀念的眞諦。換句話說，在《總目》眼中可歸入浮華之流的過

〔註22〕《瀛奎律髓刊誤》一提《紀批瀛奎律髓》（臺北：佩文出版社，1960年），卷一，頁3。

往批評，有可能正是前朝所認定的不易公論；對《總目》而言已經確立如山的文學決裁，提早或推延一段時間後，都可能被斥為荒謬言論。儘管如此，《總目》從未對「論定」的信心有過些許動搖；究其原因，除了誤以為皇帝之智慧足以撥正文風的盲目崇拜外，主要還是建立在前人已邈、無法與後人辯駁的歷史優勢上，同時也忽略了自身所處時代終將往而不返的現實。因此，《總目》雖然認知到任何時代皆會因一己特殊的視角而帶來批評上的限制，卻未曾考慮到自己也是歷史的一環，當然對自身同樣有此侷圄也就毫無警悟，顯示了《總目》的歷史觀不夠完整之處。

前述「別集類卷首」裏「有明以後，篇章彌富，則刪薙彌嚴」的作法，考量到恰當評價的困難，讓我們感到《總目》論斷態度之謹慎，其間似乎已透露出評價無恆的顧慮，然而這與「今於元代以前，凡論定諸編，多加甄錄」此類「論定」的觀念大相逕庭：對「後」的意識過於薄弱，使《總目》所呈顯出的歷史思維缺乏了確實的未來觀，甚至接近了忽視的地步；利用《總目》自身的話來表達，就是「未及慮其遠」。《總目》在一定程度上認為自己位處於評價變化的終結點，許多評論將不再更動地地保持在他們所認定的「公正」上、並且延續後世，這簡直是把自己拉抬到「止於至善」的境地上！

此外，《總目》既然強調歷時對恰當評價的重要性，卻又總是援引唐人評六朝、宋人評唐人、甚至是元人評元人的見解，忽略了在這些引文裏，批評者與被批評者的時間距離並不大；這對《總目》公論「歷久乃明」的要求而言，確實存在著自我矛盾、甚至自我顛覆的危機。這些過往批評之所以被採納、被視為「公論」，只不過是出自《總目》的認可而已，但這種認可的方式，連帶使得《總目》內文的旁徵博引都啟人疑竇：是否《總目》徵引的目的並非是為了呈現文學批評的趨勢流動，而是要讓人相信整個趨勢正吻合自己所陳述的那樣？如果《總目》所觀察出的批評演化進程真的符合多數人的共識，那麼徵引仍然擔負了證明一己陳述的作用；如果《總目》誤判了文學批評的流勢，則旁徵博引就只淪為一種自我滿足；如果《總目》心存誤導，那麼洋洋灑灑、滿篇累牘的選擇性徵引，更不過是它有力的自圓其說工具。

第四節　無法掙脫的政治情境

先前我們試圖為《總目》「公論」匯整出一個合理的思考進程，因此將書中所誇大的清皇之言——「聖意」、「聖訓」——視為破壞其論點一貫性的特例，但這樣的作法卻忽視了皇帝之意志對公論的實質影響。實際上，皇帝的觀點在《總目》中有著絕對的優先權，這種特權並非只對公論的正當性有著相當的破壞力；在一定的

程度上，更是建構公論的核心因素。

在前面的分析之中，我們可以看出「公論」相當重要的觀念是反對一家之言。關於這點，除了《總目》對個人批評能力的不信任與「一家即爲『私』」的偏見外，位居政治地位中心的《總目》，或許也有著不能忍受自身「降格」與其他一家之言並列的心態；其目的可能希望政統能擴及文統，就像《大義覺迷錄》等清皇之文對儒學的改造一樣〔註23〕，試圖在文化上替以外族身份入主中原的清朝皇室爭正統地位。這種心態涉及了皇帝不可侵犯的神聖性，是故不能單純地將「公論」的裁決解釋爲撰修者立論的粗糙與偏執；因爲在這種情形下，撰修者實有著受環境制約而不得已作此議論的緣由。

例如〈《皇清文穎》提要〉中縱論了歷朝官修總集：

> 伏考總集之興，遠從西晉，其以當代帝王，詔輯當代之文者，不少槩見，今世所傳，惟唐令狐楚《御覽詩》，奉憲宗之命，宋呂祖謙《文鑑》，奉孝宗之命爾。然楚所錄者，佳篇多所漏略，祖謙所錄者，眾論頗有異同，固由時代太近，別擇爲難，亦由其時爲之君者，不足以折衷群言，故或獨任一人之偏見，或莫決眾口之交譁也。我國家定鼎之初，人心返樸，已盡變前朝纖仄之體……我皇上御極之初，肇舉詞科，人文蔚起，治經者多以考證之功研求古義，摛文者亦多以根柢之學抒發鴻裁，佩實銜華，迄今尚蒸蒸日上。一代之著作，本足凌轢古人；又恭逢我世祖章皇帝、聖祖仁皇帝、世宗憲皇帝，聰明天亶，制作日新，我皇上復游心藻府，煥著堯文，足以陶鑄群才，權衡眾藝；譬諸伏羲端策而演卦，則讖緯小術不敢奢其談，虞舜拊石而鳴韶，則弦管繁聲不敢奏於側，故司事之臣，其難其愼，幾三十載而後能排纂奏御，上請睿裁。迄今披檢鴻篇，仰見國家文治之盛，與皇上聖鑑之明，均軼千古。俯視令狐楚、呂祖謙書，不猶日月之於爝火哉。（總五）

此處所根據的，是時代風氣對文學乃至整體學術影響至鉅的立論，爲《總目》評議時特別強調的觀念〔註24〕；在這篇提要裏，卻發展爲「時代風氣對文學有重大影響，

〔註23〕《大義覺迷錄》（臺北：文海出版社，1969年）收錄清世宗針對曾靜、呂留良案所下聖諭及相關資料，用意是在理論上制服反清思想。世宗強調《書經》「皇上無親，惟德是輔」的論點，將清朝據有天下的事實解釋爲順天應人的情勢，並將孔子「夷狄之有君，不如諸夏之亡也」引申爲「是夷狄之有君，即爲聖賢之流；諸夏之亡君，即爲禽獸之流」，以儒學思想來證明清朝的正統地位，試圖削弱同樣以儒學爲基礎的反清「華夷之辨」思想之影響力。

〔註24〕例如〈《秋聲集》提要〉云：「其詩文根柢差薄，骨骼亦未堅緻，蓋末造風會之所趨，

而對影響時代最鉅者為皇帝」的詭異論點〔註25〕。接著，在「眾論頗有異同……亦由其時為之君者，不足以折衷群言，故或獨任一人之偏見，或莫決眾口之交譁也」等語中，更將前人無法達成公論的因素推延為：批評能否達致公正乃繫於文學風氣，但文學風氣其實關乎當朝皇帝的能力優劣、英明或昏庸；如此一來，「獨任一人之偏見」等前人無法解決的批評困境，在《總目》眼裏也都能藉清朝皇帝之「睿裁」而補足。此外，由這段文字對唐代令狐楚、宋代呂祖謙的貶抑裏也能夠看出，《總目》之所以對歷代批評成就貶過於褒，部份原因乃基於要宣揚「國家文治之盛，與皇上聖鑑之明，均軼千古」的立場而刻意矮化前朝。

清皇聖明與否的問題，自可再作深入的探討，但《總目》撰寫者身為臣屬，實有著不得不媚上的尷尬處境；也就是說，皇帝本身是聖是愚其實並不重要，因為無論君主如何開通，也沒有臣子膽敢指稱皇帝無能、文學造詣未臻高明。儘管此類文詞極盡誇大阿諛之能事，卻仍被《總目》奉為圭臬，更進而用來彌補其立論所不足的關鍵處；以這些奉承之詞為基調，一些相關的論述就不免似是而非，連帶地《總目》之自覺（如體認到部份作品在清初亦歷時未久）也變得空洞無益，而這些受皇帝「薰陶」的臣子們便喪失了反省的權利──因為如此「妄自菲薄」意謂著對皇上影響力的不信任。

在前幾節的分析裏，我們由《總目》本文出發，著重批評者的權力來自皇帝：依憑「夙承聖訓」的方式（或藉口），皇帝將自身的裁決權力轉移給撰寫之臣，因此臣屬難免擅權而有自稱「公論」之嫌。然而，由奉承言語所反映出的委屈立場可以看出，「聖意」同樣也會產生一些有形無形的羈約：因為代表皇帝發言，就算內心不安，也必須將一己論點誇飾為天下至正的公論。在此《總目》陷入了另一種窘境：問題的重心已經不再是能否確定自己所言為公論，而是「不得不」強調自己所言為公論；因為公論在歷史與政治上的權威，原本就是一體兩面，而後者正是一個不容質疑與撼動的勢力。至此，「公論」由求「公」的理想搖身一變為以「公」自許的特權，接著再演變為必得以「公」自居的違心之論。

由此我們可以看出，縱使皇帝並未切實給予群臣文學評論上的指導，但群臣仍

其事與國運相隨，非作者所能自主」（別十八），指出宋末政治環境影響創作極深，時代風氣足以直接干預文學作品的傾向和成就，與自誇「我國家定鼎之初，人心返樸，已盡變前朝纖仄之體……一代之著作，本足凌轢古人」是同樣的思考方式。

〔註25〕除《皇清文穎》提要）外，《總目》於《御選古文淵鑒》提要：「諸臣附論……夙承聖訓，語見根源，不同五臣（《文選》注）之疎陋」（總五）等文，亦展現出類似觀點。

必須以較具體的「聖訓」為本、並揣摩「聖意」以完成整部《總目》，而「公論」也同樣在這種情形下定案。可見「聖意」不但是「公論」的學術權力源頭，也是「公論」最終目標的訂定者——在允許群臣運用被賜予的權力暢所欲言之前，先行設下了限制——因此《總目》從皇帝手上取得了絕對的發言權，卻也造成了自我深入反省的障礙。耐人尋味的是，皇帝在文學評論上的能力是經過臣子誇飾而形成的，而當皇帝再將這種被臣子賦予的能（權）力頒賜給臣子後，臣子又必須在揣度皇帝所容許的尺度中立論，產生了一種文學評論「上下交相賊以成」的惡性循環；可以說，在《總目》的整體組織裏，文學與政治的位階並不相等——撰修者的文學思想必須在政治權力所設定的遊戲規則下始得以進行。

從以上的分析，我們能對先前所論述的「公論」之內部運作，有更進一步的認識。例如前面我們曾指責《總目》懂得「鑑往」卻不能「知來」，這是因為未來意識已經被政治環境壓抑、扼殺：試問正值清朝強盛的時候，誰敢提起合久必分、分久必合等朝代興替之事？當然得在言辭上誇稱本朝必會千秋萬世，而文學的定評之說自然會應運而生，這種不完整的史觀源於對政治權力的妥協與屈服，由此顯示了《總目》自許為「上超萬古」的文化事業與互古不變的官場縟節之間的同源關係。

小　結

在前幾節裏，我們針對《總目》的內容，指出了「公論」於實際操作上的疑點，在此，我們將試著探討「公論」觀念本身的不足之處。

「公論」主要的訴求就是歸納歷代文學批評，並從而作出不會遭到他人反對的結論，然而，在儘量避免引起爭端的前提下，勢必淪於只能言及粗略意義、削足適履的折衷論調；也就是說，求取「公論」就好比數學裏求「最大公因數」的問題，是在古今同一議題的相關言論裏異中求同，但這種方式往往重視整體判斷的適用性，卻很容易忽略雷同判斷下所預設的思考經常會立場不一、方向錯綜。由於《總目》在援引過往批評時無法顧及前人推演的細節，因此只能陳舉自己所認可的觀念並換取粗略的共識，於是這種以「公」為第一要義的評論方式，就不免會因為牽就共識而將前人之論囫圇吞棗地概括承受，造成知其然而不知其所以然、無法深入探討議題的缺憾。

以「廣納眾人之議論」為源頭、以「眾人接受而無異議」為目標——「承襲」這種行為在公論中實有著至關重要的地位。在只講究整體判斷之一致性的情形下，所謂「公論」可以說只是建立在對既有經典（或評論）的尊重甚至是惰性之上；「尊

重」尚有自己判斷、抉擇的意味，而「惰性」乃是指讀者於觀閱作品之前，便對作家的地位甚至作品內容有了先行的抽象認識，這種認識經常使讀者在成見產生後才作出蹈襲前人的評價。例如時代較早的讀者面對陶潛、李白、杜甫等文學家時，原本是只能自己辨別優劣好壞、無所依循的，然而後人卻往往在閱讀他們的作品前，就已經得到了現成的結論，於是既有批評就不斷地灌輸我們「陶潛爲田園詩人」、「李白是浪漫主義者」這類的思考，使後代讀者失去自我判斷的能力，也讓作品豐富多彩的作家面貌逐漸單一化。這種病徵在今日的閱讀行爲裏經常可見，而從另層方向看來，卻也產生許多「批著經典外衣的凡庸之作」——因爲，並非一切的審美標準都緣自人們的審美意識；然而，無論正面或負面的承襲，都難免對人們的審美標準造成必然的內化，對文學作品評價的固定有著不可忽視的力量。

《總目》強調「公論」在地域與時間上的無遠弗屆，其間必然涵括了那些因循舊學、卻未曾仔細閱讀過文學作品的人們，因此所謂「共識」不過只是建立在人云亦云的基礎上——《總目》稱此類沒有主見的批評爲「聽聲之見、隨人是非」〔註26〕——這種毫無批判性的共識對《總目》所期望的「公論」實在是一大諷刺！

再者，這種「隨人是非」的評比狀況不只會發生在具指標意義的文學大家身上，許多乏人問津的作品也有相似情形。此等作者的既有評價大多僅見於它的前序與或後跋之內（可由《總目》大量徵引這些資料為參考點看出），而這些「友朋推挹之詞」也泰半如《總目》所指責的，是「例必稍過其量」（《惟實錄集、外集》，別二十）的溢美言談。由於對這些文學作品或爭論投以關注的讀者較少，因此不足以成爲公共議題，在這種情形下，《總目》針對它們所按的評判自然談不上有什麼反對意見（事實上連贊同的意見也缺乏）。所以我們可以看出，一個文學議題「歷時未久」固然沒有足夠的參與者，但更嚴苛的事實是：許多（不妨說「更多」）文學議題歷時再久，也未必引動批評家討論的興趣；時間並不能保證公眾的參與。正因爲文學議題不一定都有公眾爲它們衡量優劣對錯，是以《總目》要求讀者接受此類「因不知而不反對」的評價爲「公論」，其實就是要求讀者放棄判斷與反駁，要求讀者「隨『公論』是非」。

在「公論」底定之前的眾說紛紜，即是我們所熟知的「公案」一詞指稱的狀態。由懸而未決的「公案」到穩定不變的「公論」，意味著討論過程的終結、討論空間的消逝；「公論」是一種關於對話的抗拒與攔截。公案締建了一個開放的討論空間，而在所謂公論提出時，開放性便隨之封閉，失去其公共特質；弔詭的是，倘若《總目》

〔註26〕見《《石林詩話》提要》（評一）。

只以一家一派自居，反而可爲公案保留了開放性，但過於強調公論的後果，卻導致了一言堂式的苛求，使自己失去對群眾的包容力。

綜上所述，《總目》原欲以合乎「公正」、「公眾」條件相輔相成的方式來避免前人的局限，但這原本就是每位批評家必須擁有的體認與雅量，例如何文煥《歷代詩話考索》云：「子思子云：『聖人亦有不知。〈大雅〉曰：「先民有言，詢於芻蕘。」』故余於詩話，考故實，各述所聞見，論是非，折衷於聖經，于古人無彼我也。若前明晦伯元瑞之於升菴，各挾己見，所論又未盡允確，難免蚍蜉撼樹之譏」〔註27〕，何氏自述的批評方式與態度，與《總目》旁徵博引以求「異代論定」、不贊成一家之言相當近似。然而，比起何氏重視「聖人亦有不知」所表達的的謹愼謙虛，《總目》帶著政治權威的光環，以「聖人」（指皇帝）的觀點爲無限上綱，只曝露了自己的自大、對公眾認知的粗糙以及對歷史的認識不足。就其立論基礎而言，《總目》所建立的「公論」並不具能廣納眾聲，和其他文學批評著作同樣只是一家之言；就其立論層次而言，《總目》只是展現自身的標準，「公論」也往往淪爲再次批評，僅能視爲相似觀點的複述或支持者，並不具超然或更進一步的觀點。

「公正」的標準見仁見智，一切文學評論及研究都難免有認同者與反對者，可以說是無法印證的；而「公眾」的趨向與「公正」的標準或多或少有所衝突，因此除非放棄一己觀點，逕自將「公眾之議論」的統計結果視爲「公正」，否則「公正」永遠不可企及。另外，「公眾」條件本身就無法固定，隨著時間推移，與「公眾」息息相關的「公論」也必然不斷地變化，於是對「公論」的追求會變成永無止境的修改。

即使在精英與大眾不再有明確分野的今日，有多少文學批評者會認同以忠實反映「公眾」的「現代民主制度」來處理各種文學相關議題呢？又有多少批評者會認同以這種方式得來的「公正之議論」呢？當《總目》讚許某個評論「慮遠且大」時，或多或少寓涵了預知未來趨勢的意味，也就是「超越時代」的意思，既然如此，又怎麼能冀望同時代的讀者視之爲公論呢？李夢陽對〈白燕〉詩的論斷正以迥異於公眾而獲得後世認同，以此爲例，我們甚至可以大膽地說：之所以有這後人認可的評價，乃是因爲李夢陽不強求「公眾之議論」，對自己批評觀點堅信不移所得到的成果〔註28〕。

〔註27〕見何文煥輯《歷代詩話》（臺北：漢京文化事業有限公司，1983年1月），頁823。
〔註28〕又如被《總目》稱讚「此編所論，多得古人之意」的《懷麓堂詩話》，在明·姚希孟《松瘦集》〈懷麓堂詩話跋〉裏卻被指爲：「李長沙詩以勻穩爲主，其爲古樂府，弇州譏其類小學史斷。迺其談詩頗津津。是時詞林諸公多以詩爲事，卷中所載如彭民望、謝方石輩，相與抨彈甚切……」（評二）可見在明代李東陽的詩論並未得到普遍認同。

第五章 文學批評的呈現機制與
《四庫全書總目》的作者問題

　　作者是一部著作的思想成份與生成背景等的重要參考，因此在一份研究之中，總是將作者問題放在相當前面的部份討論。然而，《四庫全書》具有官修和集體編纂的背景，因此其《總目》的作者問題也較私人著作更為複雜，此所以本篇論文將作者問題置於較後討論。

　　討論作者問題，首重史實；若能以史料確定無疑之執筆者，則作者問題可謂迎刃而解。然而《四庫全書》與《總目》為敕輯官修，歷來官修之書往往不出一手，而四庫館人員亦多至三百餘位，且以纂修史料觀之，職務並非如其職稱所代表之涇渭分明。因此若在處理《總目》文學批評之前就以考證等方式片面地決定作者，勢必使研究的重點（如本論文所針對的文學思想）淪為此一作者名下的附屬品，也就是研究不知不覺中變成以此一作者為主體，而真正重點（文學思想）反而淪為客體：所表現出來的便是將《總目》的觀點予以割裂，並隨此一作者個人著作的內容任意牽合、甚至強加比附；於是此一作者的既有文學觀將先入為主、喧賓奪主，使得研究《總目》文學觀的工作不自覺的被已有的作者研究牽著鼻子，成為此作者原先文學觀研究的附庸。

　　因此本篇論文在前幾章直接進行《總目》本身內容的研究，對之有所了解後，再回過頭來比對其中見解與前人認定的作者個人文學批評著作之間有無落差；試圖為此一問題之研究提供另一種思考途徑。

第一節　一個常見的說法：紀昀一手刪定

　　一提到《四庫全書總目》，許多人直接聯想到的就是紀昀；從《總目》初成的年代至今，這種觀點的支持者一直絡繹不絕。這些看法大致可分三種：一、與紀氏時代相近的人在文章中的肯定；二、後人以《總目》纂修之相關考證加以肯定；三、認爲《總目》所呈現的乃是紀氏的思想觀念。

一、與紀氏時代相近的人在文章中的肯定

　　和紀氏時代相近之人的說法有著時間上的優勢，值得我們重視；但時代相近並不代表空間上也緊臨，有些二手的說法根本只能視爲時人之道聽途說。紀昀〈二樟詩鈔序〉云：

> 嘗有場屋爲余駁放者，謂余詆諆江西派，意在煽構，聞者或惑焉，及
> 余所編《四庫總目》出，始知所傳蜚語，群疑乃釋。

這些批評的發言者與聽到批評後半信半疑的人都與紀氏同時，但對紀氏並不甚了解，只是道聽途說、妄加揣測；肯定紀氏「一手所成」的人之中如著名文學家洪亮吉等人，亦同樣有許多甚至與紀氏並不相識、對四庫全書編修情形也不甚了解，所言毫無實情可据，並不可信〔註1〕。

　　眞正足爲參考的應是與紀氏有所交遊的人；如同屬四庫館的總閱官朱珪〈祭紀氏文〉云：

> 生入玉關，總持四庫，萬卷提綱，一手編注。

又其〈紀曉嵐墓志銘〉云：

> 公館書局，筆削考核，一手刪定，爲《全書總目》，褒然巨觀〔註2〕。

另外，同樣也是四庫館的總目協勘官劉權之〈紀文達公遺集序〉云：

> 乾隆三十七年，朱笥河學士奏聞高宗純皇帝，敕輯《永樂大典》并搜
> 羅遺書，特命吾師總撰《四庫全書總目》，俱經一手裁定。

與劉權之同樣身爲紀氏弟子的陳鶴〈紀文達公遺集序〉亦云：

> 《提要》一書，詳述古今學術源流，文章體裁、異同分合之故，皆經
> 公論次，方著於錄。

〔註1〕在現今可見的史料中，《四庫全書》的纂修歷程，多爲清朝官方文獻，私家論及者極少。參考中國第一歷史檔案館編：《纂修四庫全書檔案》（上海：上海古籍出版社，1997年7月一版，以下簡稱《檔案》）。

〔註2〕見朱珪：《知足齋集》，卷五、卷六。

但這些文句，如朱珪的「萬卷提綱，一手編注」，「萬卷」是虛辭、相對「一手」則是文章的對仗修飾，其眞實性實有待商榷。而在劉權之所云敕輯《永樂大典》一事，清高宗曾有帝諭云：

> 辦理《四庫全書》處將《永樂大典》內檢出各書陸續進呈，朕親加披閱，間予題評，見其考訂分排，具有條理，而撰述提要粲然可觀，則成於紀昀、陸錫熊之手〔註3〕。

陸錫熊名字的出現，已使紀氏「一手裁定」的說法遭到挑戰，而與當事人清高宗之言比較，劉權之所謂「高宗純皇帝……特命吾師總撰」的說法，更不免有吹捧老師地位的意味；何況此事僅限於《四庫全書》輯《永樂大典》的部份，未必能代表全部提要、更遑論整部《總目》。況且，朱珪等三人的四篇文章有一個共通點，都是爲讚譽紀氏而作，未必客觀地陳述事實，難免有《總目》所言的歷來爲序作跋通病——「友朋推挹之詞，例必稍過其量」——之嫌〔註4〕。

另外，曾直事文淵閣、並爲《總目》浙江刻本作紀的阮元，亦曾爲紀氏文集作序，云：

> 高宗純皇帝命輯《四庫全書》，公總其成。……所撰定總目提要，多至萬餘種。

這段文字也常被引來證明《總目》乃紀昀一人手定。但細究其文意，所謂「總其成」是指《四庫全書》，並非專指提要的部份；何況所謂的「總」乃是指「統領」，若將之解釋爲《全書》爲紀昀一人手成、忽略了其他三百多位工作人員的分工合作，如此誇大更是滑天下之大稽。至於針對《總目》的文句，不論將「多至萬餘種」詮釋爲實際的數目、概稱繁多的虛辭，總之並未說《總目》全爲紀氏一人手撰。而且，尤應留意的是：從此文語氣看來，阮元這些話也是稱讚紀昀對《四庫全書》及其《總目》的功勞甚鉅，因此，同屬紀昀的友朋之輩所述，比起將其間之差異解釋爲阮元有意貶低紀昀的重要性，倒不如解釋爲朱珪及紀氏弟子們的贊詞過份誇大個人的能力、功勞來得合理。

何況阮元爲另一位至今尚存其提要分纂稿的邵晉涵個人著作《江南邵氏遺書》

〔註3〕乾隆三十八年八月十八日，見《檔案》，頁145。此條聖諭「殿本」《總目》亦載於卷首，惟日期作二十五日，但至浙本時已刪去，故通行本亦無。

〔註4〕見《惟實錄集、外集》提要〉（別二十），指的是朋友之間互爲文集作序文的常見相互吹捧情況。而如朱珪〈紀曉嵐墓志銘〉這類文章，更不免過度美化已逝之人，《江湖長翁文集》提要〉即云：「惟元申屠駧爲（陳造）作墓誌……金石之文，稱述例多溢量……。」

所作〈序〉中也說：

先生所職爲史部，凡史部諸書，多由先生訂其略，其提要亦多出先生之手。

不論邵氏對《總目》的實際貢獻有多大，這裏「史部提要多出邵先生之手」的說法，更足以證明阮元紀氏文集序之文句並非指《總目》爲紀昀一人所撰。而且還可以看出，或因《總目》成就爲世人所重，故當時以曾撰寫提要爲榮耀，甚且以誇張某人對《總目》貢獻爲譽的現象並非偶見，因此朱珪等人的說法更不可盡信。

另一必得重視的是這個論點的中心人物紀昀本人的說法。持紀昀一人完成《總目》的學者認爲紀氏既有「余撰《四庫全書總目》」等文句，足以證明他自行認可獨力手成《總目》〔註 5〕。但以這些可見例子而言，這種判斷其實基植於對古代文法簡潔的忽略；紀昀又何嘗未曾自言：「余校錄《四庫全書》」、「余編《四庫全書》」呢？難道我們也要將這些句子解釋爲「紀氏一人完成《全書》的校錄工作」、甚至「紀氏一人手成《全書》」〔註6〕。因此這些句子譯爲白話文當爲「我參與編修《總目》（或《全書》)」而不是「我一人編修《總目》（或《全書》)」，所以，這些資料只能道出眾所周知的「紀昀參與編修《四庫全書》與《總目》」一事，並不能證明《總目》全爲紀氏一人手定。

二、後人以《總目》纂修考證加以肯定

纂修史研究中，如吳哲夫《四庫全書纂修之研究》，雖亦指《總目》爲紀昀一人手成，但因受限於史料中可見的纂修過程詳略有限，其判斷實因史實無從細考而帶著無可奈何的語氣〔註 7〕。部份學者則捨難以求致周全完整的纂修史料而改採比較提要原撰稿的考證方式，郭伯恭〈《四庫全書總目提要》考〉云：

漫取文津閣書二十餘種與總目及邵氏（晉涵）分纂稿互校……邵氏原撰之舊已十不存一……《提要》各稿，經紀氏畫一之後，則原撰者之意趣精神早已無存。……今之《總目》，則純屬紀氏一家之言矣〔註8〕！

〔註 5〕參考：黃雲眉，〈從學者作用上估計四庫全書之價值〉（國立北平圖書館館刊，七卷五號），頁 52～53。周積明，《紀昀評傳》（南京：南京大學出版社，1994 年 9 月）、頁 73～74。王鎮遠，〈紀昀文學思想初探〉（《古代文學理論研究》，第十一輯），頁257。

〔註 6〕分別見：紀昀，〈《濟眾新編》序〉、〈《周易象易合纂》序〉（《紀文達公遺集》，卷八）、及下引抄於其高祖坤《花王閣剩稿》中紀氏之識語。

〔註 7〕見吳哲夫：《四庫全書纂修之研究》（臺北：故宮博物院，1990 年 6 月）。

〔註 8〕郭伯恭，〈《四庫全書總目提要》考〉，（《中國圖書‧文獻學論集》，明文書店，1985 年11 月）。

因而郭氏稱阮元「凡史部諸書……其提要亦多出先生之手」之言並不可信。黃愛平《四庫全書纂修研究》中比較了《總目》與翁方綱、邵晉涵、姚鼐、余集四家分纂稿，其結論爲：

> 《四庫全書總目》與今存各家提要稿，幾乎無一相同〔註9〕。

這種研究方法意圖利用否定其他人現存分纂稿對《總目》的影響力以肯定紀氏之份量。然而，嚴格來說，否定分纂稿的影響力，其實只是證明了提要經過嚴格修改，雖能削弱分纂稿擬者的貢獻，卻無從證明這些修改全是出自紀昀一人之手。

　　何況，如沈津〈翁方綱與《四庫全書總目提要》〉一文，同樣以分纂稿比對《總目》之法進行研究，其結論卻是：

> ……翁氏所刪改後的提要與通行本《提要》相核，幾乎完全一致，其
> 間並未再經紀昀作重要修改〔註10〕。

同樣的研究方式，出現截然不同的結論，箇中原因雖不免有資料解讀的見仁見智，但最關鍵的差異應是沈氏的研究更精確地指出是所使用的是「通行本」《總目》。

　　個人在過去研讀過程中，曾注意到文淵閣本《四庫全書》所收各書的書前提要和弁置《全書》書首的「武英殿本」《總目》或「通行本」《總目》中的同一書之提要不盡相同，而昌彼得〈武英殿《四庫全書總目》出版問題〉指出：

> 取武英殿本勘浙江刻本，兩本的出入頗大〔註11〕。

昌氏認爲「紀昀所裁定者當係武英殿本」，並在此篇研究之末引朱珪所作的〈紀昀墓志銘〉爲證，是有條件支持「紀氏一手刪定」之說的學者之一。但他仍認爲「浙江本……當非出之紀昀之手」，並提及：「同治廣東翻刻浙本，將阮跋移於卷首聖論之後」，「而現在通行的排印本或影印本，大都是依據廣東刻本」，且進一步指出：「浙本……固然提要亦有從殿本而異於書前提要……但大多捨殿本而復改從書前提要……」。這種結論與沈津以通行本《總目》爲基礎所得「未再經紀昀作重要修改」的推斷是一致的。

　　而郭伯恭與黃愛平的研究雖將分纂稿與《總目》進行比較，卻未曾論及《總目》本身各版本的差異。以翁方綱爲例，黃氏的結論與沈津完全相反，用以研究的應非沈氏所用的「通行本」；若是採用殿本，則黃氏之說與昌彼得之文相合，與沈氏亦不至相悖。況且，在臺灣商務印書館文淵閣《四庫全書》印行之前，世人接觸「殿本」

〔註 9〕黃愛平，《四庫全書纂修研究》（中國人民大學出版社，1988 年 1 月），頁 328。
〔註10〕收入：《中國圖書文史論集》（臺北：正中書局，1991 年 12 月），頁 121～130。
〔註11〕收入：《中國圖書文史論集》，頁 115～120。

的機會並不多〔註12〕，流傳於世的當然是與浙本相近的「通行本」。因此就算「殿本」眞如昌氏所言乃紀昀手定，廣爲世人所認識的《總目》卻仍非紀氏所刪定；然而認同「紀昀一手刪定《總目》」說法的學者，卻往往未曾辨別其中差異，在徵引了上述諸家以「殿本」爲基礎的校對研究成果後，卻使用更不可能是紀氏所定的「通行本」進行紀昀思想研究；而個人這篇研究同樣也是採用通行本《總目》，因此尤不宜以紀氏一人爲作者。

三、認爲《總目》所呈現的乃是紀氏一人的思想觀念

以思想觀念爲主幹來論證紀昀與《總目》關係的論點所根據的基礎不一，然多數實是之前二類論點的延伸。如常被後來研究者所徵引的朱自清《詩文評的發展》說：

> 《四庫全書總目提要》集部各條，從一方面看，也不失爲系統的文學批評。這裏面紀昀的意見爲多〔註13〕。

然而「紀昀的意見爲多」一言狀似語帶模糊，實卻謹慎地預留空間，並未明確指紀氏一人即能代表整部《總目》。又如朱東潤《中國文學批評史大綱》：

> 曉嵐論析詩文源流正僞，語極精精，今見於《四庫全書總目提要》，自古論者對於批評用力之勤，蓋無過紀氏者〔註14〕。

將《總目》中所見的成績全歸與紀氏，但對如此觀點的根據亦語焉不詳。而在許多批評史書籍中，紀昀往往都被忽略不談，另一本立篇單獨討論其文學批評思想的是王鎭遠《清代文學批評史》：

> 《四庫提要》中的很多見解大多也出自紀昀之手……因此我們在考察紀氏的批評理論時兼及《提要》〔註15〕。

也只是以沿襲前人的說法，在進行「考察紀氏的批評理論時兼及《提要》」之時，並沒對紀昀與《總目》思想的關係作進一步深究。因此這類討論可說只是根據前述道

〔註12〕帝諭云：「……武英殿聚珍版諸書排印無多，恐士子等亦未能全行購覓……」是則殿本之書出版數量有限，且不能任意翻刻。藉以「士林傳播，家有一編」的（阮序）是經皇帝所允印行的「浙本」及「廣本」、「通行本」等。

〔註13〕見《朱自清古典文學論文集》（臺北：宏業書局，1983年2月），頁547。

〔註14〕朱東潤，《中國文學批評史大綱》（臺北：臺灣開明書店，1975年2月），頁354。

〔註15〕王鎭遠、鄔國平，《清代文學批評史》（上海古籍出版社，1995年11月），即王運熙、顧易生主編：《中國文學批評通史》中第六分卷的單獨印行本。引文出自第七章·頁457，由王鎭遠所編寫。王氏單篇發表的〈紀昀文學思想初探〉一文指出「作爲文學批評家的紀昀一般不爲人重視」，頁256。

聽途說之言或友朋推挹之詞而來的想當然爾之論，其立論基礎除了對纂修情況不全
面的了解，別無根據可言。

　　而確實地以考證為基礎對紀昀與《總目》思想的關係進行探究的研究中，黃雲
眉的說法較為全面：

　　　　就形式觀之，《提要》似為多人心血之結晶品，其實此書經紀氏之增
　　竄修改、整齊畫一而後，多人之意志已不可見，所可見者，紀氏一人之主
　　張而已〔註16〕。

黃氏尚曾在《邵二雲先生年譜》中指出：「邵（晉涵）之提要與《四庫全書總目提要》
所載，字句頗多異同。」與先前所引郭伯恭之論相同；因此他的說法不但有纂修過
程的推論，還加上分纂稿差異為旁證；不過，此一考證如上所述，尚不足以證明紀
昀一人手定：以後人在有限史料上推測的纂修過程進行的再推論，雖不能驟然視之
為揣測之詞，但卻不免將提要的修改狀況簡化、單一化；這反映出：研究的相關史
料不足，導致考證工作無法鉅細靡遺地還歷史之原貌。雖然黃氏另外從所謂「一人
之主張」的思想歸屬上立論，但陳述的結論仍有詳情無從細考、故無可奈何地歸之
於紀氏一人的意味；所謂「多人之意志已不可見」，與其說是歷史真相的描述，不如
視為研究面臨的瓶頸困局。

　　或許也正是鑑於上述諸討論方式的侷限，部份學者便改採思想印證的方式予以
彌補，將《總目》所論與紀氏其他著作接筍，試圖證明兩者思想觀念為同一人所屬。
例如周積明《紀昀評傳》中便舉戴震、陳師道、李商隱為例，分別引用《總目》與
紀昀個人著作，指出兩者「一脈相承乃至完全相似處甚多」〔註17〕。周氏所舉的幾
個例子的確是兩相符合，以此為基礎的推論便比起空泛地指稱「《總目》呈現紀氏一
人之主張」更具說服力。

　　然而，即使是思想派別處於對立的兩位文學家，要找到部份相合的批評也並不
難，何況是在紀昀以總纂官身份大力參與的《總目》中找到與他個人著作一致的論
點？除非能一一證明兩者全然相合，否則在其中找到部份符合的批評實無甚意義，
甚至令人懷疑研究者是否被自己原先的預期矇蔽了眼睛。相反地，若能發現兩者的
不同處、甚至是《總目》本身自相牴牾，則對《總目》為紀氏「一手刪定」的說法
形成極大挑戰；因為倡言「紀昀一手刪定」所要達到的真正目標，乃是說服世人接
受「《總目》中全為紀氏一人的思想」之論點，若是兩者無法完全一致，這種說便失

〔註16〕見：黃雲眉，〈從學者作用上估計四庫全書之價值〉，頁52。
〔註17〕《紀昀評傳》，頁77～80。

去了可信度。

以溫庭筠、李商隱二人併論為例，〈《李義山詩集》提要〉云：

> 商隱詩與溫庭筠齊名，詞皆縟麗，然庭筠多綺羅脂粉之詞，而商隱感
> 時傷事，尚頗得風人之旨。（別四）

紀昀個人批評著作《刪正二馮才調集》中則曰：

> 溫、李遭逢坎坷，故詞雖華豔而寄託常深。玉溪尤比興纏綿，性情沉摯。

對李商隱的評價尚稱一致〔註18〕，在兩人的成就高低上，也可說都是持李勝於溫的
態度，但對溫庭筠的評價則一為貶、一為褒，且頗有內容思想方面的認知差異；紀
昀個人對溫氏的評價顯然高得多。

又如對尤袤的詩作評價，在《總目》本身內文出現二次，卻是截然不同。輯錄
尤氏作品所成之《梁谿遺稿》的提要中（別十二）云：

> ……（尤）袤在當時，本與楊萬里、陸游、范成大並駕齊驅，今三家
> 之集皆有完本，而袤集獨湮沒不存，蓋文章傳不傳，亦有幸不幸焉。然即
> 今所存諸詩觀之，殘章斷簡，尚足與三家抗行。

范成大《石湖詩集》之提要（別十三）則曰：

> ……成大在南宋中葉，與尤袤、楊萬里、陸游齊名；袤集久佚，今所
> 傳者，僅尤侗所輯之一卷，篇什寥寥，未足定其優劣。

所謂「尤侗所輯之一卷」即是《梁谿遺稿》。同出《總目》一書之中、同樣的批評對
象，卻有極高評價與無從評價完全相左的觀點並列，且這兩篇〈提要〉同屬「別集
類」，只是分處十二、十三卷，相隔不遠，若出自同一人之手，當不至差異如此之大。

試觀紀昀私人文學批評作品《瀛奎律髓刊誤》，在尤袤〈梅花〉一詩，原編選
者方回評云：「尤遂初詩，初看似弱，久看卻自圓熟，無一斧一斤痕跡也」，紀氏隨
後批曰：「佳處、病處皆在此」；於方回道出尤詩佳處後即言其亦為病，可見其意重
在言其不足。又同書中尤袤〈次韻尹朋梅花〉一詩，紀氏亦批語：「無疵累，然亦無

〔註18〕 紀昀〈二梓詩鈔序〉自稱「余初學詩從《玉溪集》入」，雖然後來多方涉獵，但對李
商隱的評價一直頗高，可參考其《玉溪生詩說‧鈔詩或問》：「夫義山魯直本源於少
陵，才分所至，面貌各別而俱足千古……」、《瀛奎律髓刊誤‧卷三》「李商隱〈隋宮
守歲〉」等。而《總目》中《夢窗藁》提要云：「詞家之有文英，亦如詩家之有李
商隱也。」（詞曲二）對吳文英的評論卻是：「文英及與姜夔、辛棄疾游，倡和俱載
集中，而又有壽賈似道諸作，殆亦晚節頹唐，如朱希真、陸游之比。其詞則卓然南
宋一大宗；沈泰嘉《樂府指迷》稱其『深得清真之妙，但用事下語太晦處，人不易
知』，張炎《樂府指迷》亦稱其『如七寶樓臺，炫人眼目，折碎下來，不成片段』。
所短所長，評品皆為平允；蓋其天份不及周邦彥，而研練之功則過之。」褒中寓貶，
與紀氏對李商隱一貫的高評價似亦頗有異同。

佳處，此種詩學之最害事」，與對〈梅花〉之批語論調一致，都不滿（現存）尤詩但求工穩、不求創新的傾向，可知紀氏個人實不甚欣賞尤詩。且此一評價與《總目》自相矛盾的兩個評語與又都不同；與〈石湖詩集提要〉之間的差異或尚可勉強解釋爲所評論的對象有尤詩整體或殘篇之異，但這兩處勉強可視爲不相違背評論和〈《梁谿遺稿》提要〉所評則都相去太遠〔註19〕。

由這些不盡相合的例子，我們可以看出，周積明的舉例並不夠全面，所以充其量顯示《總目》中包括了總纂官紀昀的思想之必然事實，對證明爲紀氏「一手刪定」實無關痛癢。這與先入爲主地存著「紀昀一手刪定《總目》」的觀念再去找尋相合的例證所得的結果其實是一樣的；如王鎭遠《清代文學批評史》中即事先決定「考察紀氏的批評理論時兼及《提要》」，而後即精采地分析了不少兩者觀點合拍的狀況。但如：「溫柔敦厚」、「去淫濫而歸雅正」的要求，只是我國許多文學批評家承自儒學傳統的普遍觀念，在當時的政治環境中更是幾乎人人口徑一致的標語，並非紀昀獨有〔註20〕。在這種所謂「相似處甚多」的情形下即判定《總目》爲紀氏一手刪定，就像《總目》中往往因主觀的風格認定便判決「某詩文確出某某人之手無疑」一樣，混考證與臆測爲一，武斷而不可取。

這種思想印證的探討方式讓我們注意到，要將《總目》歸於紀氏一人，不能只重視紀氏在文字工作的份量上，也得在觀念上兩相符合。此種情形猶如代言體著作的作者歸屬；若《總目》的文字眞出自紀氏一人之手，依慣例將著作權「歸操筆之人」——以執筆爲文者爲作者，固無不可〔註21〕，但文字所表達的思想觀念並不能驟然歸執筆者所有。例如：唐庚《文錄》爲強幼安所記、王士禎諸多論詩之書乃是門人弟子所編，作者題爲發言之人或記之成書者兩種皆有例可尋，但後人卻不能驟

〔註19〕「考察紀氏的批評理論時兼及《提要》」的王鎭遠、鄔國平《清代文學批評史》說：「其時身爲《四庫全書》總纂的紀昀，其詩論主張務在折中……」。個人認爲，這是將《總目》直接歸入紀昀名下導致的研究成果：單論《總目》「務在折中」則相合，參考本篇論文的第三章、第四章所指出「無特色的批評」，亦是此意。但此處所引紀昀個人的「無疵累，然亦無佳處，此種詩學之最害事」則頗有袁枚《隨園詩話》「寧如野馬，不可如疲驢」一類寧可有失平穩也不要流於平庸的意味，和「務在折中」的態度並不相合。

〔註20〕這兩個「特色」，觀諸較紀氏爲早、與政治中心較接近的沈德潛「格調派」等人，幾乎可說是其一貫基本觀點。而「考察紀氏的批評理論時兼及《提要》」的王鎭遠《清代文學批評史》亦將紀昀列爲「格調派」一員。

〔註21〕參考《北齊文紀》提要：「天保元年大赦詔，《藝文類聚》明言邢邵，而不歸操筆之人，竟冒署其所代，核以事實，亦未睹其安。」（總四）《御製文初集二集》提要亦云：「……其誥敕碑記之屬，詞臣恭擬代言者不與焉。」可見執筆之人有作者權。

然持此書以進行記之成書者的思想研究，更不能將其中觀點與文字盡歸爲執筆者一人所有，而忽視原始發言人的存在。

何況，我們今天並非單純要談「著作權的歸屬」，也不是爲古人打官司爭智慧財產權，非得作出非此即彼的答案不可。的確，以紀昀在四庫館的職位和工作的時間而言，討論《總目》絕不能忽略紀昀，從事紀昀個人研究，則預修《總目》爲其人生一大重要階段，失之則不完整；這或許是許多研究者將二者完全等同的原因。但若要深入地談《總目》的觀點，這種勉強混爲一談的作法只會將《總目》割裂以遷就紀昀的思想、淪爲紀昀文學觀的註腳，而兩者的異同處更不免遭到忽略。另外，在紀昀個人文學批評思想的研究上，不但會得到駁雜不純的結論，也可能使其個人特殊性淹沒於《總目》之中而無法彰顯。

第二節　理所當然的觀點：集體纂修

《四庫全書》是集體纂修而成的浩大工程，而其附屬品《總目》的內容在收爲一帙之前乃是一篇篇的隨書提要，且所謂提要並非只針對《全書》收錄的典籍而作，而是徵收典籍過程中，各地每進一書必然的程序之一；而四庫決定所收之書時，也有不同的纂修官先進行提要的撰寫，這些至今仍有部份留存。因此，以整個過程而言，《總目》無疑是集體纂修的成果。

然而，讓許多研究者捨棄這個現成答案而將《總目》成果歸在紀昀一人名下的原因，就是因爲《四庫全書》的相關史料尚不足以呈現完整的撰修實況，因此紀氏在其中的工作份量與影響力特別受到注目。以下我們就從《總目》的工作相關狀況切入，藉以明瞭紀氏在纂修眾人中的相對地位。

以工作的份量而言，過去已有學者質疑一人窮十餘年之力即完成《總目》不合常情。曾說紀昀「所撰定總目提要，多至萬餘種」的阮元在爲《總目》「浙江刻本」所作的紀中云：

> 四庫卷帙繁多，嗜古者未及遍覽〔註22〕。

既然任何人（包括紀昀）都未及遍覽《四庫全書》，則更不可能對其中書籍一一詳考。這種一人之力難以達成如此浩大工程的現實情況，在《總目》中亦有文字可爲旁證，如〈《御定四朝詩》提要〉（總五）云：

〔註22〕此紀在浙江刻本見於卷末，故被視爲跋。同治廣東翻刻本已移置卷首。或見阮元《揅經室二集》，卷八。

　　　　　大抵四朝各有其盛衰，其作者亦互有長短，而七百餘年之中，著作浩
　　　繁，雖博識通儒，亦無從徧觀遺集；至於澄汰沙礫，披檢精英，合四朝而
　　　爲一巨帙，勢更有所不能矣。
連宋、金、元、明四朝詩都無從徧觀、更遑論予以評價別擇，那未及遍覽《全書》
的紀昀又如何像朱珪等人所言一人手訂《總目》？何況要撰定《總目》，須遍覽的實
不只《全書》所收，至少尚得包括《總目》「存目」之書；且以提要內容觀之，撰寫
之人又豈能僅瀏覽原書便寫出提要！紀氏在四庫館的工作繁多，輯佚、編書、校刊
皆曾參預，更不只一次被外派覆查其他數閣全書內容，並不能傾盡全力於提要一事。
由此看來，「一人窮十餘年之力即完成《總目》不合常情」之質疑的確是合理的。沈
津〈翁方綱與《四庫全書總目提要》〉將紀氏的工作內容理解爲：
　　　　　紀昀在四庫全書館凡十有三年，然「筆削考核」各類圖書之提要，勢
　　　必在參與其事的許多纂修官所擬提要上進行……應該說，在實際工作中，
　　　「考異同、辨眞僞、撮著作之大凡、審傳本之得失，挈其綱領」的應該是
　　　這些纂修官們。
這種觀點應是可信的。在這種無法充分了解群書而得藉重同僚工作成果的情形下，
則所謂紀氏「一手刪定」的主要工作爲文筆潤飾，難以對所有提要進行觀念的改寫。
如此則《總目》實不足以反映紀氏思想。
　　　日本學者前野直彬在討論紀昀的小說觀時採取一更寬鬆的角度，或許可以在這
種情形下仍爲「以《總目》研究紀昀」的途徑作一個解釋：
　　　　　雖然小說類這部份的原稿究竟是誰寫的，紀昀的改筆占多大分量，都
　　　不清楚，但反正這部份的論述無疑是爲紀昀所完全同意了的。在這意義
　　　上，認爲《提要》的小說論即是紀昀本人的主張也無不可〔註23〕。
只以「紀氏不反對」爲訴求，仍肯定《總目》可以與紀氏劃上等號。然而，這種退
一步不說紀昀「一手刪定」的論調，實已否定了上一節諸多研究所求《總目》思想
成份爲出自紀氏一人的純粹性；所謂「也無不可」亦多少有些詭辯意味，嚴格來說，
這只是求研究上的方便，其立論基礎並不具正當性。
　　　必須注意的是，在此一爭論上，焦點已經由工作份量轉移到思想的歸屬。這個
論點若要成立，我們必須肯定紀氏對《總目》撰修各事項的「同意、否決權」，以進

─────────────

〔註23〕〈明清時期兩種對立的小說論——金聖嘆與紀昀〉，載於《古代文學理論研究》第五
　　　輯。又黃瓊誼〈淺論紀昀的文學觀--以四庫提要與簡明目錄爲中心〉（《國立編譯館
　　　館刊》1991年12月，20卷2期，頁157～188）亦有類似之言：「……把提要和簡目
　　　（指《簡明目錄》）的意見，視爲紀昀所同意的意見應該不會出大的差錯才是」。

一步確認他是否擁有主導權；因此，可以說，紀昀在《四庫全書》纂修相關人員中的權力強弱與他在《總目》能發揮的個人色彩濃淡成正比。在這方面，除了前野直彬的「同意」說肯定了紀氏的「同意權」，如周積明《紀昀評傳》中也說：「如果紀、陸（錫熊）二人認為纂修官的意見不合理，便毫不客氣地予以否定」，肯定了總纂官的「否決權」。然而，曾任總纂官一職之人有三，即紀昀、陸錫熊與孫士毅；紀氏就算能否決職位較低者的意見，總不能不顧同等地位的陸、孫二人而一意孤行。

於是，在面對這二位與紀昀同等職位的人物時，支持紀氏「一手刪定」的學者便提出陸錫熊早歿、孫士毅任期較短的說法，試圖強調紀昀的影響力。然而，問題根本不在此三人誰的作為大或小，而在於必須完全排除陸、孫二人的作為，才能得到《總目》為紀氏一人主張的結論。

然而，先前所引乾隆三十八年敕輯《永樂大典》一事，清高宗曾有帝諭云：「撰述提要粲然可觀，則成於紀昀、陸錫熊之手」，已使紀氏「一手刪定」的說法遭到挑戰。又乾隆四十六年二月十六日更有上諭：

> 《四庫全書總目提要》現已辦竣呈覽，頗為詳核，所有總纂官紀昀、
> 陸錫熊著交部從優議敘，其協勘查校各員，俱著照例議敘〔註24〕。

《總目》於時已大致完成，雖然後來續有修訂〔註25〕，但至少證明了重要的初定工作並非紀氏一人獨力完成；而後續修訂陸錫熊既然尚在四庫館中，又豈會全無參預。所以，陸氏入四庫館雖的確較紀氏為晚、又比紀氏早歿，但乾隆三十八年《永樂大典》輯書之提要、四十六年辦竣呈覽二事皆曾參與；而晚至乾隆五十六年十二月，陸氏尚插手《四庫全書》事務，且有相關奏摺上呈〔註26〕，因此任職四庫館中前後亦逾十年之數，難道他便任紀昀一人掌事執筆，袖手偷閒？

而且，關於對提要的貢獻，陸氏也和紀氏一樣還有其他友朋推挹之詞為證，如于敏中致函陸錫熊云：

> 提要稿吾固知其難，非經足下及曉嵐學士之手，不得為定稿。諸公即
> 有自高位置者，愚亦未敢深信也。

〔註24〕見《檔案》，頁1292；此則上諭《總目》卷首未載。

〔註25〕乾隆四十六年二月間，連續有數道奏摺與聖旨討論並決定關於《總目》成書的事項。而五十一年，更有臣子奏請刊刻獲准，可知臣子們以為此書已定稿。不過高宗又下旨要求更改，因而刊刻停工，故遲至六十年「殿本」才竣工。見六十年十一月十六日曹文埴的奏摺，《檔案》頁2374～2375。

〔註26〕見「左副都御史陸錫熊奏擬赴盛京覆閱文溯閣全書摺」，而同年十月初十軍機大臣阿桂等奏摺中亦云「文溯閣全書……有無訛舛之處，面詢陸錫熊」。分別見《檔案》頁2277，2244。

這也和先前所引紀氏「一手刪定」等文獻一樣，屬友朋推挹之詞，我們應予以公平對待；如果言紀氏者可信，言陸氏者亦不能忽略，如果這些文字不可信，那關於紀氏者又如何可信？所以，不管此言可不可信，都將導出《總目》非純出紀氏一人之手的結論。

再者，除了與紀氏同爲總纂官的二人外，其他四庫館的同事，對紀氏亦未必便無掣肘之力。盧錦堂〈紀昀的文學著述〉一文認爲紀氏的私人著作「……不像編撰四庫提要那樣，因與同僚鬧意見而未能盡情闡說」，不認爲紀氏能專擅一己意見。盧氏在此句的註解中進一步的引證：

> 四庫全書的纂修，紀昀雖任總纂，但上有正總裁、副總裁，下又有許多纂修兼分校官，彼此難免會意見相左。試閱中研院所藏紀昀高祖坤的花王閣剩稿，內有一箋，鈔錄有紀昀識語，說「右先高祖遺詩一卷，余編四庫全書，嘗錄入集部。會提調有搆余於王文莊者，謂余濫登其家集。文莊取閱良久，曰此衰世哀怨之音，少臺閣富貴之氣象，可勿錄也。遂改存目。同館或咎余當以理爭，不必引嫌。嗟乎，此公豈可以理爭乎。拈記見斥之始末，俾後人知之而已。」則是紀昀與正總裁王際華曾經鬧過意見。又，李元度所撰姚姬傳先生事略提及「紀文達撰四庫書目錄，頗詆宋儒，先生直斥其妄」，可見紀昀與纂修官姚鼐彼此亦有過不同主張。灤陽消夏錄卷二「誤而即覺」「覺而不回護」的話，不能說沒有寄託〔註27〕。

紀昀高祖的詩作雖未收入《四庫全書》，但〈《花王閣剩（賸）稿》提要〉今仍列《總目》中「別集存目七」，評曰：「其詩大致學蘇軾，而戛戛自造，不循蹊徑。惟遭逢亂世，坎壈以終，多感時傷俗之言；故刻露之語爲多，含蓄之致較少焉」，基本上與王際華所謂「此衰世哀怨之音，少臺閣富貴之氣象」是一致的；而重盛世之文、輕末造之聲正是《全書》與《總目》的一貫態度。不論紀昀是無法認同「衰世哀怨之音可勿錄」的標準、或只是對王氏的風格判斷不以爲然，這個引證都證明了《總目》並非處處符合紀氏個人的想法。

且盧錦堂的引證除了說明紀氏在《總目》中「未能盡情闡說」，還透露出妨礙

〔註27〕《中央圖書館館刊》（1986 年 2 月），頁 73～89。引文在 88 頁。其中「李元度所撰姚姬傳先生事略」有關儒學思想方面，尚可參考《清史稿・卷三百二十・列傳一百七》：「昀學問淵通。撰《四庫全書提要》……懲明季講學之習，宋五子書功令所重，不敢顯立異同……」（北京：中華書局，頁 10771）；《清史稿》雖持《總目》爲紀昀所撰之立場，但同樣有紀氏「未能盡情闡說」之論點。另外，主張《總目》「所可見者，紀氏一人之主張而已」的黃雲眉，也認爲「蓋紀氏以爲編定官書，有多方面之限制，意所欲言，筆不敢隨」，見：〈從學者作用上估計四庫全書之價值〉，頁 53。

他發揮一己思想的因素，不只是「與同僚鬧意見」的同等地位爭辯，更有來自上司不容辯駁的意見之壓力。以地位而言，總纂官在四庫館中並非最高的。於是，持「紀昀一人刪定《總目》」的學者便提出：「在他之上，雖然還有最高長官——正、副總裁，但他們大多只是掛名而已，并不處理實際事務」〔註28〕，以實際工作多由總纂官負責來肯定紀氏的貢獻。但由盧氏所引文獻看來，這些上司並非全不干預事務〔註29〕，而且在爭議產生時，面對紀氏還有著官階上的優勢，使紀氏無法全然依自己的觀點進行撰修工作；「此公豈可以理爭乎！」一語即表達了紀氏對修書時政治地位壓過學術理念的不滿。而這個事例更顯示出，提調官在四庫館中雖爲紀氏的下屬〔註30〕，即使意見不被紀氏採納，仍能向更高上級陳情，使自己的意見再度獲得被採納的機會；身爲中間職的紀昀未必就能貫徹當初的否決。所以，總纂官不但未必能將纂修官等下屬的意見「毫不客氣地予以否定」，自己的意見更可能被上司毫不客氣地否決。

　　另外，爲了強調紀昀在《總目》的主導地位，後人不免特別注意到紀氏在修書途中不斷得到的升遷賜賚等恩遇，因此產生了皇帝獨厚紀氏的說法。然此亦不足採信；紀氏曾多次犯錯而遭申誡，其次數未必少於蒙褒受獎。而在「通行本」所根據的「浙本」《總目》「卷首」還將「武英殿本」原載的乾隆三十八年八月二十五日嘉獎擢升紀昀與陸錫熊兩位總纂官的一道上諭刪去；皇帝手筆豈是臣下想刪便刪？這當是出自皇帝授意。清高宗在《總目》初定時覺得成績斐然而對紀昀等人溫勉有加，但日後卻要求多所修正，或許是因爲再加細觀便對初定稿多有不滿，而不欲紀氏等功勞被高估而刪去此諭；此亦可作爲皇帝對紀氏不滿之一證。

　　在乾隆朝除《四庫全書》外，尚有多部官修書籍完成。其中《皇清文穎》問世後亦收於《全書》中「總集類」，其〈提要〉指責既往官修總集不能爲世人所滿意，乃是因爲「其時爲之君者，不足以折衷群言，故或獨任一人之偏見、或莫決眾口之交譁也」（總五），並以清代官修書未犯此等錯誤而自滿。且不論清高宗是否眞能發揮「決眾口之交譁」的影響力，但只採用某位特定臣子一人之意見的缺失不應在《皇清文穎》知所迴避，卻在《全書》乃至《總目》此等更重大的文化工程上重蹈前代

〔註28〕周積明，《紀昀評傳》，頁63。
〔註29〕此點可再參看乾隆三十九年二月二十一日的帝諭，其中指示《聖祖仁皇帝御製文集》錯字未校出，各人員交部議處，清高宗並對這群在四庫館中職位最高的人所掌事務略加說明，指出永瑢、福隆安等「雖派充總裁，並不責其翻閱書籍，乃令統理館上事務者」，但王際華等五位「其餘總裁，每日到館，豈可於呈覽之書，竟不寓目！」可見總裁的確有幾位「并不處理實際事務」，但非盡是如此。見：《檔案》，頁199。
〔註30〕指翰林院提調官或武英殿提調官，職名列於總纂官、總校官之後。

之覆轍；乾隆三十八年閏三月十一日辦理四庫全書處所上奏摺，其中所列事宜第三條即云：

> 四庫全書集藝苑之大成，考核宜歸精當。今所辦《永樂大典》內摘出各書舊本頗多，而各省所採遺書，現奉特旨令各督撫實力經理訪求，自必廣搜博取。即內府舊儲書籍，卷帙亦甚爲浩博，現有之纂修三十員，僅敷校辦《永樂大典》，其餘各種書冊並須參考分稽，需員辦理。臣等公同酌議，于翰、詹兩衙門內除各書館有專辦之事難於兼顧各員外，選得侍講鄒奕孝，洗馬劉權之，贊善王燕緒，候補司業劉亨地，編修金蓉、黃瀛元、鄭際唐、朱諾，檢討蕭芝、左周等十員，令其作爲纂修，分派辦理。至各書詳檢確核，撮舉大綱，編纂總目，其中繁簡不一，條理紛繁，必須斟酌綜竅，方不致有參差罣漏。臣等公同酌議，查現在纂修·翰林紀昀、提調·司員陸錫熊，堪膺總辦之任。此外，並查有郎中姚鼐，主專程晉芳、任大椿，學政汪如藻，原任學士降調候補之翁方綱，亦皆留心典籍，見聞頗廣，應請添派爲纂修官，令其在館一同校閱，悉心考核，方足敷用。又查有進士余集、邵晉涵、周永年，舉人戴震、楊昌霖，于古書原委亦能多識，應請旨行文調取來京，在分校上行走，更足資集思廣益之用〔註31〕。

可見從皇帝到四庫全書處人員，對纂修《總目》所抱持的態度都秉持統合群臣以集思廣益的態度，而非僅以紀氏一人之意見爲意見。試觀先前所引事例中，正、副總裁們得以否決紀昀觀點的權力、下屬亦能將與總纂官不合意見再上訴更高長官另爲裁斷等，這些纂修機制當然是經皇帝所允許，否則提調官越俎代庖，豈能不爲同僚所糾劾？《總目》卷首「凡例」有云：「歷代敕撰官書，如《周易正義》之類，承詔纂修，不出一手」，這種現象自古皆然，不應只有清一代、《總目》一書獨爲特例。

第三節　最常遭忽視的參與人：清高宗對《總目》的影響

俞樾《春在堂尺牘·與陸存齋》云：

> 提要雖紀文達手筆，而實是欽定之書。

俞氏基本上是持《總目》出自紀昀一人之手的立場，但卻分文字與思想爲二，認爲其中思想非屬紀氏私人。又魯迅亦曾言：

> (《四庫全書簡明目錄》)⋯⋯其實是現有的較好的書籍之批評，但須

〔註31〕見：《檔案》，頁76～77。

注意其批評是「欽定」的〔註32〕。

俞樾之文被胡玉縉引爲其《四庫全書總目提要補正》卷首；魯迅的評論更常常在後來學者們的研究中被引用，但卻都只側重其推崇《簡明目錄》並及於《總目》的批評價值。可見清高宗對《總目》有所影響其實並不是什麼新的觀點，只是一直以來都往往沒受到應有重視；雖從未被完全忘卻，但卻不像紀氏被視爲研究重心，只是原則上附加地提及。

事實上，《總目》卷首「凡例」的第一則即特別強調：

　　……每進一篇，必經親覽，宏綱巨目，悉稟天裁；定千載之是非，決百家之疑似，權衡獨運，袞鉞斯昭，睿鑒高深，迥非諸臣管蠡之所及。隨時訓示，曠若發蒙，八載以來，不能一一殫記，謹錄歷次恭聖諭爲一卷，載諸簡端；俾共知我皇上稽古右文，功媲刪述，懸諸日月，昭示方來，與歷代官修之本泛稱御定者迥不相同。

歷來官修書奉敕所撰而皇帝全未措手的前例，《總目》撰者自然明瞭；有鑒於此，特別強調當朝皇帝對《總目》甚至《四庫全書》的參與。同樣地，較早完成的〈進《簡明目錄》表〉也說：「元元本本，總歸聖主之權衡」；但這些文字對皇帝的功勞太過誇大，只反映了臣子不敢居功掠美的境況，以致後人不予採信。

如同過去被過份吹捧的報應一般，人們不免因皇帝的政治地位而矮化他對《四庫全書》的文化學術層面之影響力；劉勰《文心雕龍·才略》曾感歎：「俗情抑揚，雷同一響，遂令文帝以位尊減才，思王以勢窘益價，未爲篤論也。」在文學的範疇，政治地位往往與作品評價成反比，在《總目》作者的討論上似乎也有著類似的情形。於是，在紀昀的作爲被提升至一手包辦所有工作時，皇帝卻眾惡所歸，獨自背負「寓禁於徵」的污名〔註33〕，而他在《四庫全書》與《總目》中諸般作爲往往因更容易被聯想的政治意圖而遭受忽視。其實，所謂皇帝對《總目》的影響，本未必都是指其爲正面的，然而即使是「聖意」對《總目》所呈現思想有負面影響的部份，也幾乎未被力主「寓禁於徵」陰謀論的學者提及，似乎《總目》得天獨厚、脫出《全書》「寓禁於徵」的魔掌，完全任由紀氏個人盡情揮灑。因此，迴避皇帝在《總目》中影響的同時，研究者似乎也是在爲《總目》最容易被質疑

〔註32〕許壽裳《亡友魯迅印象記》。

〔註33〕寓禁於徵雖應原本於皇帝，但臣子亦不脫責任；且臣子爲恐查禁不力之罪責，要求甚至比皇帝還嚴苛，如乾隆四十六年三月十日閩浙總督陳輝祖奏覆查辦《西齋集》等書，大肆牽連，惟恐稍有疏漏，連皇帝都批示：「亦不必株連深求矣！」見《檔案》，頁1315～1317。

的「政治地位壓過學術理念」解套，將統治者色彩輕描淡寫的帶過，以提昇《總目》在學術上的形象和公信力。

　　然而，事實應是，即使這些政治意圖眞的必須全被歸類爲負面的也罷，我們對皇帝在書中的影響力還是不應視而不見；而應有的探討態度，則是像上一章討論「公論」時一樣，不論是正面、負面或政治考量至上、文化理念優先，皇帝對《總目》的影響力都應予以揭示。以下我們便以集部爲主，對清高宗在《總目》書中可見的影響加以說明。

一、清高宗在《總目》中的實際參與意見

　　清高宗的參與意見或干涉事項，在《總目》中臣子皆曾予以寫明。當然其中諸多指示並非高宗之創舉，如歷代帝王著作的置放順序，「凡例」第二條與第七條皆指出乃從「《隋書・經籍志》以帝王各冠其本代」之例，然而此事實決定於乾隆四十六年二月十三日與十五日的上諭，諭旨文中並未提起《隋書・經籍志》。《四庫全書》的書籍編排分類等體例，大多是參酌前人有例可循的方式，但也有部份卻像此法一般，是清高宗先行定下規則，臣子才以前例爲證。且此法縱然有前例可循，仍需高宗允許後才可比照辦理，若高宗屬意以清代皇帝著作置於整部《全書》最前端，臣子們又怎敢有異議？另外，乾隆四十六年二月十三日高宗諭內閣將列朝御纂各書之前，並將自己御題四庫諸書詩文從《總目》卷首撤出一事，更可知四庫館臣對高宗的諂媚，尚不只今日《總目》中所見，反而是高宗阻止了這種行爲〔註34〕。同樣的，「凡例」第九條說明提要的基本內容各項，撰者頌揚：

　　　　其體例悉承聖斷，亦古來之所未有也。

由《四庫全書》纂修相關聖旨和奏章看來，提要的基本內容決定乃經朱筠等人提議，而在實際工作過程中底定，「悉承聖斷」云云，未免言過其實；然而諸事由臣子擬議、皇帝決議卻也是事實。

　　所以，清高宗在《四庫全書》的實際參與雖非如臣子們所誇大的事事親躬，但由明確具體記載的事例看來仍是多方面的，因此影響也是各層面兼而有之。除了上述書籍排列順序等形式方面的規定爲四部通用，又如「凡例」第十三條規定書籍篇

〔註34〕　對於臣子們將高宗御題四庫諸書詩文列於《總目》卷首，高宗本人是這麼說的：「至朕題四庫諸書詩文，若亦另編卷首，將來排列，轉在列朝欽定諸書之前，心猶未安。雖纂校諸臣尊君之意，然竟似《四庫全書》之輯，端爲朕詩文而設者，然朕不爲也。」見《檔案》，頁1289～1290。

章的收錄與否亦出自高宗之授意：

> 然二氏之書，必擇其可資考證者，其經懺章咒，並凜遵諭旨，一字不
> 收，宋人朱表青詞，亦概從刪削。

前者針對道、釋二家人物著作，乃子、集二部通用的標準；而朱表青詞，前人往
往收入詩文集中，因此高宗此一規定，可說是針對集部的措施。《總目》指稱這些
擇汰刊削，「仰見大聖人敦崇風教，釐正典籍之至意」，出自高宗理念，所以每一
處刊削青詞，臣子都不免對皇上的聖訓多費一番唇舌宣導，如〈《學易集》提要〉
（別八）云：

> 今恭承聖訓，於刊刻時削去青詞，以歸雅正。其〈同天節道場疏〉、〈管
> 城縣修獄道場疏〉、〈供給看經疏〉、〈北山塑像疏〉、〈靈泉修告疏〉、〈仁欽
> 陞坐疏〉、〈請崇寧長老疏〉以及為其父母舅氏修齋諸疏，皆蹟涉異端，與
> 青詞相類，亦概為削除，重加編次，釐為八卷，用昭鑑古斥邪之訓，垂萬
> 世立言之準焉。

比起精簡的「凡例」，提要中更清楚地說明了刊削青詞所持的理念；而由其他同列篇
章，可見尚不止青詞一體遭到削除，其餘與之相類、所謂「語涉異教」、「隨俗所作，
皆不足為典要〔註35〕」的集部篇章也往往比照辦理。且「凡例」中雖針對宋人而言，
然而如元朝詩僧釋大圭《夢觀集》之提要（別二十）亦云：

> 所謂夢法、夢偈、夢事者，皆宗門語錄，不當列之集中；其雜文亦多
> 青詞、疏引，不出釋氏之本色，皆無可取。……今刪除其夢法等卷，併刪
> 除其雜文，惟錄古今體詩，編為五卷，砂礫既捐，精華斯露，取長棄短，
> 期於不失雅音。其三乘宗旨，聽釋氏之徒自傳之，固不必為彼法計也。

而在明人的提要中，也有「嚴嵩諸人，青詞自媚」一類的指責〔註36〕，由此可知，
刪除青詞之舉並不限於宋人，故所牽動文集原貌數量實不在少數，影響甚廣。而此
事的確可上稽乾隆四十年十一月十七日的上諭：

> 據四庫全書館總裁將所輯《永樂大典》散片各書進呈，朕詳加披閱，
> 內宋劉跂《學易集》十二卷，擬請刊刻。其中有青詞一體，乃道流祈禱之

〔註35〕《學易集》提要〉中「蹟涉異端」指的是怪力亂神、迷信荒誕之事；「語涉異教」則
　　　指與儒家正統思想相違的言論，主要是道、釋二家，見《雪山集》提要〉（別十二）。
　　　《忠肅集》提要〉對青詞等文類的評語：「而〈請東封〉、〈頌西封〉以及青詞、疏
　　　文、祝文，尤宣政間道教盛行，隨俗所作，皆不足為典要。」（別八）除了思想內涵
　　　的取捨，也符合《總目》重醇雅、輕流俗的擇汰精神。
〔註36〕見《瀼溪草堂稿》提要〉（別二五）。

章，非斯文正軌。前因題胡宿集，見其有道院青詞、教坊致語之類，命刪去刊行，而抄本仍存其舊。今劉歧所作，則因己身服藥交年瑣事，用青詞致告，尤爲不經。雖抄本不妨姑存，刊刻必不可也。蓋青詞跡涉異端，不特周、程、張、朱諸儒所必不肯爲，即韓、楊、歐、蘇諸大家，亦正集所未見。若韓愈之〈送窮文〉、柳宗元之〈乞巧文〉，此乃擬托神靈，游戲翰墨，不過借以喻言，並非實有其事，偶一爲之，固屬無害。又如時文爲舉業所習，自前明以來，通人擅長者甚多。然亦只可聽其另集專行，不並登文集，況青詞之尤乖典故者乎？再所進書內，有擬請抄錄之王質《雪山集》，內如〈論和戰守疏〉及〈上宋孝宗書〉諸篇，詞音剴切，頗當事理，竟宜付之剷刷，但其中亦有青詞一種，並當一律從刪。所有此二書著交該總裁等重加釐訂，分別削存，用昭評騭之允〔註37〕。

可見臣子們原先是奏請將《學易集》全書刊刻，而高宗則指示其中青詞抄本姑存、不可刊刻，此項措施才先及於胡宿《文恭集》等、再廣施於所有文集。而由高宗的諭旨中，更可看出蘊涵其中的觀念包括了取證前例、文學手法辨析、思想的別擇，較提要所述更爲周詳。青詞一體，被列爲集部，往往是隨著編入別集，其性質並不相合；高宗的措施對前人詩文集的完整性雖有所害，但另一方面或亦不失爲一保持集部文學純粹性的舉動；而所謂「重加釐訂，分別削存，用昭評騭之允」，一如對削除此類文章後的《夢觀集》，其提要評曰「沙礫既捐，精華斯露，取長棄短，期於不失雅音」，這種讚譽也體現《四庫全書》「存精華重於求完整」的一貫原則。

除了將集部某類文章刪出，還有集部內部的進一步分類。如此道上諭中所云「時文爲舉業所習，自前明以來，通人擅長者甚多。然亦只可聽其另集專行，不並登文集」，相類的措施在清高宗個人文集《御製樂善堂文集定本》首開先例，將「制義」一體排除在外，其提要（別二六）記載：

至是以初刻卷帙稍繁，復指授溥等校閱刪定，併省去制義一卷，定爲此本。伏考今之制義，即宋之經義也。劉安節等皆載入別集，呂祖謙選《宋文鑑》亦載入總集；初刻兼錄制義，蓋沿古例。而我皇上區分體裁，昭垂矩矱，俾共知古文、今文之分。睿鑒精深，逾安節、祖謙等之所見，不啻萬倍。

這個措施雖未加諸所有文集，不像刪去青詞等牽連甚廣，但對體裁的褒貶判然，在文學思想中甚至更爲重要。制義等科舉文章雖被視爲時文，但既有前例可援，亦未

必非與其他文章分類不可；高宗此舉，強調了古文、時文的分別，也更強化了提要
中對古文的褒揚。因此如：「兩漢以後諸帝王，惟梁武帝有詩賦集、又有文集，其餘
亦無有專以文傳者。然武帝文集不過十卷，未爲甚富，且六朝輕豔之詞，亦未能闚
聖賢之奧，媲典謨之體也。惟我皇上心契道源，學蒐文海，題詠繁富，亙古所無。
而古體散文亦迥超藝苑，凡闡明義理之作，多濂、洛、關、閩所未窺，考證、辨訂
之篇，多馬、鄭、孔、賈所未及」之類評語，以高宗寫作古體散文爲傲、強調古文
的正宗地位等論調，都與此一措施互爲表裏。

而對時文的這種貶低在《四庫全書》纂修過程中更可上溯至乾隆三十七年正月
初四第一道徵書聖諭：

除坊肆所售舉業時文，及民間無用之族譜、尺牘、屏幛、壽言等
類，又其人本無實學，不過嫁名馳驚，編刻酬倡詩文，瑣碎無當者，均
毋庸採取。

也因此《四庫全書》中「時文選本，汗牛充棟，今悉不錄」，因此可說高宗的觀念在
第一道與纂修《全書》相關的諭旨中已開始了往後亦不曾間斷的影響力。而時文之
選本，《全書》惟收入《欽定四書文》，並於提要中指稱明朝經義漸至「機法爲貴，
漸趨佻巧」、流於「駁雜不醇、猖狂自恣者，亦遂錯出於其閒」，而清本朝則「反而
歸於正軌」；將對時文的評論由體裁本身的批判轉移至同體文章間的高下優劣，聲稱
「我國家定鼎之初，人心返樸，已盡變前朝纖仄之體」，將清朝時文的價值誇大如同
古文，也爲輕視時文而猶以八股取士的清代政策解套。

比起《欽定四書文》獨錄而別家時文選本盡黜的一言堂作法，清高宗更常見參
與的就是直接授意或裁決書籍的收錄與否；而一本書籍可能獲得的待遇，包括：收
錄《全書》、刊行天下、抄而不刊、僅置存目、挖改刊削、抽燬禁絕……各不相同，
在一定程度上也比提要更早決定了一書籍於《總目》中所得的評價；而這些並非全
由四庫館的人員全權負責，往往不經高宗寓目不得定案。

在這其中，最龐大的工程之一，就是《永樂大典》資料的編排利用。這件工
程的確是經由臣子奏議，高宗才予以同意的；但同樣並非皇帝准奏，便任臣子們
各行其事。臣子們在工作大致完成後，仍得再度請示，因此曾有奏章云：「前明永
樂大典……各門湊合尚可成書者，摘開書名，伏候訓示」；而高宗獎勵紀昀、陸錫
熊的上諭中也說「朕親加披閱，間予題評」，這些題評無論繁簡，臣子們總不能等
閒視之，且此事正是高宗敕編《全書》「發潛德之幽光」精神的一個實踐，並每每

在提要中提及〔註38〕。

又如影響集部至大的曲文不予收錄，亦是出自高宗的旨意，「凡例」第十三條云：

> 其倚聲填調之作，如石孝友之《金谷遺音》，張可久之《小山小令》，臣等初以相傳舊本，姑爲錄存，並蒙皇上指示，命從屛斥。仰見大聖人敦崇風教，釐正典籍之至意。是以編輯雖富，而謹持繩墨，去取不敢不嚴。

可見張可久等人的曲作，臣子們本欲收入《全書》，而卻因高宗一聲令下而作罷。《張小山小令》在《總目》中列入存目，其提要云「雖非文章之正軌，附存其目，以見一代風尙之所在」，實則臣子原先欲收錄此書所持立場，亦符合「凡例」中「文章流別，歷代增新；古來有是一家，即應立是一類，作者有是一體，即應備是一格，斯協於《全書》之名」的原則。然而張可久曲遭皇帝點名淘汰，其餘曲文之書當然連存目也無必要，因此這個影響並非止於張可久等人，也造成《全書》「曲則惟錄品題論斷之詞及《中原音韻》，而曲文則不錄焉」的現狀。

除了這類影響整部書籍的舉動之外，高宗亦不時干涉某書中單一篇章的收錄問題，如《總目》卷首所載乾隆四十六年十一月初六日上諭：

> 昨閱四庫館進呈書，有朱存孝編輯《迴文類聚補遺》一種，內載《美人八詠》詩，詞意媟狎，有乖雅正。夫詩以溫柔敦厚爲教，孔子不刪鄭衛，所以示刺、示戒也。故三百篇之旨，一言蔽以無邪。即美人、香草，以喻君子，亦當原本風雅，歸諸麗則，所謂託興遙深，語在此而意在彼也。自《玉臺新詠》以後，唐人韓偓輩，務作綺麗之詞，號爲「香奩體」。漸入浮靡，尤而效之者，詩格更爲卑下。今《美人八詠》內，所列〈麗華髮〉等詩，毫無寄託，輒取俗傳鄙褻之語，曲爲描寫，無論詩固不工，即其編造題目，不知何所證據。朕輯四庫全書，當採詩文之有關世道人心者，若此等詩句，豈可以體近香奩，概行採錄？所有《美人八詠》詩，著即行撤出。至此外各種詩集內，有似此者，亦著該總裁，督同總校、分校等詳細檢查，一併撤去，以示朕釐正詩體、崇尚雅醇之至意。

《四庫全書》的原則是文采可觀之書亦予收錄，黃之雋《香屑集》集唐人之句爲香奩詩，《總目》雖斥爲「雖其詞皆豔冶，千變萬化，不出於綺羅脂粉之間，於風

〔註38〕如〈《小畜集》提要〉：「然北宋遺集流傳漸少，我皇上稽古右文，凡零篇斷簡，散見《永樂大典》中者，苟可編排，咸命儒臣輯錄成帙，以示表章。」（別五）。〈《灄水集》提要〉：「談宋文者多不能舉其名氏。今從《永樂大典》裒輯編綴，釐爲一十六卷，著之於錄。既以發潛德之幽光，且以補史傳之闕略焉。」（別八）

騷正軌，未能有合」，但仍讚賞其藝術成就：「……就詩論詩，其記誦之博，運用之巧，亦不可無一之才矣」，因此臣子本未思及捨棄〈麗華髮〉之類作品。但清高宗卻詳加細究、斷以己意，終至不顧《迴文類聚補遺》一書之完整性，因區區〈麗華髮〉而下令將《美人八詠》全行刪除，以此爲準則進一步刪荽其他相類詩作。不過，高宗這段文字並非僅以思想醇正爲標準，尚包括「詩格卑下」、「詩固不工」等藝術價值判斷，乃思想與文采兼論，因此可說是將其完整文學理念行於《全書》與《總目》之中。

而對別集中單一篇章的收錄問題，高宗更不時干涉，如〈《穆參軍集》提要〉（別五）刪去〈亳州魏武帝帳廟記〉一文：

> 惟其第三卷之首載〈亳州魏武帝帳廟記〉一篇，稱曹操「建休功，定中土，垂光顯盛大之業於來世」……其獎篡助逆，可謂大乖於名教；至述守臣之言，有「吾臨此州，不能導爾小民心之所奉，是亦吾過」云云，顯然以亂賊導天下，尤爲悖理。尹洙春秋之學，稱受於修，是於春秋爲何義乎！自南宋以來，無一人能摘其謬，殊不可解。今承睿鑒指示，使綱常大義，順逆昭然，允足立天經而定人紀，豈可使之仍廁簡牘，貽玷汗青，謹刊除此文，以彰袞鉞，其他作則仍錄之，用不沒古文之一脈篳路藍縷之功。

比起刊除篇章，補錄之事例較少，但如〈《東維子集》提要〉（別二一）：

> 陶宗儀《輟耕錄》載維楨〈辨統論〉一篇，大旨謂元繼宋而不繼遼金，此集不載此篇，未喻其故；今恭奉諭旨，補入集內，蓋維楨雖反顏吠主，罪甚揚雄，而其言可採，則不以其人廢之，仰見聖人袞鉞之公，上超萬古，非儒生淺見之能窺也。

符合《總目》秉持「不因人廢言」的觀念。這些單篇刪除、補錄對書籍的牽動較小，但比之完全禁燬、大幅刪修的空泛原則，有時更可明確表達出高宗的觀點，後人由此更易察覺皇帝的觀點與意志在《總目》中的存在；以文學批評範疇而論，亦可視爲高宗選篇擇句的批評。

另外，比起眾多四庫館的校刊學者，高宗雖非在學術領域別有專精，因此考證辨僞本無從措手，但亦偶有例外情形，如〈《陶淵明集》提要〉（別一）：

> 今〈四八目〉，已經睿鑒指示，灼知其贗，別錄於「子部·類書」而詳辨之；其〈五孝傳〉，文義庸淺，決非潛作，既與〈四八目〉一時同出，其贗亦不待言，今並刪除……而黜僞存眞，庶幾猶爲近古。

「凡例」第十八條云：「其有本屬僞書，流傳已久，或掇拾殘剩，眞贗相參，歷代詞人，已引爲故實，未可概爲捐棄，則姑錄存而辨別之。」因此其他書籍遇到這種情

形，即使判斷「定非其所作」，幾乎都是以「疑以存疑」來處理，尤其是經典級的著作，但這裏卻因皇帝一句話而刪去《陶淵明集》中兩篇文章。因此，皇帝在此顯示的與其說是考證辨別的洞察能力，不如說是是黜存刊削的決定大權；總之，凡上述總總，皆可看出，《總目》在學術立場和皇上意旨中，以後者為第一考量。

先前的收錄分類、刊削篇章等措施，對《總目》的文學觀都產生了或輕或重的影響；此外，《四庫全書》中所收書籍部份曾為清高宗親筆御評，而這些書籍的提要更根本是清高宗御旨批評的紀錄，如〈《雪山集》提要〉（別十二）云：

> ……（王）質集湮沒不彰，談藝家罕能稱道，今仰蒙睿鑒，取其論和
> 戰守疏諸篇，詞旨剴切，當於事理，特命校正剞劂，以發幽光，洵為千載
> 之一遇。

加上對書中青詞處置的詳細指示：「至集中青詞一體，本非文章之正軌，謹欽遵諭旨，於繕錄之本，姑仍其舊，於刊刻之本，則概予芟除，又如……諸疏及……諸篇，亦皆語涉異教，刊本并為削去，以示別裁焉」，此則提要幾乎全為高宗想法之體現。又如〈《松泉文集》提要〉（別二六）：

> 國朝汪由敦……雍正甲辰進士，由編修官至吏部尚書，贈太子太師，
> 諡文端。由敦記誦淹博，文章典重有體。自為諸生即以才學著聲。及登第
> 以後，策名詞館，彙筆講幄，荷蒙皇上特達之知，洊加拔擢，入直禁廷，
> 每應制賡吟，奉敕撰述，無不仰承聖訓，指示塗轍。藝林溯本，學海知源，
> 所業日以益進。……復蒙特賁宸章，曲加評騭，嘉詩篇之雅正，許文律之
> 清醇。御藻親搞，光垂不朽。此固由敦之績學能文，榮膺稽古，而人臣私
> 集得以上邀天獎，題詞弁首，實千古未有之殊施，尤海內承學之士所為敬
> 誦奎文，交相感頌者爾。

這篇提要除了這裏未引的汪氏簡短生平和作品編輯的史料，幾乎是他在官場上榮寵的記載，即使與其文學聲名相關文句亦不脫此調；而對其詩文之評價，更幾乎全是高宗御評的轉述。只是由臣子執筆，致使述論上有側重宣揚皇帝雅好文藝、精於品評的喧賓奪主狀況，甚至說得皇帝似乎是汪由敦的作文教師一般，將高宗原本的批評染上更重的官場習氣。《二希堂文集》提要〉（別二六）中，在抄錄了高宗過去為此書所寫序文中百餘字評價後，接著大讚：「煌煌天語，載在簡端，睿鑒品題，昭示中外，非惟一時之恩遇，實亦千古之定論矣！」可知皇帝的批評在《總目》中是無可置疑的至高存在，為群臣所不能覆案。

正因如此，《總目》中的文學評價，偶爾甚至會異於一般所熟悉的認知。如「唐宋八大家」之名，世所共知，但《御選唐宋文醇》中採用清初儲欣《唐宋十大家全

集錄》之說，增李翶、孫樵爲十家。在《總目》中，當然是繼承這個作法，因此力主十家同列較八家並稱更恰當；然而儲欣此書並未蒙收錄《全書》，僅提要置於《總目》存目，云：

> 恭讀《御製唐宋文醇序文》，有曰：「欣用意良美，顧其識之未充，而見之未當。」則所去取，與茅坤亦未始徑庭。睿鑒高深，物無遁狀，斯誠萬古之定論矣。（總存四）

由此可見《總目》之所以獨取「十家」之說而不同於一般所習見之「八大家」，仍主要肇因於高宗御評，而非贊同儲氏之創論。

綜上所述，可知對《四庫全書》書籍文篇章的分類擇汰、甚至刊削禁燬等標準中，除了明確的政治意圖之外，也反映了清高宗的思想觀念，因此高宗的影響力從《全書》最初階段即已展現，群臣的進一步工作可說只是執行皇帝的意志。而《四庫全書》既然是經高宗定下取捨標準而編成書的叢書，其實也是一部以他的意旨爲中心的選集；尤其於集部，高宗更倡言：

> 至現在纂輯《四庫全書》，部帙計盈數萬，所採詩文別集既多，自不能必其通體完善，或大端可取，原不妨棄瑕錄瑜。如宋《穆脩集》，有〈曹操帳記〉，語多稱頌，謬於是非大義，在所必刪，而全集或錄存，亦不必因此以廢彼〔註39〕。

別集以收錄單一作者爲目的，本不像總集但採菁華，而一旦收入《全書》，其中篇章竟亦不免經過擇汰；高宗並要求「當於提要內闡明其故，使去取之義曉然」，而這種時候提要的任務是闡說、甚至粉飾高宗的取捨行爲，並不是單純抒發一己所見。且高宗在決定某一事項的原則後，即吩咐「諸凡相類者，均可照此辦理。該總裁等務須詳愼決擇，使群言悉歸雅正，副朕鑑古斥邪之意。」換句話說，《總目》中最關鍵性的取捨都是由皇帝決定的，臣子們能自行決定的不過是遵循「聖裁」或眾人皆知的部份，如此更沒什麼個人理念、特殊性可言。

況且，《總目》所載清高宗批評與其他部份的內容相比，除了多了一些臣子的阿諛奉承，並沒有觀念相違之處。因此，《總目》內容所秉原則亦大致如「凡例」中所書，而與高宗聖諭關係至爲密切。所以，縱然皇帝並沒有自始自終、鉅細靡遺地過問纂修《全書》的一切事務，但臣子奉敕撰寫的提要內容與皇帝敕修《四庫》之主要精神一脈相承；由先前所引刊刪、批評等事例看來，其中特別受重視的雅正、發潛德之幽光等精神雖不能驟然視爲高宗一人所獨有，但高宗對此重視卻更甚群

〔註39〕見乾隆四十年十一月十七日上諭。

臣。所以,《總目》與高宗的意志,兩者關係之事證明確,更過於後人所推論紀昀思想與《總目》之關聯;何況若說《總目》中精神、觀念非高宗獨有,又豈是任何包括紀昀在內的任一位臣子所能獨有?

二、皇帝是《總目》最終的審訂裁決者

先前討論紀昀與《總目》的關係時,曾徵引幾位學者如前野直彬持「同意」之說、周積明採「否決」之論,以總纂對內容文字的審決權來肯定紀氏與《總目》的思想關係,但上文已指出紀氏在四庫館與撰寫《總目》的決事權力並不像學者們所想像的大,反而同時受上司與同事、下屬的牽制。而無庸多言,這些眾人合力的成果最後仍不脫皇帝披閱裁定。

上一小節所述皇帝明確指授的意見固不待言,即使本出自臣子之判斷意見,最終亦逃不出皇帝意志之籠罩;如乾隆五十二年十月初三,軍機大臣遵旨閱看紀昀等奏燬各書,所附清單第二條云:

> 《十六家詞》內,紀昀所指鄒祇謨〈滿江紅〉一首,辭意激憤,然無諡訕之意,似可無庸抽燬。惟書內有龔鼎孳所著詞一種,查龔鼎孳所著全集,業經銷燬,不應復存此詞,應一律抽燬,改為「十五家詞」〔註40〕。

此處所言,即今《四庫全書》中孫默《十五家詞》,而清單中第七條、第九條內容亦與此雷同;像這類臣子們因不能作主裁斷而上請高宗裁決的情形,在《四庫全書》的纂修過程中不斷上演。而由此書收錄的爭議過程可看出:紀昀不認為該抽燬的龔鼎孳詞作,軍機大臣卻認為不可留存,反而是紀昀指出有所違礙的鄒祇謨〈滿江紅〉,軍機大臣卻認為不必抽燬;而軍機大臣亦不過是依先前諭旨所規定的原則來揣測皇帝的決定、並以詢問口吻徵求皇上同意,易言之,只有清高宗才能作出無異議之決定。由此可見,不但《總目》所發揚的「闡幽顯微」是皇帝最初提出的理念,甚至何人可予闡顯、何書當棄之幽微、其間原因何在等,仍是皇帝所決定,臣子充其量只有建議之舉。

事實上,紀氏提出要抽燬某部份詩文篇章,也是為了配合皇帝政治考量下的嚴格尺度,但卻沒能得到上司乃至皇帝的贊同;所以在此我們不但看到了紀氏試圖揣摩上意、更見到紀氏揣摩失準。這是因為高宗原先不過舉一二事例來決定《總目》所秉之原則,但其餘雷同案例如何實際操作方屬符合《總目》這些精神標語,終究也只有清高宗一人知曉。這不但提醒後人,在四庫館一眾人員之上,尚有皇帝這位

〔註40〕見:《檔案》,頁 2066。

最高裁定者，也顯示出：皇帝自有其主張，並非包括紀昀在內的任何一位臣子可以精確代言；在面對「聖意」只能唯命是從的情形下，臣子在四庫館中的權力再大，也不能依己意對此再行否決、同意，因此也談不上《總目》「為某臣子所完全同意」的論調；如定要以「同意」與否來認定《總目》思想的歸屬，那擁有最終裁決權的皇帝才是最恰當的人選。

另外，先前述及提要從分纂稿、到書前提要、到「武英殿本」《總目》，乃至以「浙本」為首的「廣本」、「通行本」，四者之間互有異同一事，提要內容不斷有所變更對作者的問題意義異頗值得重視。

乾隆四十六年二月十六日《總目》已首度辦竣呈覽，這次的工作得到皇帝的嘉許，試問紀昀會為了一己的學術堅持，指出其中自己尚不滿意之處，冒著為皇帝所懲戒的危險，一再提出修訂《總目》嗎？四庫館中諸事犯錯，並非再行修改便可解決；紀昀本人就曾因被糾正錯處而遭記過、賠償、降職等大小不一的處份，其中相當嚴重的一次是文津閣全書錯落太甚，高宗下令「如再不悉心詳檢，經朕看出，必將紀昀等加倍治罪」、並一度將其「革任」。因此在諸多上諭、奏摺中，多得是皇帝下令處罰或臣子回覆修改完畢的內容，卻未曾見過有臣子自言某處撰修不當、自行提出改正要求的。而曾「奏請刊刻《四庫全書總目》，仰蒙俞允」的四庫館副總裁曹文埴在乾隆六十年十一月十六日所上奏摺亦云：「續因紀昀等奉旨查辦四閣之書，其中提要有須更改之處……」，所以，這些後續修改，除了新到之書的補正校戡，當是出自皇帝對既有成果不滿，授意臣下再行修改的。而曹氏此一奏摺所指刊刻竣工的即是武英殿本，因此可知不僅日後浙本、通行本，而是從第一版殿本開始，《總目》就已經高宗屬意修改，不復為紀昀等初呈樣貌。

且如先前所述，分纂稿、書前提要、各版《總目》的差異，既然不僅是對所述之書的考訂等瑣碎處作修改，那麼必定朝著某種觀念或尺度作修正；且不論皇上所重視的是政治或學術上的因素、對《總目》的影響是正面或負面，所作修改根據的標準，必然都是以皇上為中心的。在這種不斷修改的狀況之下，每一次提要的思想成份都有所變更，而且合理的推論是：愈後期的版本皇帝的思想成份愈重；雖或不能毫無漏失，但《總目》每修正一次，也正更進一步接近高宗的理想。

三、心理層面的影響

雖然皇帝不可能參與所有工作，但他形成的心理壓力，卻會在纂修過程中不斷地產生作用，讓《四庫全書》編修事項所蘊涵的意義，不致違背他訂定的政策，而

負有明文解釋這些意義的《總目》自然也受到這種心理壓力的限制。皇帝所形成的心理壓力對《總目》的學術走向影響並不比實際事項的干涉小。

　　清高宗自己也深知對群臣施加心理壓力，對《總目》纂修的品質精良、標準不脫己意是一個重要的舉措，如乾隆三十九年二月二十一日的帝諭中，高宗更曾自行揭示此種御下之術：

　　……全書卷帙浩繁，朕非責伊等挨篇細校，但能每本抽閱數處，時爲
駁正，則校對及謄錄等皆知有所儆畏經心，何竟見不及此耶〔註41〕！

高宗指責四庫館中職位較高的總裁等人，不懂得用抽閱的方式來讓下屬更謹愼地工作。可見皇帝也明白：自己所能抽查的書籍數量雖屬有限，但其效果決不止於所見的書籍，眞正重要的讓是以抽檢形成心理壓力，讓屬下不敢有所輕忽。也因此，抽閱後對工作成績不滿的諭令，在《四庫全書》纂修過程中時而可見，而其中亦包括下令修改提要與《總目》。而在這種壓力下，即使是不及遍覽的《全書》都不可掉以輕心，何況是皇帝更有可能細觀的《總目》，豈容臣下大放厥詞？

　　既然完稿後必須上呈御覽，便使得臣子撰寫提要時往往便以「聖上」爲「預設讀者」。一位編撰者意識到可能的讀者，並以此角度揣度問題而轉爲對自己的要求是必然的情況。即使是清高宗本人，以九五至尊的身份地位敕修《四庫全書》及《總目》，依然會考慮到讀者對書中體例、標準可能產生的觀感；在他作出皇帝著作編排方式的決定後，說到如此編排「即後之好爲論辨者，亦無從置議，方爲盡善」，便是事先想像後世讀者可能提出的詰難〔註42〕，皇帝的讀者意識由此可見。而《總目》中「公論」對批評效力的要求，希望能達到世人、後代皆能接受的目標，在另一方面也正是這種意識的極致表現。

　　不過，對《總目》的執筆者而言，預設讀者不同於一般文學批評著作般抽象；當然臣子們也會秉持學術素養、慮及想像中廣大的高水平讀者，但因首要的讀者卻是具體存在的眞實人物——當時的皇帝清高宗，因此比起試圖說服其他讀者，更須先作到不違「聖意」，因此撰寫提要不免以揣摩皇帝之尺度爲首要考量，在各方面便可能是不求有功、但求無過，難以暢所欲言〔註43〕。尤有甚者，面對皇帝明確提出的意見，更得加意行文鋪衍，做到皇帝所要求的「於提要內闡明其故，使去取之義曉然……副朕鑑古斥邪之意」，如此執筆者只是高宗意志的記述者、詮釋者。因此對

〔註41〕見：《檔案》，頁199。
〔註42〕乾隆四十六年二月十五日上諭，見《檔案》，頁1290～1291。
〔註43〕〈《四庫提要》之正統觀念〉一文亦云：「清修《四庫》，名曰右文，實爲禁書，館臣兢兢業業，惟思免咎，稍涉忌諱之處，無不先意承旨，摩肇剔抉。」，頁199。

於《總目》文字的撰寫者而言，皇帝其實更是一位「超級讀者」，撰寫者不但必須在撰寫過程中時時揣測皇帝可能的想法，皇帝的意見更在撰寫源頭便對內容主旨設限；《總目》中往往將「聖意」逕行等同於「公論」即是最好證明。

歷清代康、雍、乾三朝方告竣工的敕編《皇清文穎》，其提要（總五）曾云：

> 我皇上復游心藻府，煥著堯文，足以陶鑄群才，權衡眾藝；譬諸伏羲端策而演卦，則讖緯小術不敢奢其談，虞舜拊石而鳴韶，則弦管繁聲不敢奏於側，故司事之臣，其難其慎，幾三十載而後能排纂奏御，上請睿裁。迄今披檢鴻篇，仰見國家文治之盛，與皇上聖鑑之明，均軼千古。俯視令狐楚、呂祖謙書，不猶日月之於爝火哉。

道出奉旨編書的困難；同為敕修官書的《總目》不免遇到此等情形。而事實上，真正令臣子「其難其慎」的，未必如提要中縟文誇耀的皇帝之能難及，而是臣子們有口難言的聖上之意難測。在決定《總目》體例的過程中，高宗亦曾云：「……在編輯諸臣，自不敢輕議及此，朕則筆削權衡，務求精當」，透露出在君尊臣卑的局面下，只有他獨攬裁決大權，以及纂修官員戰戰兢兢、不敢肆意為言的心理。

小　結

綜上所述，可說《四庫全書》起自皇帝收羅禁燬之意、同樣止於皇帝所愜意之狀；而《總目》亦是其中一環，乃是以皇帝的諭旨為根本標準、揣測皇帝的想法來撰寫、最後又必需經過皇帝的審核同意。故清高宗在《總目》中實具備的三重身份：基本標準與觀念的規定者、提要撰寫時的預設讀者，以及同意否決、要求修改的最終裁決者；就算皇帝不能錙銖必較地要求，臣子又豈敢大肆違背其意向地抒發己見！

何況，高宗的意見雖自有其道理，但終究不能作到公正無私、人盡皆服，更不免以政治思考為首要而置學術思辯於次；正如書中逕自以其「聖意」為「公論」的諸段落一樣，對一個文學批評乃至其他學術而言，意見未必盡屬高明、更不是什麼光彩的做法，其中諸多措施不但以政治地位壓迫學術立場、而斲害古籍更是嚴重。思及此點，則欲以《總目》成就聲揚紀氏能為者，實亦同時將他的幫凶身份提升至主謀地位，豈非加罪紀昀！

不過，從另一個角度來看，雖然臣子們不敢明目張膽地言所欲言，皇帝卻也無暇要求《總目》中一字一句盡如己意；所可達致之目標，只不過是臣子所撰之內容與「聖意」不相違背而已。

而對臣子們而言，皇帝雖為生活中具體現實的存在，但他的想法卻仍不過是諭

旨中的抽象用語和對部份書籍的處置和評論事例所組合呈現的，這與落實處置間還留有模糊地帶。如〈《御定題畫詩》題要〉云：

> 論書畫者……所錄皆題跋爲多，詩句僅附見其一二，即《御定佩文齋書畫譜》，與此書同時並纂，亦不立題詠一門；臣等竊以管蠡之見窺測高深：或以古人題畫者多、題書者少，卷帙既慮偏枯；又書畫譜爲卷一百，而此書篇什繁富，爲卷一百二十，如併爲一編，則末大於本，亦未協體例。是以分命廷臣，各爲編校歟？（總五）

「臣等竊以管蠡之見窺測高深」一語即透露出：臣子乃代皇上述論作意，雖極力揣測，仍無把握所言合於上意；所以接下來的解說書中內容、體例的文字便以疑問句爲結語。先前曾指出的，皇帝自有其主張，任何臣子都無法精確代言，因此《總目》中的思想並無法視爲任何一位臣子個人的意見；但也正因爲誰也無法精準地通曉皇帝眞正的想法，因此在根據有限的規定作出判斷時也多少有個人差異，而鋪衍文句推闡時，亦不免因事例不同而有稍異之處；猶如司法判決引援判例、成法，但輕重拿捏卻因人而異。在此等關節之處，只要不違背皇帝諭旨所規定的精神，臣子的想法自會反向滲透，有意無意間公然走私進入《總目》之中。

以李白、杜甫詩之評論爲例，〈《御選唐宋詩醇》題要〉云：

> 蓋李白源出〈離騷〉，而才華超妙，爲唐人第一；杜甫源出於〈國風〉、二〈雅〉，而性情眞摯，亦爲唐人第一。（總五）

而清高宗《御選唐宋詩醇》序〉中則云：

> 有唐詩人至杜子美氏集古今之大成，爲風雅正宗……然有同時並出，與之頡頏上下，齊馳中原，勢均力敵而無所多讓，太白亦千古一人也。李杜二家，所謂異曲同工、殊途同歸者，觀其全詩可知矣！……若其蒿目時政，疚心朝廷，凡禍亂之萌，善敗之實，靡不託之歌謠，反覆慨歎，以致其忠愛之志，其根於性情而篤於君上者，按而稽之，固無不同矣！至於根本〈風〉、〈騷〉，馳驅漢魏，擷六籍之精華，掃五代之靡曼，詞華炳蔚，照耀百世，兩人又何以異哉！

〈《御選唐宋詩醇》題要〉中嘗云：「……我皇上聖學高深，精研六義，以孔門刪定之旨品評作者，定此六家，乃共識風雅之正軌，臣等循環雒誦……」，可說由纂修之臣所撰的這篇〈題要〉應是對《唐宋詩醇》一書御選觀點的複製。

然將這兩篇文章做較精細的對照，仍不難看出其間有所差異；儘管二者對「李杜並列唐人第一」等意見相同，但作出相同評價的原因卻不一：首先是李、杜所承繼的典範，〈《御選唐宋詩醇》序〉視爲源出同門、〈《御選唐宋詩醇》題要〉則詳加

區別；而典範承繼的分判，事實上關乎對兩人作品之風格特色及思想傾向的歸屬，在文學批評上是非常重要的課題。其次，〈《御選唐宋詩醇》題要〉以「才華超妙」與「性情眞摯」分別指出李、杜詩作最爲人稱道的地方，而〈《御選唐宋詩醇》序〉中雖曾以「汗漫自適，近於佯狂玩世者」與「多沉痛哀切之響」劃分李杜風格上的差異，但以此爲前導，卻仍作出「其根於性情而篤於君上者，按而稽之，固無不同矣！」的結論，認爲二人對國家治亂的關心乃至於在忠君方面的「性情」表現皆無二致，這種詮釋似乎帶有清高宗認爲經典作品必當蘊涵忠君愛國之心的基本思考。兩相比較，臣子們所撰的提要對李、杜二人的區別較爲清楚，不像高宗獨重忠君思想，亦較符合李杜詩作中所見。

另外，因爲清代歷朝皇帝多少都曾提評臣下詩文集或敕修御批書籍，因此不只是當朝的清高宗，之前的世祖、聖祖、世宗也或多或少有文學評論意見爲《總目》承繼。因此《總目》不但是高宗的文學觀念遂行的場域，在某種程度上，更是記載清代皇家集體文學觀的文獻；統觀四部，更可見皇權在文學範疇、乃至一切學術領域的推展。

然而，各朝清帝的意見又未必全然一致。如對詞曲二體，高宗敕修《全書》，多加貶低，然而聖祖朝則曾有《御製歷代詩餘》、《欽定曲譜》等書籍問世。單以詞論，《御製歷代詩餘·序》云：

> 詩餘之作，蓋自昔樂府之遺音……而要皆昉於詩，則其本末源流之故有可言者。古帝舜之命夔典樂，曰：『詩言志，歌永言，聲依永，律和聲』，可見唐虞即有詩；而詩必諧於聲，是近代倚聲之詞，其理固已寓焉……雖體殊樂府，而句櫛字比、廉肉節奏、不爽寸黍，其於古者依永和聲之道，洵有合也，然則詞亦何可廢歟？……欲萃詩學之富而有《全唐詩》、《刊本宋金元明四代詩選》，更以詞者，繼響夫詩者也，乃命詞臣輯其風華典麗悉歸於正者，爲若干卷，而朕親裁定焉。……苟讀其詞而引申之、觸類之，範其軼志，砥厥貞心，則是編之含英咀華、敲金戞玉者，何在不可以『思無邪』一言該之也！

聖祖的論點其實比較接近清初以來「尊體」一路的思維〔註44〕，將詞體淵源上溯《詩經》、樂府而取其雅正。《總目》所論，本對詞曲多加貶抑，但於此書提要（詞二）則但略述詞體之成與興，而對御訂此「卑下文體」一事，則解釋爲：

〔註44〕參考：艾治平，《清詞論說》中〈論清詞的「尊體」說〉（上海：學林出版社，1999年7月），頁3～16。「尊體」雖抬高詞的地位，但另一方面來說，以「雅正」來作準則也不失爲收編、馴化詞之表現手法與內涵的高明方式。

> 我聖祖仁皇帝游心藝苑，於文章之體，一一究其正變，核其源流，兼
> 括洪纖，不遺一技。

臣子此等論調實是頌讚聖祖之作爲卻矮化了詞體的地位，與聖祖序文之意並不相符；而〈《欽定詞譜》提要〉所謂：「蓋聖人裁成萬類，雖一事之微，必考古而立之制，類若斯矣！」〈《欽定曲譜》提要〉云：「大聖人闡揚風化，開導愚蒙，委曲周詳，無往不隨事立教者，此亦一端矣。豈徒斤斤於紅牙翠管之閒哉？」皆同此意。這種避重就輕的撰寫方式，思想立場其實仍是採用當朝皇帝高宗的以詞曲爲卑，而在行文之間又不直接表現與聖祖觀點的差異，可說在兩位皇帝觀念衝突中做出的折衷方案。不過綜觀《總目》中，雖未能正面肯定詞曲之地位，但對其本色的認識則時有討論，其見識亦非聖祖一味強調雅正可及。

　　由這些例子我們可以看出：在《總目》中，皇帝的言論固不容忽視，但臣子撰寫時因事立言、參以己意的詮釋亦自有影響力；而從這種皇帝引論與臣子申述乍看下論點一致而細節內涵卻未必盡同的現象中，「公論」中不免囫圇吞棗、概括求同的情狀彷彿可見。前一章談及「公論」中「皇帝批評權威」、「權力轉移」與「臣子揣度爲言」相互循環作用，《總目》的文學觀其實也是在同樣的複雜情形下構成。

　　綜觀以上所述，由纂修工作的困難、參與人數之眾、各人員的相互牽制、內容的自相牴牾、修改至定稿機制之複雜……等，都可見將《總目》的內涵歸爲一人所有並不恰當。相反的，如果承認「精神乃欽定之書、執筆爲集體纂修」，則不論工作份量的合理、書中不免自相異議處，而大旨並不違等現象，都可得到合理的解釋。雖然「集體纂修」是理所當然的觀點，沒有太大創意、也不能像「紀昀一手所成」的答案訂定出一個可供明確參照的中心指標，甚至可能讓《總目》的思想探究因沒有具體的中心人物而更難進一步深入，但卻是最符合事實的觀點，何況《總目》撰寫機制之複雜，除了將作者定位爲「集體纂修」的結論，也無法表達。

第六章　結　論

　　政府的價值取向能對一位身在體制內文學家的言論產生多大的影響呢？這或許可以由在《總目》中甚受重視、又同時飽受批駁的王士禎對詞體之態度的前後差異察見端倪〔註1〕；顧貞觀〈答秋田求詞序書〉云：「漁洋之數載廣陵，實爲斯道總持，二三同學功亦難泯。最後吾友容若，其門地才華，直越晏小山而上之。欲盡招海內詞人，畢出其奇，遠方駿駿，漸有應者；而天奪之年，未幾輒風流雲散。漁洋復位高望重，絕口不談〔註2〕。」從王士禎在野「爲斯道總持」、在朝「絕口不談」，判若兩人的態度，可見身處地位對一位文學家持論有著相當影響。一位文學家、批評家身爲官員的生涯，當然不能驟然與布衣之時截然劃分，但這並不表示身份差異不會影響到發言著述的取向。何況撰寫提要的情境又大不同於私人著述；維繫、架構出《總目》批評的，主要是編修《四庫全書》的收錄書籍的標準，至於提要撰寫者在文字中流露的個人品味偏好，不過是次要的、參錯在整個大架構之中，無以辨認其原始出處。

　　《總目》曾批評《對牀夜話》（見其提要，評一）：

　　　其推重許渾而力排李商隱，尤非公論。

又對《宋百家詩存》（見其提要，總五）編排順序加以疵議：

　　　　賀鑄本北宋末人，而升以弁首，置於魏野之前，自云：「少時所最愛。」

　　然選六朝詩者，陶謝不先於潘陸；選唐詩者，李杜不先於沈宋，以甲乙而

　　移時代，此庭棟之創例，古所無也。

兩者都顯示出《總目》反對以個人品味喜好的取捨來取代作家成就地位的判斷；而

〔註1〕關於王士禎在《總目》中的地位，可參考：楊晉龍，〈王士禎在《四庫全書總目》中的地位初探〉（《中國文學研究》，第7期，頁1～31）。

〔註2〕見謝章鋌《賭棋山莊詞話》載，卷七（《詞話叢編》，P.3530）。

對詩話「體兼說部」頗致不滿〔註3〕，更顯示出這部官修書比許多個人批評書籍更重視文學批評的客觀性與嚴肅性；此為《總目》一貫精神，亦可視為其優點。

然而，被《總目》貶為「一家之私言」的文學批評言論與標準，事實上往往同時反映、闡揚了一位創作者的創作理念。從另一個角度來看：出乎創作者「性之所近」的文學評批評雖「各明一義、各倚一偏」，卻正能與其創作特質相輔相成、相得益彰；而正是這種徹底發揮其個人特長的「獨特」觀點，才足以形成一位別具色彩、自成一格的詩文作家；雖然在批評上僅為「詩之一體，不足以盡詩之全」，但在創作上能自成一體已屬難得，古往今來，又有哪位作家能在創作上達到「盡詩體之全」呢？同樣的，《總目》反對文學批評標準「務為高論」的態度在批評時雖能避免偏激之論，但一位「無意求工」的創作者若非天縱其才、不可以格律法度繩之，就是以粗率鄙俚相高、無視文學之藝術性。由此我們可以看出《總目》所持批評立場與創作者批評的差異；《總目》的觀點較注重全面而持平，但卻也沒有標舉一格觀點對創作的推進助力〔註4〕。

另外，排除個人偏好的觀點、嚴謹的評價態度，加上「不主一格」的理念，雖然在一定程度上避免了私家著述門戶判然、但執一端的缺點，但並不表示《總目》真的立場超然。書中對過去批評家的指責，如：「觀同一八病四聲也，鍾嶸以求譽不遂，巧致譏排；劉勰以知遇獨深，繼為推闡。詞場恩怨，亙古如斯」，在《總目》中並未根絕，只是推闡吹捧的對象是其當朝皇室以及受其寵遇的人士、譏排貶抑的對象則是曾與滿族清室為敵的漢人政權明朝文人，而這些「亙古如斯」的行徑與《總目》所不齒的明人相互標榜習氣亦相差彷彿。

況且，不難想見，《總目》愈是強調政治上不可侵犯的權力，這些帶有文學目的的言語段落就愈失去它們在文學領域的效力，政治的權勢和文學權威在《總目》之外的世界往往是成反比的；尤有甚者，這一點在《總目》的撰寫者心中卻也未必例外，因此這些段落的有效性究竟有多大？就算這些段落的第一考量讀者——皇上（在這些段落，說皇帝是唯一的預設讀者或許亦不為過），對這些評論，除了感到臣子對皇上的敬意或阿諛奉承之外，私下又有多少認同感？《總目》中這些誇大、突

〔註3〕「劉攽《中山詩話》、歐陽修《六一詩話》，又體兼說部」，當指歐陽修《詩話》中「以資閒談」的非嚴肅性內容。參考〈詩文評類・小序〉、《《優古堂詩話》提要》（評一）等。《總目》有時會將雜事異聞賦予文學批評意涵，以提昇其嚴肅性，如：「曾敏行《獨醒雜志》載軾守徐州日，作燕子樓樂章，其稿初具，遷卒已聞張建封廟中有鬼歌之。其事荒誕不足信，然足見軾之詞曲，輿隸亦相傳誦，故造是說也。」（詞一）

〔註4〕個人甚至認為，一味求全面的論點，也沒有「為此一家之言，以救一時之弊」的及時效用。

兀的段落，比對其他作家的批評多了矯飾虛美之詞，卻少了務實的評斷；或令讀者覺得頗有敷衍上位者之意；或視爲阿諛奉承，並無文學批評價值；或感嘆在君權之下，實爲無可奈何之官樣文章。不論讀者以何種角度目之，都將此類溢美之辭置於無批評效力的文脈中。

批評者的論述不一定能帶領讀者走向他所想闡揚的意旨。《總目》必須面對歷來太多的批評對象，因此文學史上多數現象皆曾論及；於是，與私人批評著述中只須引一、二符合例證以闡述某一觀點不同，《總目》往往在這篇提要所極力闡述的觀點，卻在之後幾篇提要即出現相反例證。如在「國朝立教」與「文如其人」的觀念影響下，《總目》時時試圖說服讀者「詩品、文品之高下，往往多隨其人品」，但文學史上一再出現的「文士有才無行」事例卻不斷打擊此一論點；然而，《總目》仍持續地在符合的事例之中闡揚「文如其人」的觀念。

《總目》中各篇提要的撰寫隨事立言、並沒有嚴謹的呼應和貫串辯證，因此對這種狀況並無深入探討；但對讀者而言，任憑《總目》如何費盡筆墨，持續不斷被打擊的「文如其人」等觀點是難以產生說服力的。這或許也是當初提要一篇一篇獨立完成時所未料想到的「言外之意」。就批評方法而言，《總目》在相反的例證中揭示了「隨事立言」、不拘既有觀念的重要性，卻也在持續宣導一不斷地被推翻的論調中披露其輕忽理論建構、調整，以致議論自相矛盾的缺陷。

不過，如此解讀是出自讀者的立場，若論及對《總目》中的觀點的進一步深入了解，還是必須探究其本身的沿革軌跡。猶如本文在作者探討中所說的：分纂稿、書前提要、各版《總目》的差異，既然不僅是對所述之書的考訂等瑣碎處作修改，那麼必定朝著某種觀念或尺度作修正；其間或許正隱藏著足以佐證相關議題的意旨趨向。相信若結合校對與歷時研究的考察，必能突破單一版本的提要文字段落貫串，與纂修史料不無牽強的結合詮解，而對《總目》的批評內涵有另一番的認識。

徵引書目

四庫學的研究書目已有劉兆佑〈民國以來的四庫學〉一文所附〈七十年來有關《四庫全書》的著作〉、陳利媛〈四庫全書總目論文索引〉、侯美珍《乾嘉學術研究論著目錄（1900～1993）四庫學》一章與「四庫學」相關書目續編；本文所重之文學研究亦在其收錄範圍。個人研究時借重前輩書目之處不少；雖自前輩們完成收羅後，相關論文仍陸續面世，但若列參考書目，則不過是諸研究書目不完整之抄襲，故僅列徵引書目。

一、古代文獻（以作者姓氏筆劃為序）

1 ：于敏中，《于文襄公（敏中）手札》（臺北：文海出版社，《近代中國史料叢刊》第 22 輯，1966 年 10 月）。

2 ：王應麟，《困學紀聞》（臺北：臺灣商務印書館，1956 年）。

3 ：元好問，《遺山集》（臺北：臺灣商務印書館，景印文淵閣《四庫全書》本）。

4 ：中國第一歷史檔案館編，《纂修四庫全書檔案》（上海，上海古籍出版社，1997年 7 月一版）。

5 ：王國維，《人間詞話》（臺北：學海出版社，1982 年）。

6 ：王國維，《宋元戲曲考》（臺南：僶勉出版社，1975 年 9 月）。

7 ：朱珪，《知足齋集》（臺北：藝文印書館，《百部叢書集成》本，1966 年）。

8 ：朱熹，《朱熹全集》（臺北：臺灣光復書局，1959 年）。

9 ：安磐，《頤山詩話》（臺北：臺灣商務印書館，景印文淵閣《四庫全書》本）。

10：李光地，《榕村語錄》（臺北：臺灣商務印書館，景印文淵閣《四庫全書》本）。

11：沈德潛，《清詩別裁》（上海：掃葉山房）。

12：阮元，《揅經室集》（臺北：臺灣商務印書館，1967 年）。

13：何文煥，《歷代詩話》（臺北：漢京文化事業有限公司，1983 年 1 月）。

14：紀昀，《紀曉嵐詩文集》（揚州：江蘇古籍廣陵刻印社）。

15：紀昀,《瀛奎律髓刊誤》（臺北：佩文出版社,1960 年,或作《紀批瀛奎律髓》）。

16：紀昀等,《四庫全書總目》（臺北：藝文印書館,1979 年 2 月臺 8 版）。

17：唐圭璋,《詞話叢編》（臺北：廣文書局,1967 年）。

18：高棅,《唐詩品彙》（臺北：臺灣商務印書館,景印文淵閣《四庫全書》本）。

19：張溥,《漢魏六朝百三名家集》（臺北：文津出版社,1979 年 8 月）。

20：莊周,《莊子》（臺北：世界書局,《新編諸子集成》第七冊,1972 年 10 月）。

21：郭紹虞,《清詩話續編》（臺北：木鐸出版社,1983 年 12 月）。

22：曾季貍,《艇齋詩話》（臺北：藝文印書館,《百部叢書集成》本,1966 年）。

23：揚雄,《法言》（臺北：世界書局《新編諸子集成》二,1972 年 10 月）。

24：楊時,《楊龜山先生全集》（臺北：臺灣學生書局,1974 年）。

25：愛新覺羅玄燁等,《御製歷代詩餘》（臺北：臺灣商務印書館,景印文淵閣《四庫全書》本）。

26：愛新覺羅弘曆等,《御選唐宋詩醇》（臺北：臺灣商務印書館,景印文淵閣《四庫全書》本）。

27：愛新覺羅胤禛,《大義覺迷錄》（臺北：文海出版社,1969 年）。

28：趙爾巽等,《清史稿》（北京,中華書局,1998 年 1 月第一版）。

29：劉勰撰、劉永濟校釋,《文心雕龍校釋》（臺北：華正書局,1981 年）

30：蔡絛,《西清詩話》（南京：江蘇古籍出版社,《宋詩話全編》第三冊,1998 年 12 月）。

31：蘇軾,《蘇軾詩集》（臺北：學海出版社,1985 年 9 月）。

32：蕭統撰、李善等註《宋本六臣註文選》（臺北：廣文書局,1964 年 9 月）

二、專　著

1：王鎮遠、鄔國平,《清代文學批評史》（上海：上海古籍出版社,1995 年 11 月）。

2：艾治平,《清詞論說》（上海：學林出版社,1999 年 7 月）。

3：朱東潤,《中國文學批評史大綱》（臺北：臺灣開明書店,1975 年 2 月）。

4：吳哲夫,《四庫全書纂修之研究》（臺北：國立故宮博物院,1990 年 6 月一版）。

5：周積明,《紀昀評傳》（南京：南京大學出版社,1994 年 9 月）。

6：胡玉縉,《四庫全書總目提要補正》（臺北：漢京文化事業有限公司,1981 年 12 月）。

7：郭伯恭,《四庫全書纂修考》（臺北：臺灣商務印書館）。

8：黃愛平,《四庫全書纂修研究》（北京：中國人民大學出版社,1988 年 1 月）。

9：黃雲眉：《邵二雲先生年譜》（不詳）。

10：錢鍾書,《宋詩選註》（臺北：書林書店,1990 年 9 月）。

三、期刊論文

1：王鎮遠，〈紀昀文學思想初探〉，《古代文學理論研究》，第十一輯，頁 257～298。

2：包根弟，〈四庫全書總目提要歷代詞家評論探析〉，《輔仁國文學報》，1993 年 6 月，9 期，頁 53～108。

3：朱自清，《朱自清古典文學論文集》（臺北：宏業書局，1983 年 2 月）。

4：沈津，〈翁方綱與《四庫全書總目提要》〉，《中國圖書文史論集》（臺北：正中書局，1991 年 12 月），頁 121～131。

5：昌彼得，〈武英殿《四庫全書總目》出版問題〉（《中國圖書文史論集》臺北：正中書局，1991 年 12 月），頁 115～119。

6：吳哲夫，〈四庫全書子部小說家類圖書著錄之評議〉，《故宮學術季刊》，第 13 卷 1 期，頁 1～26。

7：林美蘭，〈近十年臺灣地區清代文學研究論著目錄 1985～1994（初稿）〉，《清代學術研究通訊》，1995 年 11 月，第 1 期，頁 45～74。

8：侯美珍，〈「四庫學」相關書目續編〉，《書目季刊》，33 卷 2 期，頁 77～129。

9：前野直彬，〈明清時期兩種對立的小說論——金聖嘆與紀昀〉，《古代文學理論研究》，第五輯。

10：張宏生：〈紀昀在詩經研究史上的貢獻——四庫提要札記〉，《南京大學學報（哲學人文社會科學）》，1989 年，第 5 期，頁 18～23。

11：張新民：〈通觀與局部——論《四庫全書總目》的學術批評方法〉《貴州師範大學學報（社會科學版）》，1995 年，第 1 期，頁 13～15。

12：張新民：〈實證與比較——再論《四庫全書總目》的學術批評方法〉，《貴州師範大學學報（社會科學版）》，1996 年，第 1 期，頁 1～3。

13：黃雲眉，〈從學者作用上估計四庫全書之價值〉，《國立北平圖書館館刊》，七卷五號，頁 52～53。

14：黃瓊誼，〈淺論紀昀的文學觀——以四庫提要與簡明目錄爲中心〉，《國立編譯館館刊》，1991 年 12 月，20 卷 2 期，頁 157～188。

15：楊晉龍，〈王士禎在「四庫全書總目」中的地位初探〉，《中國文學研究》，1993 年 5 月，7 期，頁 1～31。

16：楊晉龍，《明代詩經學研究》（國立臺灣大學中國文學研究所博士論文，1997 年）。

17：劉兆佑，〈民國以來的四庫學（附〈七十年來有關《四庫全書》的著作〉），漢學研究通訊，1983 年 7 月，第 2 卷第 3 期，頁 146～151。

18：盧錦堂，〈紀昀的文學著述〉，《中央圖書館館刊》，1986 年 2 月，頁 73～89。

19：賴芳伶，〈淺談紀昀的詩文觀〉，《中外文學》，1976 年 3 月，4 卷 10 期，頁 160～171。